新技术法学丛书
New Technology Law Series

人工智能

时代的技术创新和专利保护

郭雯／主编

知识产权出版社
全国百佳图书出版单位
—北京—

图书在版编目（CIP）数据

人工智能时代的技术创新和专利保护 / 郭雯主编 . — 北京：知识产权出版社，2022.9
（新技术法学丛书）
ISBN 978-7-5130-8388-1

Ⅰ . ①人…　Ⅱ . ①郭…　Ⅲ . ①人工智能—技术革新—专利—保护—研究—中国
Ⅳ . ① D923.424

中国版本图书馆 CIP 数据核字（2022）第 177189 号

责任编辑：雷春丽　　　**责任校对：**谷　洋
封面设计：乔智炜　　　**责任印制：**孙婷婷

人工智能时代的技术创新和专利保护

郭雯　主编

出版发行：知识产权出版社有限责任公司　　**网　　址：**http://www.ipph.cn
社　　址：北京市海淀区气象路50号院　　**邮　　编：**100081
责编电话：010-82000860转8004　　**责编邮箱：**leichunli@cnipr.com
发行电话：010-82000860转8101/8102　　**发行传真：**010-82000893/82005070/82000270
印　　刷：北京九州迅驰传媒文化有限公司　　**经　　销：**新华书店、各大网上书店及相关专业书店
开　　本：720mm × 1000mm　1/16　　**印　　张：**20
版　　次：2022年9月第1版　　**印　　次：**2022年9月第1次印刷
字　　数：287千字　　**定　　价：**98.00元

ISBN 978-7-5130-8388-1

《人工智能时代的技术创新和专利保护》
编 委 会

主 编

郭 雯

副主编

张 蔚

撰稿人

（以姓氏笔画为序）

于 白 冯婷霆 李福永 张 文 唐 嫣

前　言

人工智能是新一轮科技革命和产业变革的重要驱动力量，加快推动人工智能产业高质量发展是推动我国产业优化升级、生产力整体跃升的重要支撑。

世界各国都力图把握本轮科技革命和产业变革的机遇，为经济社会持续发展注入新动能。我国在《国民经济和社会发展第十四个五年规划和2035年远景目标纲要》中提出要瞄准人工智能等前沿领域，实施一批具有前瞻性、战略性的国家重大科技项目，培育壮大人工智能等新兴数字产业，加快推动数字产业化。欧盟发布的《2030数字化指南：欧洲数字十年》等政策规划中将推动人工智能产业发展列为重要工作。美国则成立了国家人工智能倡议办公室、国家人工智能研究资源工作组等机构，将人工智能提升到“未来产业”和“未来技术”的高度。

从当前发展态势来看，医疗、交通、教育、金融四个领域的人工智能应用在研发主体数量、产品类型、普及程度等方面都形成了较强的发展优势，成为人工智能技术应用场景最为丰富、市场需求最为迫切的领域。同时，上述领域创新主体对于知识产权的保护需求也愈发强烈，特别是在专利保护方面，正逐步由追求专利数量向提升专利质量转变。本书基于创新主体对上述领域的专利保护需求，从专利大数据的视角为读者展现人工智能产业的热点图景。

本书第一章为绪论，简要介绍了人工智能的发展历程和人工智能产业的发展现状。第二章重点分析了人工智能医疗产业的整体发展情况，并针对人工智能辅助筛查与诊断、人工智能赋能医疗信息化、人工智能医疗机器人三个重要应用场景进行了深入分析，从多个角度为读者展示了人工智能医疗领域的技术创新态势。第三章聚焦智能交通，选取驾驶自动化、智能座舱、智能网联、出行即服务四个智能交通的典型应用场景，分别从关键技术、专利申请态势、主要创新主体和典型专利等角度进行了介绍分析，并给出了技术研发和专利布局等的建议。第四章针对人工智能教育，从专利视角绘制出人工智能技术在自适应教学、辅助教学、考评及教育管理等应用场景的创新路线图，并介绍分析了技术发展趋势、主要创新主体、关键技术与典型专利等，以期为人工智能教育领域技术研发与专利布局提供参考。第五章涉及人工智能金融，重点围绕智慧银行、智慧保险、智慧证券与信托等应用场景，分析了金融商业领域人工智能相关专利申请的发展态势、主要创新主体、典型专利等，为金融领域可持续创新和知识产权保护提供参考和建议。第六章预测了人工智能应用的技术发展趋势和新的挑战。

本书主要面向人工智能领域相关技术人员以及知识产权从业人员，笔者希望通过本书帮助读者深入了解人工智能技术在医疗、交通、教育、金融四个热点应用领域的专利布局、重点企业分布以及相关核心技术情况，更好地促进人工智能技术在不同产业中的保护和运用，服务经济社会高质量发展。

本书各章节的完成人员如下：

第一章、第二章第 2.1 节和第 2.5 节、第三章第 3.6 节、第四章第 4.1 节和第 4.4 节、第五章第 5.5 节、第六章由于白完成；第二章第 2.2 至 2.4 节由唐嫣完成；第三章第 3.2 至 3.5 节由李福永完成；第三章第 3.1 节，第四章第 4.2、4.3、4.5、4.6 节由张文完成；第五章第 5.1 至 5.4 节由冯婷霆完成。

目　录

第一章 绪 论

从1956年人工智能概念被首次提出，人工智能相关理论和技术持续发展演进。近十年来，得益于算法的更新、算力的提升以及数据的积累，人工智能从实验室研究快速走向产业实践。作为新一轮科技革命和产业变革的重要驱动力量，人工智能的应用场景愈发广泛，人工智能技术发展与应用拓展正在按下“快进键”。近年来，人工智能相关的专利申请飞速增长也表明，该领域创新主体对于创新成果的保护有着迫切的需求。国家为此提出了“要健全人工智能等新领域新业态知识产权保护制度”的目标，以促进人工智能技术和产业发展转型相融合，为高质量发展提供新动能。如何助推人工智能领域关键核心技术攻关并实现技术研发向现实生产力的转化是广大科研工作者和知识产权从业人员所面临的重大课题。有人说人工智能最大的活力在于应用，当前状况下医疗、交通、教育、金融成为人工智能特色应用场景最丰富、市场需求最迫切的领域，其中有何必然性和发展机遇？本书希望能通过专利分析的视角，深入浅出地介绍人工智能技术在上述四大应用领域的发展概况和相关专利布局情况，并聚焦解读各应用领域下的核心专利技术与重点企业，为读者展现当前和未来一个阶段人工智能产业的热点图景。

1.1 引言

人工智能具有前沿交叉学科的特点，最初诞生于1956年。在近70年的发展历程中，人工智能技术的进步并非一帆风顺，既有发展期也有低潮期，先后经历了多个阶段。在当前所处的第三次人工智能热潮中，由于深度学习等技术的普及，促进了包括图像识别、语音识别、机器人等技术的快速发展和产业化，特别是在医疗、交通、教育、金融等行业中人工智能技术得到广泛研究和应用。

1.2 人工智能概述

1.2.1 人工智能的发展历程

人工智能诞生于1956年，当时在美国达特茅斯学院举办的一场研讨会上，人们首次提出了人工智能的概念。从1956年到1965年，人工智能进入快速发展时期，在机器学习领域出现了“跳棋程序”。该程序在1959年打败了程序设计师塞缪尔本人，并在1962年成功击败了州跳棋冠军，实现了人工智能战胜人类的突破。而在识别领域，1956年人们研发出第一个字符识别程序，并在1963年研发出符号积分程序。在1967年该符号积分程序的升级版达到了专家级的水准。在这一时期，业界对人工智能技术的发展前景普遍较为乐观，很多人甚至认为，不出10年计算机将能够在象棋、数学定理证明等诸多领域超越人类。

在1965年人工智能技术迎来一个小高潮之后，人工智能技术的发展遭遇到一个瓶颈期，塞缪尔设计的跳棋程序停留在了战胜州冠军，机器翻译领域也一直无法解决自然语言处理问题，越来越多的人开始对人工智能技术的发展前景产生怀疑。1966年，美国公布了一份名为《语言与机器》的报告，全盘否定了机器翻译的可行性。1969年，人工智能技术先行者之一明斯基发表观点认为，第一代神经网络——感知机并不能学习任何问题。美国相关部门大幅削减了人工智能领域的研究经费，在随后的70年代，人工智能技术发展经历了10年左右的低潮时期。

到了20世纪80年代，人工智能技术迎来了第二次大发展阶段，标志性的事件是卡耐基梅隆大学为美国数字设备公司设计了一套专家规则系统，该系统具备2500条规则，专门用于挑选计算机配件，据报道该系统能够为美国数字设备公司一年节省数千万美金。同期，日本政府也投入大量资金支持人工智能技术的研发工作，主要目标是希望通过专家规则系统实现对话交流、语言翻译、推理演绎、图像理解等功能。但是随后人们发现，专家规则系统通用性较差，并且由于当时专家规则系统的技术路线并未与概率论、神经网络等进行整合，专家规则系统不具备自学能力，在解决自然语言理解等问题时未达到预期效果，人工智能技术发展再次遭遇了寒冬，人工智能技术进入第二次低潮期。

到了20世纪90年代，随着半导体技术的飞速发展，计算机算力不断获得突破。摩尔定律指出：在价格不变时，集成电路上可容纳的元器件的数目，每18～24个月翻一倍。随着集成电路密度的快速增长，计算机的算力也飞速提升。1989年贝尔实验室通过卷积神经网络实现了人工智能识别支票中的手写文字。1992年苹果公司利用统计学方法，设计了可支持连续语音识别的语音助理，这也是目前非常有名的苹果智能语音助理（Siri）的前身。1997年国际商业机器公司（以下简称IBM公司）的国际象棋机器人深蓝战胜国际象棋冠军卡斯帕罗夫，同年两位德国科学家提出了长短期记忆网络可用于语音识别和手写文字识别的递归神经网络。

进入21世纪以来，人工智能技术进入快速发展的阶段。2007年在斯坦福大学任教的华裔女科学家李飞飞教授，开源了世界上最大的图像识别数据集。在亚马逊公司云计算平台发布，进一步提升了人工智能网络模型计算所需要的算力。同时，随着4G、5G通信技术的发展，智能手机大规模普及，物联网的兴起，共同产生出覆盖人们工作生活等各方面的应用及数据，这也成为神经网络训练迭代所需的基础。

1.2.2 人工智能产业的发展现状

进入21世纪以来，全球科技创新越发活跃，新一轮科技革命和产业变革正在深刻地影响着全球创新和经济格局。随着我国经济进入新发展阶段，越来越需要着力发展高科技产业以实现高质量发展的要求。科技创新特别是颠覆性科技创新是技术跃升和产业变革的主要动力源和主要发展方式。自18世纪第一次工业革命以来，产业更迭速度不断加快，每一次产业革命都会催生一批新兴产业。这些新兴产业不断发展壮大，逐渐替代原有产业的地位和作用，成长为优势产业和支柱产业。

在诸多革命性数字技术中，人工智能以其渗透性、协同性、替代性、创新性等“技术－经济”特性，能通过扩张核心产业、融合产业的赋能、活化潜在关联产业等，促进经济高质量发展。近年来，人工智能领域的技术发展已迅速融入经济、社会、生活等各行各业。据预测2025年前人工智能市场将保持两位数增长。而且，语言、声音和视觉技术以及多模态解决方案将取得长足发展，彻底改变“人类效率”。

各国不断升级人工智能战略。在新科技革命和产业变革的大背景下，人工智能与产业深度融合，是释放数字化叠加倍增效应、加快战略新型产业发展、构筑综合竞争优势的必然选择。自2016年起，先后有40余个国家和地区将推动人工智能发展上升到国家战略高度。近两年来，特别是在新型冠状肺炎疫情的冲击下，越来越多的国家认识到，人工智能对提升全球竞争力具有关键作用，纷纷深化人工智能战略。为全面重塑数字时代全球影响力，欧盟发布《2030数字化指南：欧洲数字十年》《升级2020新工业战略》等，将推动人工智能发展列为重要工作。为确保“领头羊”地位，美国陆续成立国家人工智能倡议办公室、国家人工智能研究资源工作组等机构，各部门密集出台系列政策，将人工智能提到“未来产业”和“未来技术”的高度，不断巩固和提升美国在人工智能领域的全球竞争力。我国“十四五”规划[1]中指出，要瞄准人工智能等前沿领域，实施一批具

[1] 新华社．中华人民共和国国民经济和社会发展第十四个五年规划和2035年远景目标纲要［EB/OL］．（2021-03-13）［2022-07-16］．http://www.gov.cn/xinwen/2021- 03/13/content_5592681.htm.

有前瞻性、战略性重大科技项目，推动数字经济发展。

世界主要经济体创新投资加码。我国也明确要大力发展人工智能产业，打造人工智能产业集群以及深入赋能传统行业成为重点。2021 年工业和信息化部支持创建北京、天津（滨海新区）、杭州、广州、成都等第二批国家人工智能创新应用先导区。科技部支持建设多个人工智能创新发展试验区，陆续批复北京、上海、天津、深圳、杭州等 15 个国家新一代人工智能创新发展试验区。

世界主要经济体都把发展人工智能技术、做强人工智能产业作为提升国家竞争力、维护国家安全的重大战略。在人工智能领域，研发创新的意义尤为重要。人工智能不仅能作为一种产品或服务参与到经济系统中，而且能实现对劳动、资本等其他传统生产要素的替代，进而重构生产函数，对经济运行产生变革性作用。未来一段时期，加快人工智能创新发展，促进人工智能与互联网、大数据等产业深度融合，发挥人工智能对传统产业的赋能作用，积极参与全球人工智能创新链竞争并获取优势地位，对我国加快建设创新型国家和世界科技强国，都具有重要意义。当前，全球人工智能创新链基本形成了中美两国主导、东亚北美西欧协同引领的格局。

一方面，以中国为代表的东亚地区已初步形成人工智能知识创新高地，但北美地区依旧掌握理论创新话语权。另一方面，全球已基本形成中美两国共同引领技术创新的格局。据统计，2010—2020 年，全球人工智能专利申请量 521 264 件，其中，中国申请量为 389 571 件，居世界第一位，占全球总量的 74.7%。2010—2021 年 2 月，全球累计人工智能领域的专利授权量达 17.8 万件，中国占比 43%，位居首位，美国占比 33%。[1] 与此同时，全球人工智能软硬件产业创新总体上由美国、中国、欧盟、日本主导。

[1] 中国人工智能学会，数字经济联合会 . 中国人工智能发展报告 2020［R/OL］.（2021-04-16）［2022-07-16］. https://mp.weixin.qq.com/s/-LgIHdgJgMU0NzAfQpGJ6g.

随着我国企业在人工智能及周边高新技术领域的竞争力不断增强，适合我国人工智能技术与产业发展的特色生态初步建立。作为新一轮科技革命和产业变革的重要驱动力量，人工智能技术发展与应用拓展正在按下“快进键”，特别是在医疗、交通、教育、金融等领域，人工智能的强大赋能作用日益凸显。

首先在医疗领域，近年来我国日益面临医疗保健成本上升、慢性病负担加重、医疗人员短缺等问题，创新医疗技术被视为应对挑战的重要途径，其中人工智能技术被视为解决问题的关键。加快人工智能技术创新和运用，可以提高疾病检测效率，加强对慢性病的分析预测和干预等。在政府、企业和科研机构等共同推动下，人工智能技术正越来越广泛地应用于医疗卫生领域。

其次在交通领域，随着城市人口的快速增长以及个人汽车拥有量的快速增加，我国许多城市都面临着与交通相关的问题。基于人工智能的决策、交通管理、路径规划、自动驾驶和交通网络服务的集成使得高效交通管理具备了可能性。

再其次在教育领域，新型冠状肺炎疫情是一场空前的全球性挑战，对教育的创新发展，特别是教育与人工智能等新技术的有机融合提出了更新、更高的要求。战胜这一挑战，需要充分发挥人工智能等新技术的重要作用，推动人工智能与教育教学深度融合，利用人工智能促进全民终身学习，推动教育更加公平、更有质量地惠及每个人。

最后在金融领域，当人工智能技术与金融业务结合时，信贷资金用途不合规、还款能力存疑等问题能够清晰地识别出来，银行业能够更有效地规避金融风险。人工智能技术的快速发展和应用使得大数据分析成为银行风险管理的重要手段，在此基础上建立的智能化模型，能够使得金融部门将账务数据标准化，保证信息数据质量的完整、准确和真实，提前介入规避风险。

1.2.3 本章小结

作为引领第四次科技革命的战略性技术，人工智能给社会建设和经济发展带来了重大而深远的影响。人工智能最大的活力在应用。现阶段，人工智能产业正经历从高速增长向高质量发展的转变，产业期待的提升让人工智能在医疗、交通、教育、金融等复杂高价值场景的应用需求不断增加。人工智能技术的应用和发展不仅得到国家相关产业政策的支持，更具有来自市场的旺盛需求。

第二章　人工智能医疗

2.1　人工智能医疗概述

2.1.1　人工智能医疗的概念

人工智能（AI）医疗是指将人工智能技术应用于医疗领域中，利用人工智能进行辅助医学筛查与诊断、医疗信息化、药物研发以及医疗机器人开发等，以助力精准医疗、提高诊疗效率、提升诊疗水平、改善患者体验等为核心目的，能有效扩大医院服务半径、缓解医疗资源紧张、推动医疗资源合理配置，全面赋能医疗相关的各个环节。

2.1.2　人工智能医疗的发展情况

随着第三次人工智能技术发展热潮的到来，人工智能技术已逐渐成熟并融入各个应用领域，医疗领域也不例外。人工智能在图像、文本、语音等数据处理方面所展现出的智能化，也催生了新的医疗应用方式。在人工智能技术的推动下，人工智能医疗的迅速发展和普及，提高了医疗质量，降低了医疗成本，能够帮助医疗行业解决资源短缺、分配不均等众多民生问题。

从全球的人工智能技术发展来看，由于医疗涉及人的健康和生命安全，需要大量的训练数据和临床试验，对应用效果的准确性也要求较高，因而相较于通信、互联网、零售、交通等应用领域来看，人工智能医疗的商业化程度偏低，技术成熟度不高，目前还处于发展早期阶段。但是，人工智能医疗的市场前景却非常可观，据埃森哲咨询公司（Accenture Consulting）发布的名为《人工智能：医疗保健的新神经系统》[1]的报告预测，与健康相关的人工智能市场将以40%的复合年增长率快速发展，并将从2014年的6亿美元增长到2021年的66亿美元。该报告通过深入挖掘，预测了2026年最有价值的10个人工智能项目，其中包括自动图像诊断、机器人辅助手术和虚拟护理助理等。这10项技术的总价值大约是1500亿美元。面对这样一个巨大的市场，各国纷纷出台相关政策，以大力支持人工智能医疗的发展。

2.1.2.1 人工智能医疗政策

2.1.2.1.1 外国人工智能医疗相关政策

人工智能医疗不仅具有可观的市场前景，同时人工智能所带来的智能化还可以提高疾病的筛查效率和医生的诊疗效率，在一定程度上可以代替人力的投入，进而缓解医疗资源缺乏的问题。因此，不仅是人工智能起步较早的美国，还包括日本、英国、德国、欧盟等都纷纷出台人工智能医疗的相关政策，指导人工智能医疗的发展方向。

美国在2016年就出台了《国家人工智能研究和发展战略计划》《为人工智能的未来做好准备》等政策文件，提出利用人工智能为医疗诊断和治疗提供决策、对医疗并发症进行预测等，并且在2019年发布了《美国人工智能倡议》和《国家人工智能研究和发展战略计划》更新版，推进人工智能在医疗卫生领域的应用，并考虑引入强制性标准，此外，还为联邦政府在人工智能研发上的投资确定了优先领域。

日本在2016年发布了《新产业构造蓝图》，提出利用人工智能技术建立新医疗系统，以人工智能技术为核心在金融、医疗、教育、物流等领域创造出新的服务与业务，还特别提到了配备人工智能功能的医疗和护理机

[1] 佚名．埃森哲：人工智能医疗技术总市值超1500亿美元［EB/OL］．（2017-06-29）［2022-07-16］.https://baijiahao.baidu.com/s?id=1571510346149735&wfr=spider&for=pc.

器人。2017年，日本发布了《人工智能的研究开发目标和产业化路线图》，对医疗、移动领域中的人工智能应用前景作出详细描述，并提供促进政府、企业、高校三方合作的政策。

英国在2017年发布了《在英国发展人工智能》的政策文件，提出将人工智能运用于医疗领域，以进行医疗诊断的支持、疾病追踪和流行病预测等。

欧盟在2018年发布了《人工智能时代：确立以人为本的欧洲战略》，提出将对人工智能在健康分析和精准医疗领域的应用展开研究，出台私营部门数据分享指南和医疗健康数字化转型政策，修订科研信息获取和保存建议。在2020年发布了《人工智能白皮书》，对医疗设备等在数据安全方面“高风险”行业的人工智能企业提出监管及审核要求。

德国在2018年发布了《联邦政府人工智能战略要点》，提出联邦政府将进行人工智能在医疗卫生领域、护理领域的研发，推进人工智能系统在医疗卫生体系的应用，并考虑在医疗卫生领域引入强制性标准。

2.1.2.1.2 中国人工智能医疗相关政策

我国一直非常重视人工智能产业的发展，并出台了多项宏观政策。在医疗领域，我国长期存在医疗资源供给不足、分布不均匀、人均可利用医疗资源低等问题，而人工智能技术的引入可辅助提高诊疗效率，缓解医疗资源的不足，因此，我国对人工智能在医疗领域的应用也给予了很多关注与支持，出台了多项政策文件，如表2-1-1所示。

表2-1-1 中国人工智能医疗相关政策

发布年份	政策文件	内容要点
2016	《国务院办公厅关于促进和规范健康医疗大数据应用发展的指导意见》（国办发〔2016〕47号）	创新驱动，将健康医疗大数据应用发展纳入国家大数据战略布局，推进政产学研用联合协同创新。发展智慧医疗和远程医疗

续表

发布年份	政策文件	内容要点
2018	《国务院办公厅关于促进“互联网＋医疗健康”发展的意见》（国办发〔2018〕26号）	开展基于人工智能技术、医疗健康智能设备的移动医疗示范，实现个人健康实时监测与评估、疾病预警、慢病筛查、主动干预
2019	《促进健康产业高质量发展行动纲要（2019—2022年）》（发改社会〔2019〕1427号）	鼓励创新，提高健康产业科技竞争力，提高科研转化能力。将拥有产品核心技术发明专利，列入特殊审评审批范围，予以优先办理。推进药品和医疗器械提质创新，发展前沿技术，如人工智能影像辅助判读等
2021	《中华人民共和国国民经济和社会发展第十四个五年规划和2035年远景目标纲要》	坚持创新驱动发展，全面塑造发展新优势。瞄准人工智能、量子信息、集成电路、生命健康、脑科学、生物育种、空天科技、深地深海等前沿领域，实施一批具有前瞻性、战略性的国家重大科技项目。全面推进健康中国建设

根据表2-1-1可知，我国在2016年出台的《国务院办公厅关于促进和规范健康医疗大数据应用发展的指导意见》强调了要发展智慧医疗，将健康医疗大数据应用发展纳入国家大数据战略布局。随后在2018年和2019年分别有两份关于医疗健康的政策文件——《国务院办公厅关于促进“互联网＋医疗健康”发展的意见》《促进健康产业高质量发展行动纲要（2019—2022年）》，提出开展基于人工智能技术、医疗健康智能设备的移动医疗示范，实现个人健康实时监测与评估、疾病预警、慢病筛查、主动干预，发展前沿技术，如人工智能影像辅助判读等，这些规定表明了国家对医疗产业的重视。在2021年国家的“十四五”发展规划中，人工智能和生命健康都被列为战略性国家重大科技项目。

2.1.2.2 人工智能医疗专利布局

最早有关人工智能医疗的记载是1972年由利兹大学研发的一款名为“AAPHelp”的人工智能系统，这是首次在医疗领域进行人工智能技术应用的尝试。[1]从技术发展的历程看，人工智能分为计算智能、感知智能、认知智能三个阶段。相应的人工智能应用于医疗领域时，其发展历程也正经历由计算智能到感知智能，再到认知智能的阶段。在计算智能的阶段，人工智能主要通过计算机获取海量医疗数据资源，对于数据进行整合、处理、分析，来实现精准医疗。这是人工智能医疗发展的初期阶段。感知智能是机器接收外界信息、实现人机交互的能力。机器对于外界信息的感知主要通过将图像、声音、文字等转化为数字形式进行记忆和学习，并依据相关算法进行推理和决策。在人工智能医疗领域主要体现为对影像、声音等多维度医疗信息的识别和处理，帮助医生快速诊断，大幅提高医生诊疗效率。认知智能是人工智能医疗更深一步的发展，通过机器自我学习进行有目的的推理，优化决策系统，实现人机互动，辅助或者部分替代医生完成医疗诊断工作。随着技术的不断发展，人工智能医疗正从初期阶段迅速发展，逐渐成熟落地，进入下一个发展阶段。

在技术发展的过程中，各国的创新主体也通过申请专利的方式对自己的创新进行了保护。下面通过专利申请情况，对人工智能医疗的技术发展情况进行分析。

2.1.2.2.1　全球和我国专利申请态势

通过对人工智能医疗的相关专利检索（截止日期为 2022 年 5 月 2 日）可知，全球人工智能医疗的相关专利申请为 51 701 件，近二十年的专利申请态势如图 2-1-1 所示。可以看出自 2015 年起专利申请的增长率提升，在 2016 年之后呈现迅猛增长的态势，体现出了各国出台各种人工智能医疗发展政策的效果，也说明人工智能医疗正加速走向成熟。

---

[1] 朗锐慧康智慧医疗 . 浅析医疗人工智能技术的发展前景［EB/OL］.（2017-09-15）［2022-07-16］.https://www.cn-healthcare.com/articlewm/20170915/content-1017473.html.

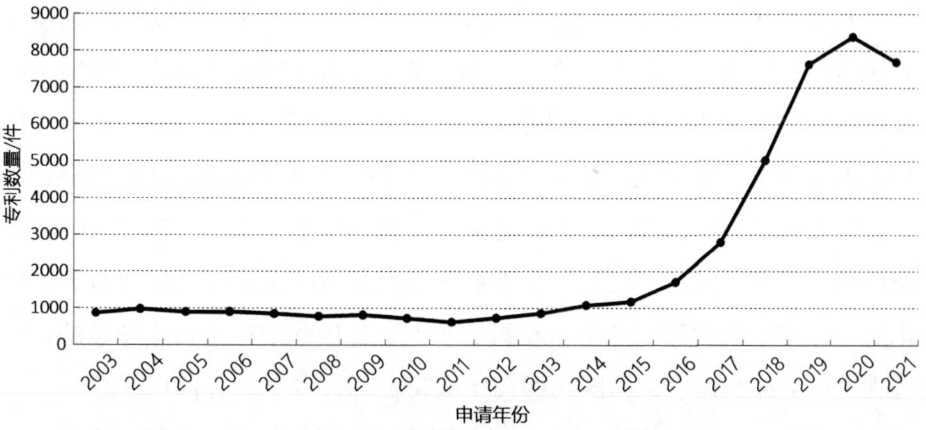

图 2-1-1 人工智能医疗全球专利申请趋势

此期间内，中国人工智能医疗的相关专利申请为 15 319 件，申请量占比可观。从图 2-1-2 中的申请趋势可以看出，中国人工智能医疗的起步稍晚于全球，从 2017 年开始出现明显的增长，发展迅猛，在全球申请量于 2021 年有小幅回落的情况下，中国依然保持较高的上涨势头，呈现出良好的发展后劲。

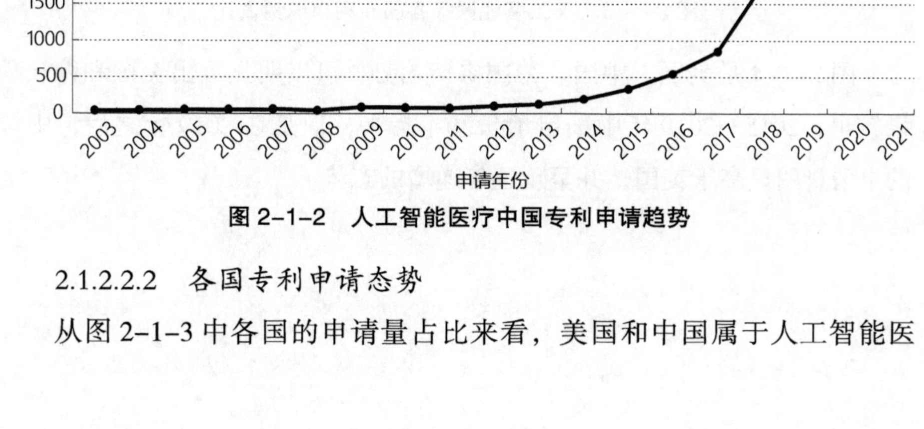

图 2-1-2 人工智能医疗中国专利申请趋势

2.1.2.2.2 各国专利申请态势

从图 2-1-3 中各国的申请量占比来看，美国和中国属于人工智能医疗专利申请的第一梯队，全球5万多件申请中，申请人为美国的数量占到31%，中国紧随其后占到27%。对于美国来说，得益于其人工智能发展较早，各类技术规范和法律规范较为成熟，当应用于医疗领域时，相应的也能占得先机。我国人工智能科研产出水平位居全球前列，在自然语言处理、芯片技术、机器学习、信息检索与挖掘等十多个人工智能子领域，科研产出水平都紧随美国之后，因此在人工智能医疗方面也展现出较高的技术实力。接下来的第二梯队有德国、日本、韩国和法国，其申请量的占比皆在5%左右。其中，德国的西门子股份公司（以下简称西门子公司）一直深耕于医疗领域，实力不容小觑。第三梯队有英国、印度和瑞士等，其申请量皆占到2%左右。

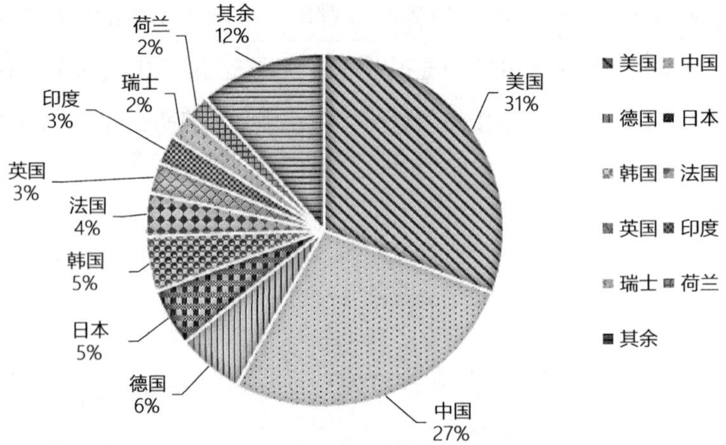

图2-1-3　人工智能医疗各国专利申请量占比

图2-1-4是美国、中国、德国申请趋势，可以明显看出美国和德国积累较早，2015—2019年中美申请量基本持平，但是在2019年之后，中国的申请量明显高于美国，并呈现逐年递增的态势。

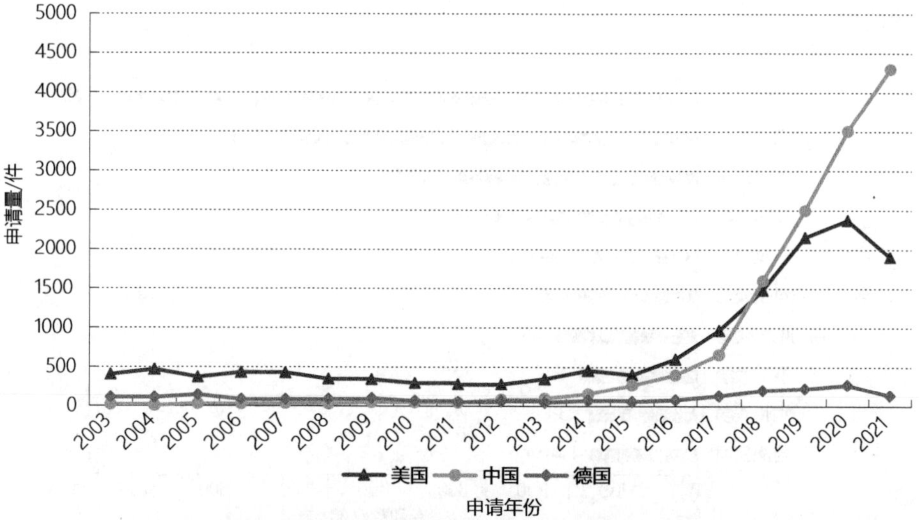

图 2–1–4　人工智能医疗各国专利申请趋势

2.1.2.2.3　主要创新主体

图 2–1–5 示出了全球的创新主体排名，从中可以看出，排名前十的创新主体中，既有综合的国际型巨头公司，如荷兰皇家飞利浦公司（以下简称飞利浦公司）、西门子公司、IBM 公司、三星集团和通用电气公司等，也有具有医疗特色的公司，如辉瑞公司等。我国的平安科技（深圳）有限公司（以下简称平安科技公司）近年来大力发展健康产业，推出了“平安好医生”等人工智能辅助诊断系统，申请量已进入全球前十名。另外，浙江大学的申请量也较高，这得益于教育部在推出的《高等学校人工智能创新行动计划》中强调要加强人工智能领域专业建设，推进“新工科”建设，形成“人工智能 +X”复合专业培养新模式。为加速培养医疗等领域的人工智能专业人才，各大高校也陆续建立人工智能学院，加快促进人工智能人才的培养。2021 年，浙江大学和互联网医疗微医合作，建立“睿医人工智能研究中心”，集合了浙江大学计算机学院、信息学院、医学院、药学院等相关院系的技术优势，搭建高校、企业、医院资源共享的开放式的医学服务平台。清华大学也成立了智能产业研究院，其中就包括智慧医疗领域

的研究。

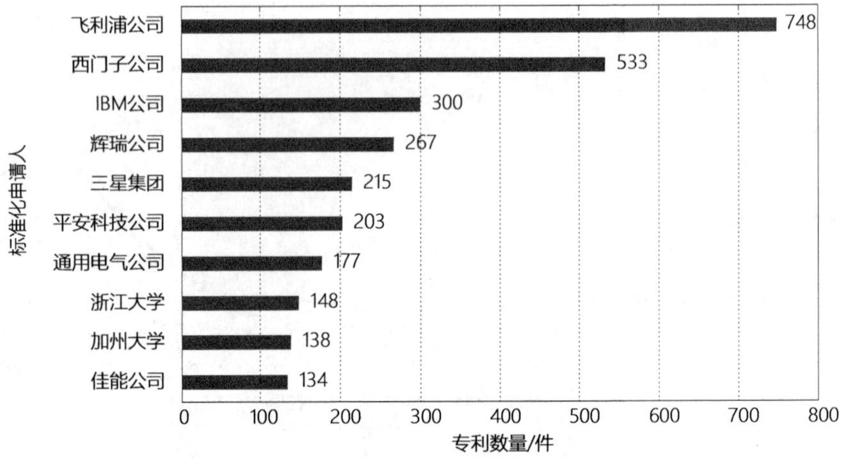

图 2-1-5　全球人工智能医疗的主要创新主体

排名靠前的飞利浦公司和西门子公司在医疗领域一直有持续的技术积累，飞利浦公司在 2018 年发布"AI 健康医疗"战略，通过利用人工智能为精准医学创造价值，一切从临床实际出发，致力于完成 AI 健康医疗行业创新"实践者"和本地生态系统"推动者"的使命。西门子公司旗下的西门子医疗与多家合作，推动基层医疗远程影像诊断全面应用，西门子医疗 2022 年正式在中国率先发布企业级医疗数字化生态矩阵"Syngo Carbon"，为医疗机构提供一站式影像存储、阅片、人工智能、非影像类临床资料的存储与管理、流程管理及创新研发等功能，帮助医疗机构降低软件和数字化基础设施的复杂性与运营成本，促进科室间临床数据的跨学科共享与整合，从而使医疗机构最大限度地释放数据价值、赋能临床决策。

2.1.3　人工智能医疗主要应用场景

医疗是涉及民生的重要领域，全球各个国家都存在一定程度的医疗资源缺乏、不均衡的问题。人工智能技术在图像、文本、语言等数据处理上所展示出的智能化效果，同样也被用于医疗的多种细分领域，如用于辅助筛查与诊断、临床治疗辅助决策、医疗信息化、药物研发、医疗机器人和脑科学等，越来越多地深度融入医疗健康领域，成为新一代产业变革的核心力量，为患者提供了便捷高效的就医体验，提高了医疗机构、体检机构、药械公司等的工作效率。

在疾病辅助筛查与诊断领域，人工智能算法模型经过海量医学影像数据、电信号数据或者其他生理参数数据训练后，即可对计算机体层成像（CT）、磁共振成像（MRI）、数字X射线摄影（DR）、超声等多模态影像、心电图、心率数据、血项、脉搏等进行分析，辅助医生进行病灶筛查与评估，实现对多部位、多病种的筛查与诊断，从而提高筛查和诊断效率，提高诊断的准确性。其中，人工智能对医学影像的处理是辅助筛查与诊断中最重要的方式，也是增速最快的一个子领域，包括了影像去噪、特征增强，并对信息进行分割和特征提取，获取器官或组织的生理参数动态范围，以便作出定量和定性的判断与疾病分类。最终的人工智能影响结果评判的基本方法是将放射诊断专家和人工智能医学影像判读结果以及最终的病理诊断结果分别作出对比，得出其效能评判。目前，美国主要借助人工智能弥补其国内明显短缺的放射师数量，而中国则对跨平台影像云技术支持的需求更加迫切。

在临床治疗决策领域，人工智能模型可基于疾病筛查与诊断结果，立足于疾病知识、经典病例数据，制定相应的术前规划，实现手术导航和预后评估等功能。我国已有多家企业推出临床治疗决策系统，如百度公司推出了灵医智惠平台，可以根据大型医院需求进行定制，通过辅助诊断、医嘱质控、病历内涵质控等功能，全面满足国家电子病历系统功能应用水平分级评价、医疗健康信息互联互通标准成熟度测评等相关要求，无缝嵌入医生工作流，提升临床效率。

在药物研发领域，人工智能模型在对大量文献进行学习后，可辅助靶标发现，实现分子设计和分子筛选的定向智能监控、精准招募并监测受试人群。人工智能技术在药物研发领域的应用覆盖了从化合物研究到上市后研究的全周期，缩短了新药研发周期，降低了研发成本。药物研发结合人工智能起步稍晚，但市场规模还是较大的，前景可观。由于存在算法技术优势和大量药物数据积累等诸多先发优势，目前美国人工智能药物研发的发展速度较快，已有基于人工智能技术进行药物研发的多种新药上市，市场逐渐成熟。

在医疗信息化领域，人工智能技术应用的起步较早，医院可通过建立数据库，整合内部管理、业务、病例数据，进行信息共享和数据的融合利用。在医患沟通、电子病历、其他数据方面都实现了智能信息化，一方面提升了管理效率，另一方面为科研临床提供支持。美国在智能化电子病历管理方面较为领先，其高端医院通常选择与医疗技术供应商展开合作，打通数据壁垒，构建标准化数据集，确保机器学习拥有高质量的数据基础。欧洲国家医疗信息化基础整体比较完善，医疗保障体系较为健全，数据在完整性、延续性等方面具有优势。

在医疗机器人领域，是将机器人技术应用在医疗领域，根据医疗领域的特殊应用环境和医患之间的实际需求，编制特定流程、执行特定动作，然后把特定动作转换为操作机器运动的机器人设备。在诊前阶段，医疗机器人可提供导诊与预问诊服务；在治疗阶段，手术机器人可协助医生进行术前规划、术中定位与导航以及手术操作；在诊后阶段，康复机器人可辅助人体完成肢体动作，协助制订康复计划，缩短恢复周期。根据国际机器人联合会（IFR）分类，医疗机器人可以分为手术机器人、康复机器人、辅助机器人、医疗服务机器人四大类。

在脑科学领域，脑机接口是人工智能在医疗健康领域的前沿应用。用户脑信号被采集、处理、解码并根据具体应用要求进行信号转换后，即可实现对计算机系统、机器系统（如康复机器人、神经假肢）等外设的控制，神经反馈机制则可实现脑机交互。

在上述应用领域中，人工智能辅助筛查与诊断、人工智能赋能医疗信息化和人工智能医疗机器人是市场融资的热点和/或技术创新较多的领域，因此，本书后续章节将分别对这三个领域的创新情况进行详细介绍。

2.2　人工智能辅助筛查与诊断

2.2.1　人工智能辅助筛查与诊断的概念

人工智能辅助筛查与诊断，是指人工智能算法模型经过海量医学影像数据、电信号数据或者其他生理参数数据训练后，即可对计算机体层成像（CT）、磁共振成像（MRI）、数字X射线摄影（DR）、超声等多模态影像、心电图、心率数据、血项、脉搏等进行分析，辅助医生进行病灶筛查与评估，实现对多部位、多病种的筛查与诊断，从而提高筛查和诊断效率，提高诊断的准确性。

2.2.2　人工智能辅助筛查与诊断的技术发展情况

当前，各国头部创新主体也都纷纷在人工智能辅助筛查与诊断方面发布研发成果，如美国IBM公司创立了沃森健康部门（Watson Health），其循证临床辅助决策支持系统利用人工智能算法模型，经过对临床数据的训练可辅助诊断糖尿病、癌症等疾病。另外，IBM公司还以10亿美元收购了融合医疗公司（Merge Healthcare），这样IBM公司研发的人工智能计算机系统“沃森”就可以从融合医疗公司的医学影像管理平台获得数据和图像，运用其图像分析和认知能力进行医学图像的处理和加工，从而提高医疗保健的质量和效率，并帮助医生作出更好的护理病人的决策。我国科技巨头有研发投入和产出，如深圳市腾讯计算机系统有限公司（以下简称腾讯公司）成立了人工智能实验室，致力于建立人工智能内核模型，对健康风险进行早期预警，有助于进行精准及个性化治疗。阿里健康信息技术有限公司（以下简称阿里健康公司）以云平台为基础，建立了单独的机器学习平台“PAI 2.0”，并与各大医院及医疗成像中心合作建成医疗成像智能诊断平台，提供远程智能诊断及3D图像重构等服务。

在人工智能辅助筛查与诊断的应用中，医学影像由于可以直观、准确地反映病情、病灶，同时人工智能技术在图像处理方面取得了突破性进展，如利用深度学习模型进行特征提取等，使得根据医学影像进行筛查和诊断成为发展最为迅速的一个分支。具体应用包括对计算机体层成像图片、核磁共振成像、超声波成像、病理切片等医学影像展开分析，进而可以对肺、心脏、骨骼、眼底、脑等部位出现的病灶进行标注、分类或分级，达到辅助诊断的效果。

人工智能医疗影像的广阔市场前景，也催生了各创新主体的技术创新，如通用电气公司旗下通用医疗发布了人工智能影像诊断平台——Centricity Open PACS AI 智能影像平台，并在 2022 年发布了全流程乳腺 X 线检查 Senographe Crystal Nova AI 影像质量控制系统。它是通用医疗与中国人工智能企业北京医准智能科技有限公司（以下简称医准智能公司）合作研发的最新成果。在精准人工智能医疗影像诊断领域，飞利浦公司已经实现超声、计算机体层成像、磁共振成像等部分产品研发和制造，并结合先进的信息学和智能化系统，聚焦本地客户临床需求，提供整合的本土化解决方案。我国的腾讯公司、百度公司、北京鹰瞳科技发展股份有限公司（以下简称鹰瞳公司）等高科技公司，在人工智能医疗影像领域也都有涉猎，如腾讯公司旗下觅影研发的人工智能眼底疾病筛查系统支持七大常见眼底疾病与二十余种罕见眼底疾病的检测，并能在几秒内检测出结果。

除了通过医学影像进行辅助筛查与诊断，人工智能技术还被用于对心电信号、各种生理参数的识别，以预测疾病的发生风险。特别是心电信号包含着大量心脏传导系统的相关信息，与心血管疾病（心律失常、心肌病、瓣膜病和心肌缺血）存在紧密联系。在解读心电图并据此进行疾病诊断的过程中，人工智能模型体现出了较为明显的优势，并极具发展前景。欧美在 20 世纪 70 年代就开始了人工智能分析心电图的尝试，经过四十多年的研究和积累，在诊断的精度和准确度上都有很大提升。美国国立卫生研究院（NIH）下美国国家心肺与血液研究所（NHLBI），在 2002 年就发布一款基于人工智能的心电图（ECG）心电算法。另外，在 2017 年，斯坦福大学副教授吴恩达所带领的斯坦福大学研究人员开发了一个新的机器学习模型，通过心电图来判断患者是否心律不齐，诊断的准确率高达 83.7%，超过了人类心脏病医生的 78.0%。我国在心电信号的人工智能诊断方面走在前列的是深圳迈瑞生物医疗电子股份有限公司（以下简称迈瑞公司）、乐普（北京）医疗器械股份有限公司（以下简称乐普公司）等。在 2018 年乐普公司自主研发的心电图人工智能自动分析诊断统“AI-ECG Platform”获得美国食品药品监督管理局（以下简称 FDA）的注册批准，成为国内首项获得 FDA 批准的人工智能心电产品。

2.2.3　人工智能辅助筛查与诊断的专利布局

通过对全球专利库中有关人工智能辅助筛查与诊断相关的主题进行检索（截至 2022 年 5 月 2 日），共得到 25 393 件专利申请。

2.2.3.1　全球和我国专利申请态势

从图 2-2-1 可以看出，人工智能辅助筛查与诊断的专利申请趋势与全球人工智能医疗的趋势相同，都是在 2016 年后开始爆发，并且都是在 2017—2018 年翻倍增长，2020 年的增长率有所回落，2021 的专利申请量有小幅的下降，但仍然维持高位。这主要是因为在 2016—2021 年，人工智能医疗经历了从行业升温、备受追捧，到回归商业化落地检验的起伏之旅。2019 年 2 月传出 IBM 公司在兜售人工智能医疗诊断先驱沃森健康部门业务后，不久又传出互联网科技巨头谷歌公司旗下健康部门谷歌健康（Google Health）解散的消息等，种种因素导致人工智能辅助筛查与诊断发展进入一个冷静期。2022 年很多专利申请尚未公开，因此申请量的统计数据不够全面。

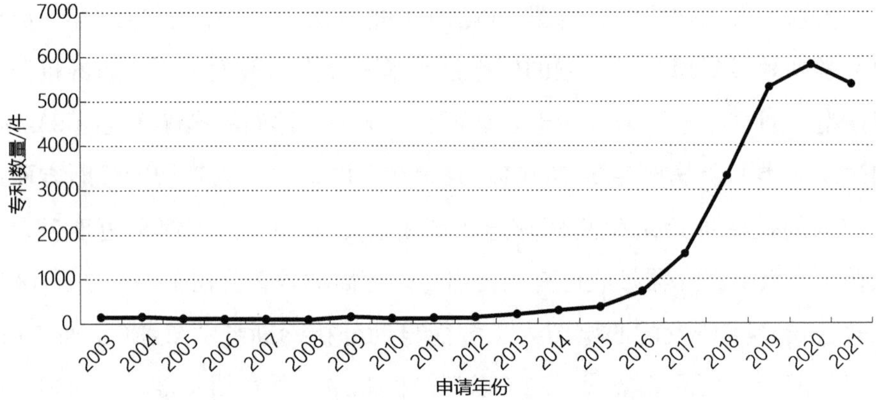

图 2-2-1 人工智能辅助筛查与诊断的全球专利申请趋势

图 2-2-2 为中国人工智能辅助筛查与诊断的专利申请趋势，对比可以看出，中国的专利申请的爆发期稍晚于全球，自 2017 年开始快速增长，并且与全球申请态势不同的是，在 2020 年和 2021 年依旧保持了高速增长，增长率未出现下滑。这一方面可能是中国创新主体的研发水平在不断提高，另一方面可能是对市场的反应稍晚于全球，后续可持续关注申请情况。

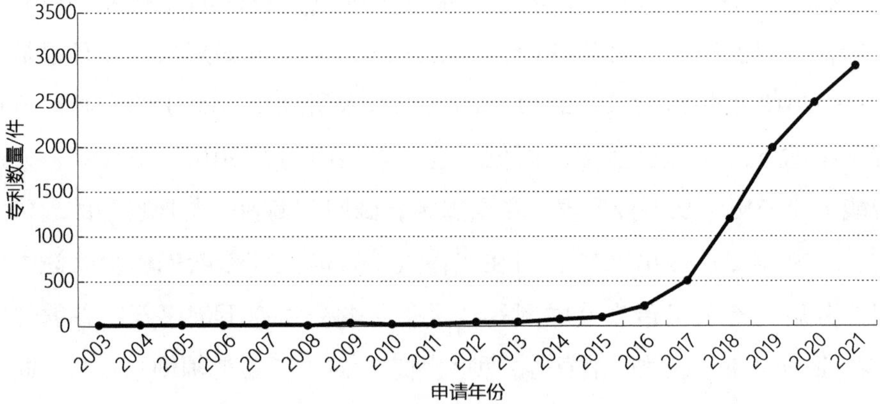

图 2-2-2 人工智能辅助筛查与诊断的中国专利申请趋势

2.2.3.2 各国专利申请态势

图 2-2-3 示出了人工智能辅助筛查与诊断领域的各国申请量占比，可以看出，中国的申请量超过了美国，占到 36%，美国的申请量占比为

26%，中美两国的申请量超过了全球总量的 50%。这与市场融资情况相呼应，中美人工智能医疗的融资占到全球的约 80%。韩国的申请量有 8%，仅次于中国和美国。接下来是日本。韩国和日本都有国际型科技巨头公司，如三星集团和富士胶片株式会社（以下简称富士胶片公司）等，三星集团在 2018 年宣布将人工智能算法应用于自己公司的医疗成像设备，人工智能软件“SimGrid”可以提供胸部 X 光片中被骨骼遮挡的肺组织图像，可以更准确地检测肺结核。三星集团还推出了用于计算机断层扫描的移动触摸单元，并正在开发人工智能技术，使磁共振成像能够显示膝关节软骨厚度和膝关节炎图像等信息。德国、印度和荷兰的申请量占比皆在 3%。德国主要有著名的西门子公司，其旗下的西门子医疗致力于人工智能医疗数年。荷兰的飞利浦公司也是人工智能医疗的头部企业，在 2018 年就发布了“AI 健康医疗”战略。排名前十的国家还有英国、以色列和加拿大。其中，以色列在医疗影像分析上与中美的技术实力不相上下。

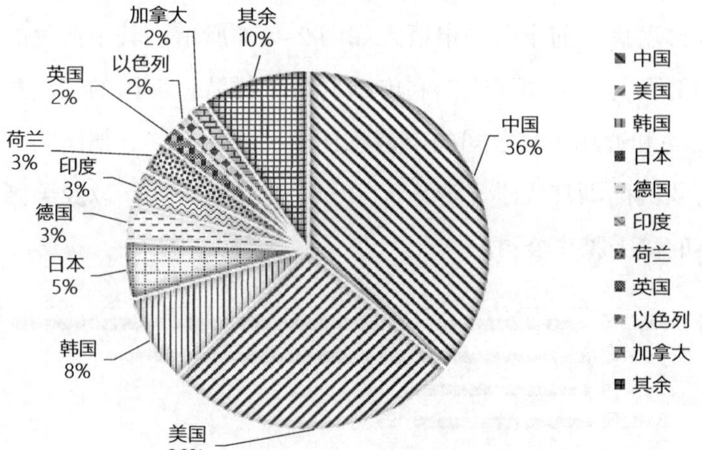

图 2-2-3　人工智能辅助筛查与诊断的各国专利申请量占比

在图 2-2-4 示出的技术分布上，中国的专利申请中有 48% 涉及通过医学影像分析进行辅助筛查与诊断，36% 涉及根据监测的信号进行分析，16% 为通过其他生理数据分析进行辅助筛查与诊断。

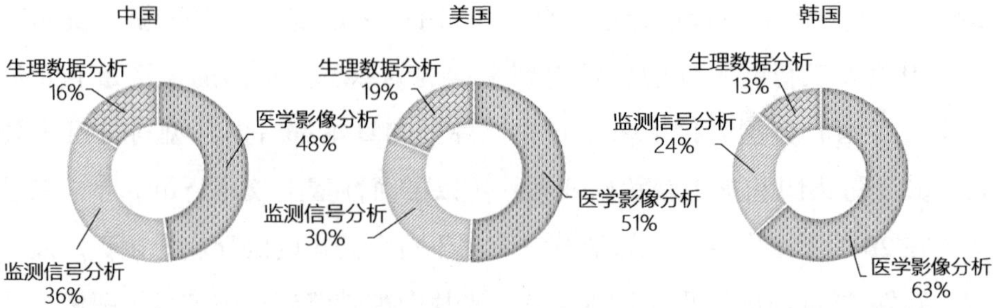

图 2-2-4 人工智能辅助筛查与诊断的主要专利申请国家技术分布

相比之下，美国在医学影像分析技术上的布局占其本国申请的 51%，韩国则占其本国申请的 63%，说明美国和韩国在利用人工智能进行辅助筛查与诊断的技术布局上较中国更加倚重于医学影像的分析。对中国来说，除了医学影像分析外，监测信号分析也是一个重要的布局方向，如通过心电信号诊断心律不齐等心脏疾病等。

2.2.3.3 主要创新主体

从全球主要创新主体来看，对人工智能辅助筛查与诊断的专利申请进行申请人排名后，前十名的申请人如图 2-2-5 所示，其中荷兰的飞利浦公司和德国的西门子公司属于专利申请的第一梯队；韩国的三星集团、美国的 IBM 公司和通用电气公司的申请量比第一梯队减半，属于第二梯队；第三梯队有我国的浙江大学、清华大学和平安科技公司，以及美国的加州大学和日本的富士胶片公司。

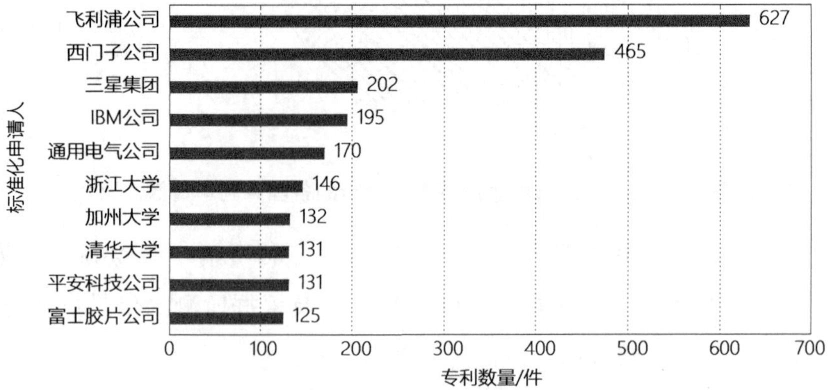

图 2-2-5 人工智能辅助筛查与诊断的全球主要创新主体

图 2-2-6 为全球主要创新主体的申请趋势，其中飞利浦公司以绝对优势占据第一位，其申请量在 2014 年有小幅增长，随后在 2017 年快速增长，到 2019 年达到顶峰，2020 年和 2021 年申请量呈下降趋势，同时，其专利申请有 57% 在 A61B 的国际专利分类（IPC）编号下，A61B 为涉及诊断、外科及鉴定的分类号，有 25% 在 G16H 的分类号下，即涉及医疗保健信息学。在飞利浦的 627 件申请中，有 432 件涉及医学影像、126 件涉及监测信号分析，有 69 件涉及其他生理数据的分析。可见，医学影像也是飞利浦公司布局的重点方向。并且，飞利浦公司在 2018 年公布“AI 健康医疗”战略后，2019 年申请的医学影像方面的专利高达 200 件，随后的两年有所减少。

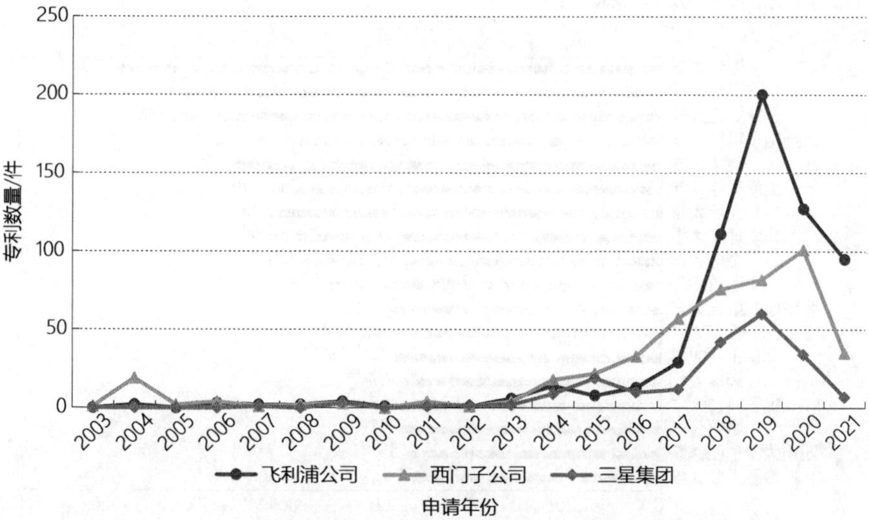

图 2-2-6　人工智能辅助筛查与诊断的全球主要创新主体的申请趋势

西门子公司在人工智能辅助筛查与诊断方面的申请量在 465 件，其申请量基本集中在了医学影像技术方面，有 426 件。可见，西门子公司的技术布局更加聚集，有近 90% 的专利集中在医学影像技术方面，同时，其申请量早在 2004 年就有过一次增长，并且在 2013 年就开始提前布局，后续一直平稳增长，是医学影像领域布局较早的企业，也拥有顶级的技术实力。

三星集团的专利申请量为 202 件，从 2007 年开始有零星专利布局，随后持续有专利申请，到了 2018—2019 年出现明显增长，并且在其技术构成方面，医学影像为 101 件，监测信号分析为 73 件，其他生理信号分析为 28 件。可见，其专利布局也偏向于医学影像，但是不如西门子公司所占的比重高。2021 年，三星集团旗下医疗保健子公司对外宣布称，其自动肺结节检测（ALND）工具已获得 FDA 510（k）的批准。该产品提供了一种设备上的计算机辅助检测（CADE）解决方案，用于通过人工智能算法检测大小为 10 ~ 30 毫米的肺结节。

图 2-2-7 为中国主要创新主体，可以看出，其中大多为高校或者科研院所，说明我国人工智能辅助筛查与诊断的技术研发参与面广，高校和科研院所也都在积极开展研究。

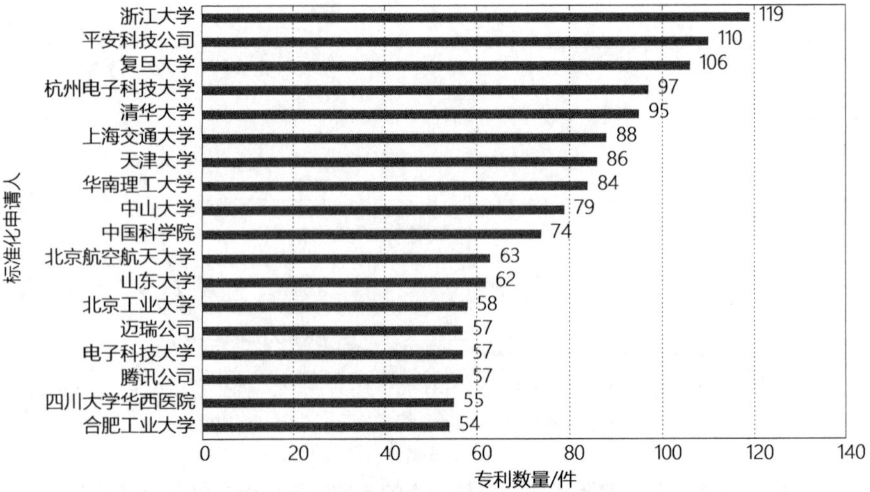

图 2-2-7 人工智能辅助筛查与诊断的中国主要创新主体

在企业申请人中，平安科技公司的申请量最大，接下来是迈瑞公司和腾讯公司。

2.2.3.4 典型企业及专利

2.2.3.4.1 飞利浦公司

飞利浦公司在人工智能辅助筛查与诊断的三个技术分支——医学影像分析、监测信号分析、生理数据分析上，都是全球排名第一的申请人。因此，首先选取飞利浦公司的创新情况进行介绍。

飞利浦公司诞生于1891年，至今已有两百多年，在其发展道路上也经历过几次重大转型。在20世纪90年代末期，飞利浦公司是一个高产量、技术驱动的电子产品制造商；在2000年受到科技泡沫影响后，飞利浦公司用10年时间转型成以市场为导向的“健康舒适、优质生活”公司；2015年，飞利浦公司收缩边界，将照明业务剥离，全面聚焦健康科技，整合了面向企业端的医疗保健部门和面向消费者端的健康消费业务。

1. 专利申请情况

2013年，伴随中国医学人工智能标准刚刚启动，飞利浦公司把人工智能纳入了公司战略布局，开启了医疗1.0时代。从图2-2-8飞利浦公司在人工智能辅助筛查与诊断的专利申请量也能看出，2013—2019年的专利布局是增长较快的。在这几年，软件开发和人工智能是飞利浦公司战略发展的重点，飞利浦公司每年投入近17亿欧元进行研发，其中60%用于软件和人工智能的开发。2019年1月，飞利浦公司将商业体系升级为3.0版本，形成了健康生活、精准诊疗、影像介入治疗、互联关护四大事业群，串联起患者从院内到院外的就医流程。从2014—2018年的财报数据来看，诊断与治疗业务贡献了最大比例的营收，有三年都占到47%左右。研发的投入效果在专利申请量上也体现出来，尤其是2018—2019年申请量翻了几番，说明飞利浦公司在技术研发上有所突破。

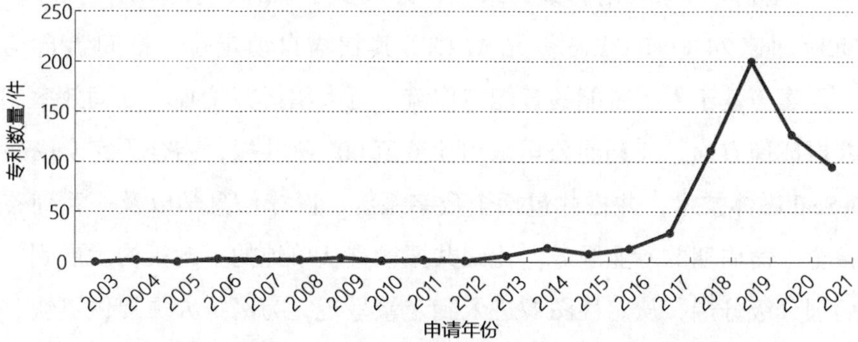

图2-2-8　飞利浦公司人工智能辅助筛查与诊断专利申请趋势

在飞利浦公司公布的2019—2020年业务发展目标中提到：诊断和治疗业务的营收增长保持在5% ~ 7%，利润率保持在14% ~ 16%；互联关护及医疗信息化业务、个人健康业务的营收增长保持在4% ~ 6%，利润率保持在16% ~ 18%。

2. 技术布局情况

如果以场景来区分，飞利浦公司的人工智能技术有几种应用场景，其中就包括诊断和治疗：在患者成像检查过程中，人工智能可提供关于活检结果和患者病历的关键信息（如实验室检查结果、既往病史、已有的放射成像报告），提高放射科医师的读片诊断能力。举例而言，飞利浦公司开发了多个基因组学平台，帮助病理学医生和肿瘤科医生综合运用基因组分析、成像检查、病历查阅、病理切片化验等手段，以便为患者定制更精准的治疗方案。

从飞利浦公司的细分领域专利布局来看，如图2-2-9所示，飞利浦公司在有关睡眠、脉搏、生物标记物等利用生理数据分析进行辅助筛选与诊断的技术分支布局最少，仅占11%。在利用监测信号分析，如心电信号，进行辅助筛选与诊断的技术布局占比为20%，可见这两者不是其主攻研究方向。飞利浦公司有近70%的专利布局都涉及医学影像分析，这反映出飞利浦公司在医学影像方面的强大技术实力。在计算机体层成像方面，飞利浦公司研发了首台智慧心脏CT——领航CT，通过人工智能辅助质控，可以做到高效和标准化的数据采集，并减少了66%的扫描定位操作，影像重建加速24%；Incisive极光AI CT，其扫描自动定位，椎间盘自动识别、重建等基于人工智能的智能工作流，可大幅提升检查与处理效率。在磁共振成像方面，飞利浦公司采用无液氦007磁共振，结合了完全密封的BlueSeal磁体技术，并搭载包括全数字系统、医疗信息学以及一系列覆盖设备全生命周期的专业服务。让磁共振检查从单纯的解剖机构发展到精准的病理分级分层，从定性图像进入到定量呈现，为医护人员提供更快、更智能、更简单的途径来实现精准诊断，助力专家临床和科研工作。

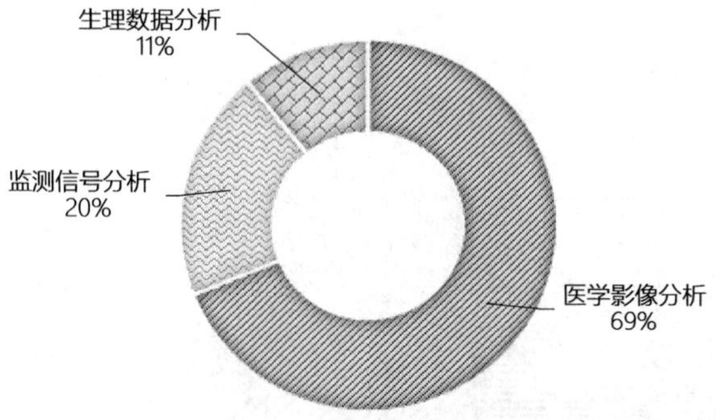

图 2-2-9　飞利浦公司人工智能辅助筛查与诊断专利布局

飞利浦公司的乳腺智能导航系统（AI Breast）搭载在飞利浦 Affiniti 70 及 EPIQ 系列智能超声诊断系统之上，超高清的图像品质，加上以人为本的智能应用，能以直观导航定位的方式为医护人员提供强大的决策支持。该乳腺智能导航系统通过磁场感应，单晶体线阵探头内置传感器，实现乳腺检查的全跟踪、全覆盖，高效减少漏诊、误诊率。一站式放射科全流程人工智能平台——飞利浦星云人工智能影像平台（ISAI），其覆盖影像科临床、科室管理及科研教学全流程，从患者的预约、扫描检查、诊断分析，到出具报告以及科研，人工智能算法和应用无感融入全流程，辅助医生提供更精准的诊断。飞利浦数字病理系统的全自动高速全切片扫描仪可以满足病理科高通量扫描需求，图像管理和诊断系统兼顾开放和可扩展性，能与医院现有工作流程和信息技术环境无缝结合。并且，它作为开放的数据管理平台，不仅支持教学和科研，也支持高级分析、人工智能算法的应用和开发，助力人工智能生态圈建设，促进计算病理学的发展和病理诊断智能化。[1]

从图 2-2-10 飞利浦公司专利布局的情况来看，其 29% 的专利都申请了 PCT 国际专利，以便于在 PCT 成员方中进行保护。接下来是美国，可见美国仍然作为其主战场，另外其在欧洲的布局占到 19%，在中国的布局占到 15%。

[1] MedTrend 医趋势 . AI 赋能，飞利浦“精准、智能、开放”的医疗 2.0 时代［EB/OL］.（2020-09-28）［2022-07-16］. https://baijiahao.baidu.com/s?id=1679030418601218680&wfr=spider&for=pc.

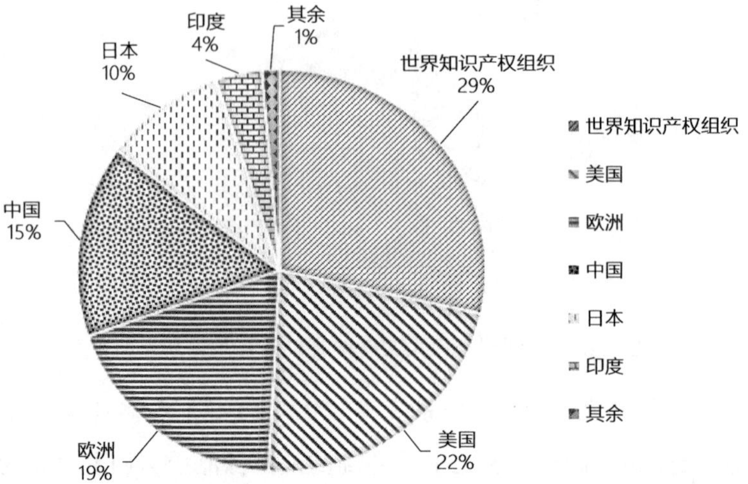

图 2-2-10　飞利浦公司人工智能辅助筛查与诊断在各国、各地区、各组织的专利布局

飞利浦公司在中国有子公司，即飞利浦（中国）投资有限公司（以下简称飞利浦中国公司），与飞利浦公司不同的是，飞利浦中国公司实现了完全本地化，为适应中国市场，飞利浦中国公司针对胸痛、卒中、肿瘤、呼吸睡眠、危急重症等几种疾病，共打造了 10 种解决方案。

3. 发展模式

在发展战略上，飞利浦公司通过并购、投资等方式拓展创新业务。从 2007 年开始，飞利浦公司的收购 / 投资动作共计 25 起，涵盖了医疗器械、移动医疗、大数据等项目。特别是，飞利浦公司在 2017 年收购了 12 家与医疗相关的企业，进行了 1 次医疗投资，其中包括收购基于云计算的人口健康管理公司维达保健（Vital Health）。通过这一收购，飞利浦公司可以把患者的数据在院外更有效地收集，放在合适的模型上应用，这是飞利浦公司丰富其互联关护业务的重要一环。飞利浦公司在 2018 年收购了 5 家医疗公司，对 2 个医疗公司进行了 3 轮投资。2019 年 3 月，飞利浦公司宣布收购锐珂医疗的医疗保健信息系统（HCIS）业务；4 月初，飞利浦公司又宣布注资“君联资本健康医疗人民币第二期基金”，以投资中国地区的医疗创新项目。从其专利申请中的转让情况来看，2018—2020 年由他人转让给飞利浦公司的专利共有163件，如图2-2-11所示，其中有114件都涉及医疗影像，这些转让的专利又增添了其在人工智能辅助筛选与诊断上的技术储备。

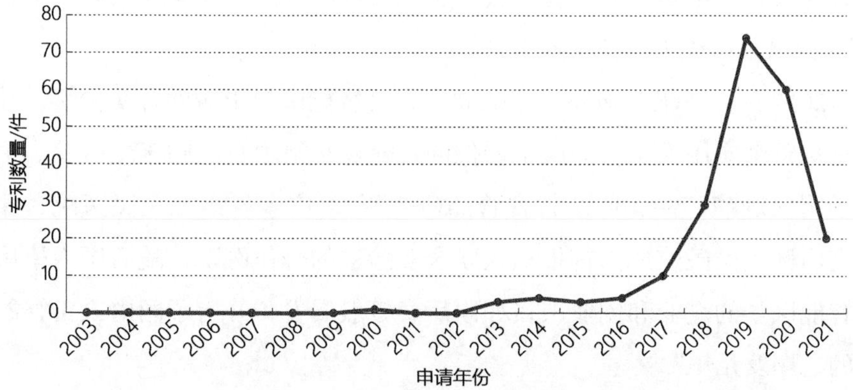

图2-2-11　飞利浦公司人工智能辅助筛查与诊断专利受让趋势

除了并购和投资医疗公司，飞利浦公司还加强了与其他互联网公司的合作。2019年3月22日，飞利浦公司和腾讯公司在电子阴道镜系统方面展开合作；3天后，飞利浦公司和阿里巴巴集团控股有限公司（以下简称阿里巴巴集团）签订战略协议。除了百度公司、阿里巴巴集团和腾讯公司，飞利浦公司前两年也跟华为技术有限公司（以下简称华为公司）有战略合作。在医疗方面，飞利浦公司跟不同联盟和不同疾病协会有各种不同合作，共同打造了一个健康科技的生态体系。

2.2.3.4.2　腾讯公司

中国人工智能辅助筛查与诊断排名前二十的专利申请人中，高校和科研院所占据了约80%，剩下的约15%为国外巨头公司，如飞利浦公司、西门子公司。中国本土企业排名第一的是平安科技公司，排名第二的就是腾讯公司。结合业界的影响力，选择腾讯公司进行分析。

2017年8月3日，在2017“互联网+”数字经济中国行·广东峰会上，腾讯公司正式发布首款将人工智能技术运用在医学领域的人工智能产品——腾讯觅影。“腾讯觅影”由腾讯互联网+合作事业部牵头，聚合了腾讯公司内部包括 AI Lab、优图实验室、架构平台部等多个顶尖人工智能团队的能力，把图像识别、大数据处理、深度学习等领先的技术与医学跨界融合研发而成。科学技术部在 2017 年底召开了“新一代人工智能发展规划暨重大科技项目”启动会，公布了“首批国家人工智能开放创新平台名单”，腾讯公司成为标杆企业人选。

2017 年，腾讯公司还发起成立了人工智能医学影像联合实验室，并启动全球首个应用人工智能医学影像的食管癌早筛项目的临床预试验。中山大学附属肿瘤医院（广东省食管癌研究所）、广东省第二人民医院、深圳市南山区人民医院成为首批加入联合实验室的合作医院。随后国内聚焦人工智能医学的企业和创业项目如雨后春笋般爆发，开启了国内人工智能医学的“爆发元年”。

1. 专利申请情况

从图 2-2-12 可以看出，腾讯公司在 2017 年有了第一件人工智能辅助筛查与诊断的专利申请，在 2018 年有了 6 件专利，其中就包括“一种视网膜病变图像类型识别方法、装置和存储介质”和“一种结节检测方法、装置和存储介质”，后者已经获得授权。这些专利都跟腾讯觅影中的诊断系统相关。腾讯公司在 2019—2020 年达到专利布局的高峰，申请态势与人工智能辅助筛查与诊断的申请态势一致。

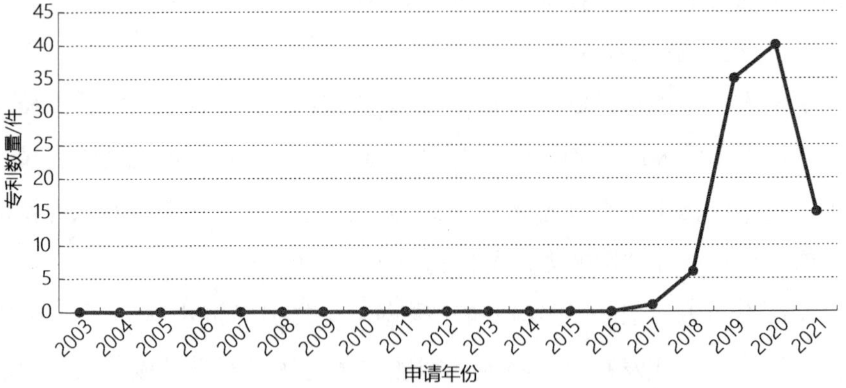

图 2-2-12　腾讯公司人工智能辅助筛查与诊断专利申请趋势

2019 年，微信上线“腾讯健康”小程序。2020 年初，钟南山院士团队与腾讯公司宣布达成合作，共同成立大数据及人工智能联合实验室，为腾讯人工智能医疗增添了羽翼。腾讯公司在 2020 年的专利布局也最多。据悉，双方团队围绕流行病筛查、人工智能医学影像、流行病疫情预测预警展开深入的科研合作，包括利用“腾讯健康”小程序等互联网服务平台，持续筛查高危人群并给予就医指引；研究人工智能医学影像判读筛查技术；针对新冠肺炎等多种流行病，将建立辐射全国的疾病上报和预测预警系统。

2. 技术布局情况

从图 2-2-13 中腾讯公司的细分技术上来看，腾讯公司在利用监测信号分析或者生理数据分析方面的布局较少，两者总共占到 1/3，剩下 2/3 的布局都在医学影像分析上，这与腾讯觅影的主攻研究方向有关。腾讯觅影包含 6 个人工智能系统，涉及疾病包含食管癌、肺癌、糖尿病性视网膜病变（以下简称糖网病）、宫颈癌和乳腺癌。其中，其早期食管癌智能筛查系统最为成熟，实验室准确率在 90%，现已进入临床前实验阶段。

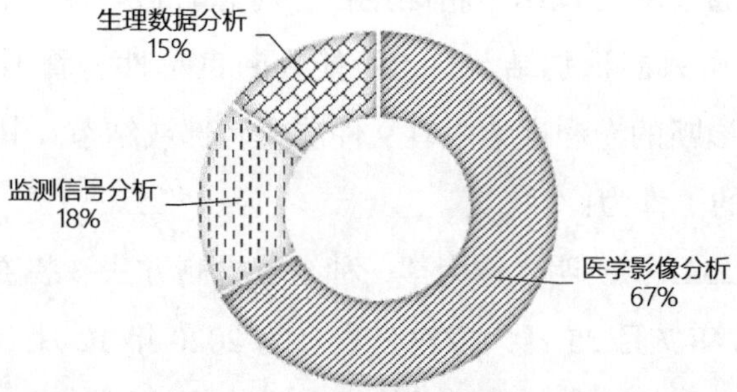

图 2-2-13　腾讯公司人工智能辅助筛查与诊断专利布局

（1）早期食管癌智能筛查系统

早期的食管癌内镜治疗高效微创，手术后 3 ~ 5 天就可以出院，手术费用仅为后期食管癌治疗费用的 1/3，术后并发症也很少，远期的疗效更是优越。但是，由于缺乏足够的认知和有效的早期筛查手段，目前我国早期食管癌检出率低于10%。腾讯觅影的早期食管癌智能筛查系统，一个内镜检查用时不到4秒，对早期食管癌的发现准确率高达90%。

腾讯公司关于食管辅助筛查与诊断的代表专利申请有：

CN110427994A，发明名称为“消化道内镜图像处理方法、装置、存储介质、设备及系统”，申请日为2019年7月24日，目前尚在实质审查环节。该申请公开了一种消化道内镜图像处理方法、装置、存储介质、设备及系统，包括：获取待检测消化道内镜图像；基于第一模型对待检测消化道内镜图像进行分类，第一模型是在第二模型的约束下基于第一训练数据集训练得到的，第一训练数据集包括纯净数据集和噪音数据集，第二模型是在训练第一模型之前基于第二训练数据集训练得到的；纯净数据集包括标注一致的样本图像，噪音数据集包括标注不一致的样本图像，第二训练数据集为第一训练数据集的子集且包括纯净数据集，样本图像为消化道内镜图像。本申请实现在增加训练数据量的同时，又能够降低因标注标签出错对模型预测精准度的影响。

（2）早期肺癌筛查系统

腾讯觅影通过对可疑结节精准定位，对患者进行全方位良恶性判别。而部分创业公司只能识别结节，却不能判断良恶性。腾讯公司在人工智能辅助筛查与诊断的专利申请中有9件涉及肺部或结节，其中4件已经授权。最早授权的1件为：

CN109035234A，发明名称为“一种结节检测方法、装置和存储介质”，申请日为2018年7月25日，授权公告日为2020年12月1日。该申请的方案为：获取生命体组织的电子计算机断层扫描数据，该电子计算机断层扫描数据包括电子计算机断层扫描图像序列；根据电子计算机断层扫描图像序列三维重建生命体组织的多位视图；基于深度神经网络和电子计算机断层扫描数据进行结节检测识别，得到结节检测识别结果；向终端发送结节检测识别结果以及多位视图，以便终端显示；由于该方案可以利用深度神经网络模型进行结节的检测识别，可以提升结节检测的准确性和稳定性，此外，该方案还可以重建生命体组织的多位视图如横断位、冠状位、矢状位视图等，可以便于医生全方位观察结节，提高结节诊断的准确率。

（3）糖网病变智能筛查系统

腾讯觅影团队对数十万糖网病分期数据进行学习分析，然后进行训练，打造糖网病筛查工具，用于糖网病早期筛查。腾讯公司在人工智能辅助筛查与诊断的专利申请中有两件涉及糖尿病筛查，两件均为在审状态：

CN109003264A，发明名称为“一种视网膜病变图像类型识别方法、装置和存储介质”，申请日为2018年7月5日，公开日为2018年12月14日。该申请公开了一种视网膜病变图像类型识别方法、装置和存储介质，可以采集国际分期样本集和国内分期样本集，然后，根据该国际分期样本集对预设国际分期模型进行训练，并采用训练后国际分期模型对国内分期样本集进行计算，得到国际分期模型中每个卷积层的输出向量，再然后，根据该国内分期样本集和输出向量对预设国内分期模型进行训练，并基于训练后国内分期模型对待识别眼底图像进行视网膜病变类型识别；该方案可以在提高处理效率的同时，提高识别的准确率，且使得该准确率具有一定稳定性。

CN110729044A，发明名称为“糖网病变阶段识别模型的训练方法及糖网病变识别设备”，申请日为2019年10月8日，公开日为2020年1月24日。该申请公开了一种糖网病变阶段识别模型的训练方法及糖网病变识别设备，所述糖网病变识别设备包括：目标眼底图像获取装置，用于获取目标眼底图像；特征提取装置，用于利用糖网病变阶段识别模型中的特征提取层提取目标眼底图像的目标特征信息；糖网病变阶段识别装置，用于利用糖网病变阶段识别模型中的全连接层对目标特征信息进行多种糖网病变阶段的识别，得到目标眼底图像的糖网病变阶段的识别结果，糖网病变阶段的识别结果包括目标眼底图像对应目标对象是否达到多种糖网病变阶段的识别结果；目标糖网病变阶段确定装置，用于基于识别结果确定目标对象的目标糖网病变阶段。利用本申请提供的技术方案可以大大提高糖网病变的识别准确率。

（4）智能辅助诊疗系统

智能辅助诊疗系统基于海量医疗大数据的分析与学习，服务于广大医生，旨在提高医生诊疗效率和基层医生诊疗准确性。它大致分为三个步骤：医学知识图谱构建—机器去学习诊断能力和经验—专家校验。

（5）宫颈癌筛查智能辅助系统

腾讯觅影系统对近万张内窥镜分型数据进行数据分析，打造宫颈癌检测智能筛查工具，用于宫颈位置类型检测，辅助医生快速辨别宫颈癌的宫颈位置，从而制定对应的治疗方案。目前，腾讯觅影并没有报告这个产品的研发进度。腾讯公司在人工智能辅助筛查与诊断的专利申请中有4件涉及宫颈诊断，均为在审状态，其中1件为PCT国际专利申请：

WO2021213068A1，标题为“Image display method and apparatus based on artificial intelligence，and device and medium”，申请日为2021年3月12日，公开日为2021年10月28日，该申请提供了一种基于人工智能的图像显示方法、装置、设备及介质，属于人工智能技术领域。方法包括：对第一图像进行处理，得到第一特征图像，获取所述第一特征图像对应的第二特征图像；对所述第一特征图像和所述第二特征图像进行叠加，基于叠加后的图像获取第三特征图像；根据所述第三特征图像获取第二图像；在所述第一图像上叠加显示所述第二图像。

（6）乳腺癌淋巴清扫病理图像识别系统

腾讯觅影系统主要应用于乳腺癌的筛查。乳腺钼靶，全称为乳腺钼靶X线摄影检查，是目前诊断乳腺疾病简便、可靠的无创性检测手段，具有痛苦小、简便易行和重复性高等优点。钼靶检查归根结底是对钼靶图像的识别问题，当前业内主要依赖医生进行判读，由于个人经验差异往往导致诊断结论的不一致性，即使对于同一位医生，一定的人为失误率也是无法避免的。腾讯觅影利用深度学习技术分析患者的钼靶图片，帮助医生实现两大功能：找到疑似病灶（包含肿块灶和钙化灶）的位置和分析患者患有恶性肿瘤的风险。腾讯公司在人工智能辅助筛查与诊断的专利申请中有5件涉及乳腺诊断，其中3件已授权有效，另外2件为转让获得的美国专利申请。授权的3件专利申请中乳腺钼靶诊断特点鲜明的专利申请为：

CN110459319A，发明名称为“基于人工智能的乳腺钼靶图像的辅助诊断系统”，申请日为2019年5月16日，公开日为2019年11月15日。该申请公开了基于人工智能的乳腺目标图像的辅助诊断系统，所述系统包括：乳腺数字化X线摄影设备、乳房良恶性子系统和自动化报告生成子系统；所述乳腺X线摄影设备，用于基于数字X射线成像技术，采集乳腺钼靶图像；所述乳房良恶性子系统，用于获取所述乳腺X线摄影设备采集的单侧乳房的乳腺钼靶图像，所述乳腺钼靶图像包括：头尾位钼靶图像和内侧斜位钼靶图像；调用乳房良恶性检测模型对所述头尾位钼靶图像和所述内侧斜位钼靶图像进行良恶性预测，得到所述单侧乳房的良恶性预测结果；所述自动化报告生成子系统，用于生成和输出检测报告，所述检测报告包括所述单侧乳房的良恶性预测结果。

3. 发展模式

自2014年开始，腾讯公司充分发挥微信、QQ等应用所具有的用户优势，除了开展自身人工智能医疗的建设外，也进行了大量的投资与合作。

在投资方面，根据易观分析等第三方数据和不完全统计，自2014年起截至2020年5月，腾讯公司在医疗领域的投资数量超过40次，投资标的都至少能排进行业前五，投入规模远超阿里巴巴集团、百度公司两个巨头在医疗领域的布局。腾讯公司的投资覆盖领域十分广泛：包括互联网医疗平台、人工智能+医疗、人工智能+药物、商业保险、医疗美容以及健康周边等细分医疗健康行业，几乎覆盖了医疗大数据、人工智能医疗、互联网医疗解决方案、寻医诊疗、线下医患端等绝大部分医疗场景。从中可以看出腾讯公司在医疗及大健康领域的投资策略和路线：广撒网、多布局、全面且复杂。

从图2-2-14腾讯公司的人工智能辅助筛查与诊断的专利受让情况来看，2019年共获得了15件专利的转让，其中除了2件是腾讯公司内部转让外，剩余13件都是美国专利申请。在2020年和2021年也分别有8件和10件的专利受让。可见，腾讯公司在进行投资的同时，对于重要专利也进行了投资收储。

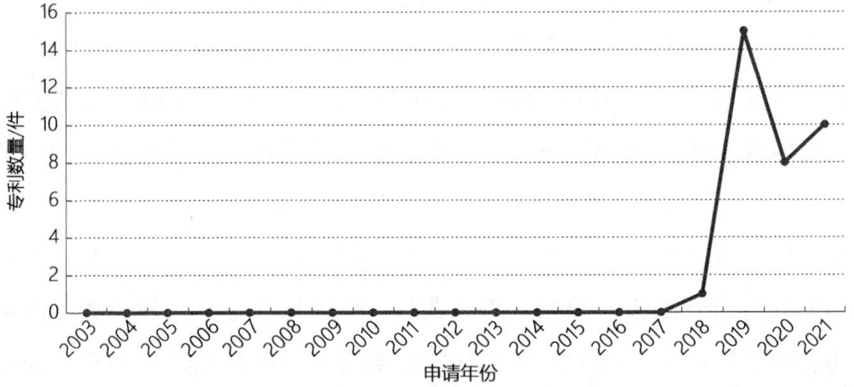

图 2-2-14　腾讯公司人工智能辅助筛查与诊断专利受让趋势

在合作方面，腾讯公司有三起重要的海外合作[1]：2017年10月，腾讯公司与美国权威医疗健康信息平台健康真知（Healthwise）达成合作，同年12月，以汇聚海内外顶尖医学科普资源为旗号的企鹅医典发布，可见两件事之间关系密切。2018年4月，腾讯公司宣布与英国医疗科技公司巴比伦健康公司（Babylon Health）达成战略合作。巴比伦健康公司提供通过人工智能技术为用户开展远程医疗问诊的服务，包括应用聊天机器人查询病症。巴比伦健康公司于2016年完成2500万美元A轮融资，而后在2017年4月获得B轮融资6000万美元。2018年2月，同样是英国的医疗科技公司迈达普（Medopad）宣布与腾讯公司达成战略合作。迈达普公司成立于2011年，利用人工智能技术研发医疗技术数据采集平台，服务于医患双方。腾讯公司的人工智能医疗实验室与迈达普公司将共同研究人工智能技术的临床应用，为医生和患者提供更智能化的医疗诊断和医疗服务支持，包括临床决策支持的

[1] 顾贝妮 / 动脉网．想在医疗 AI 领域创业 不能不知的腾讯三起海外合作［EB/OL］.（2018-04-14）［2022-07-16］. https://www.cn-healthcare.com/article/20180414/content-502334.html?appfrom=jkj&from=timeline&isappinstalled=0.

人工智能对话机器人，监测患者病情、分析患者数据并为医生诊断提供决策辅助等。腾讯人工智能医疗实验室主要版块其一是人工智能医学影像，其二是人工智能诊断。腾讯公司称，国内与国际同步开拓的发展模式有助于借鉴国际上最新、最前沿的技术方向和国外成熟的医疗体系模式。

2.3　人工智能赋能医疗信息化

2.3.1　人工智能赋能医疗信息化的概念

人工智能医疗信息化，是指对医疗过程中产生的医院内部管理数据、电子病历数据、检验数据、影像数据、药品流通数据、费用数据和健康数据等，利用深度学习、自然语义分析、图像识别等人工智能技术，进行数据分析和处理，根据不同的应用场景提供信息化服务。

2.3.2　人工智能赋能医疗信息化的技术发展情况

全球的医疗信息化建设始自20世纪六七十年代，当前世界把医疗信息系统的发展划分为五代[1]：第一代系统仅是数据收集者，通过创建临床数据库，实现比手动方式较快地获得信息。第二代系统采用电子病历（computerized patient record 或 electronic medical record，简称 CPR 或 EMR）来完整地记录临床的各种事件和信息，并实现基本的临床决策支持系统（CDSS）以减少医疗错误。第三代系统能够把临床决策支持系统结合到整个医疗服务过程和工作流程中去，并使用标准的医学词汇来规范医学概念，实现计算机化医嘱录入（CPOE），并具备定量分析错误和方法有效性的基本体系，从而减少超过一半的可避免的医疗错误。第四代包括比较成熟的临床决策支持系统（CDSS）、临床管理协议，比较广泛地采用知识管理、疾病追踪管理，通过与最新的临床

[1] HangJiang. 2021 数字医疗的发展现状及未来趋势分析［EB/OL］.（2021-09-17）［2022-07-16］. https://www.chinairn.com/news/20210917/170800593.shtml.

研究知识库的接口，提供循证（evidence-based）的决策支持和针对每个患者的个性化的医疗服务。第五代是智能化的临床信息系统，包括高度成熟的临床决策支持系统、将关于医疗机构的具体知识融入日常工作流程、真正的基于循证的医疗、每一例医疗效果的追踪、连接到国家医学图书馆和最新医学研究成果、有效地处理患者并发的状况、具有与移动个人监护设备的接口、提供个性化的患者信息并在任何地方都可以获得。第五代人工智能技术所具有的智能化的特点将发挥其重要作用。例如，利用深度学习模型，将自然语言的医疗记录翻译成结构化的信息，并可进行标注和编码，自动提取各种医学名词，结合医疗知识图谱、医疗语料库等，实现病历的结构化翻译等。

中国的医疗信息化建设起步稍晚，在 20 世纪 70 年代，医院主要利用单台的计算机进行简单的医疗信息管理，例如，门诊收费、患者治疗费用管理、药房信息管理等。随着网络技术的发展，大一些的医院开始建立院内的局域网，形成网络化的管理系统，方便数据的传输和同步，但此时的网络规模还比较小，在功能上并没有太多的扩展。一直等到 20 世纪末，数据库管理和网络技术都进一步成熟，使得医院可以根据自身的需求来设计一整套功能齐全的医院管理系统，涵盖医疗数据、费用管理和物资管理，从而实现全院数据的共享。进入 2000 年后，医疗信息化建设不再局限于医院本身的管理，而是朝向医疗数据更大范围的共享和利用、电子病历的完善、支撑远程医疗、以患者为中心提高用户体验等方面发展。目前，我国医疗信息化的主要应用包括电子病历、医院信息系统和临床信息系统。

电子病历是由医疗机构以电子化方式创建、保存和使用的，重点针对门诊、住院患者（或保健对象）临床诊疗和指导干预信息的数据集成系统；是居民个人在医疗机构历次就诊过程中产生和被记录的完整、详细的临床信息资源；是记录医疗诊治对象医疗服务活动的信息资源库，该信息资源库以计算机可处理的形式存在，并且能够安全地存储和传输，医院内授权用户可对其进行访问。

医院信息系统（hospital information system，HIS）是指利用计算机软硬件技术、网络通信技术等现代化手段，对医院及其所属各部门的人流、物流、财流进行综合管理；对在医疗活动各阶段产生的数据进行采集、储存、处理、提取、传输、汇总、加工生成各种信息，从而为医院的整体运行提供全面的、自动化的管理及各种服务的信息系统。

临床信息系统（clinical information system，CIS）是医院信息系统的组成部分，其对在医疗活动各阶段产生的数据进行采集、储存、处理、提取、传输、汇总并加工生成各种信息，支持医院医护人员的临床活动，丰富和积累临床医学知识；并提供临床咨询、辅助诊疗、辅助临床决策，以提高医疗质量和工作效率。

我国医疗信息化业务较为领先的公司主要有：腾讯公司、百度公司、卫宁健康科技集团股份有限公司（以下简称卫宁健康公司）、东软集团股份有限公司（以下简称东软集团）、东华软件股份公司（以下简称东华公司）、创业慧康科技股份有限公司（以下简称创业慧康公司）、四川久远银海软件股份有限公司（以下简称久远银海公司）及浙江和仁科技股份有限公司（以下简称和仁科技公司）。其中，卫宁健康公司、创业慧康公司、思创医惠公司、久远银海公司在医疗信息化上的研发投入都较高，在2018年时研发投入皆超过1亿元。其中，百度公司的人工智能医疗品牌为灵医智惠，“百度灵医助手”是共赢计划重要产品载体，其最大特点是“全场景覆盖，全产品矩阵”：基于百度行业领先的自然语言理解、知识图谱等技术，“百度灵医助手”可以覆盖辅助诊疗、后结构化、医保核算、医院电子病历应用水平评级等医院关注的核心场景，从合理用药、病案内涵质控系统、病案首页生成系统、病案首页智能编码服务到临床辅助诊断系统等，都具备标准化产品解决方案，能够全方位为合作伙伴进行人工智能赋能，简单易用全面的一站式服务，可以降低医院、医疗信息化厂商的人工智能应用门槛，加速人工智能落地应用速度。卫宁健康公司推出了“云医（纳里健康）”，主要通过纳里健康平台布局单体医院、医联体、医院联盟、医共体，以及身边医生平台布局基层卫生服务领域 。其中，与实体医疗机构已签订合作共建协议（含已取得医疗机构执业许可证）的互联网医院累计 280 余家，医生注册量累计超过 28 万人，患者注册量累计超过 2400 万人。纳里健康平台在线服务累计超过 320 余万单，其中收费服务超过 100 余万单。纳里健康平台助力 400 余家医院 / 卫生健康委员会上线了远程会诊平台，包括武汉火神山、雷神山医院等，免费为 1300 余家医院开通在线咨询问诊业务。

2.3.3 人工智能赋能医疗信息化的专利布局

通过对全球专利库中有关人工智能和医疗信息相关的分类号 G16H（医疗保健信息学，即专门用于处置或处理医疗或健康数据的信息和通信技术）进行检索，截至 2022 年 5 月 2 日，共得到 5834 件专利申请。

2.3.3.1 全球和我国专利申请态势

从图 2–3–1 可以看出，人工智能赋能医疗信息化的专利申请从 2016 年后开始明显起步，到了 2017 年开始增长，2018—2020 年连续三年增长都很迅猛，2021 年出现小幅下降，整体趋势与全球人工智能医疗的趋势相同。从申请趋势中可以明显看出人工智能技术发展的特点，虽然在 2009 年美国、中国都通过医疗改革政策推进医疗信息化，但人工智能技术真正大规模应用于医疗信息化始于人工智能技术相对成熟的 2016 年。

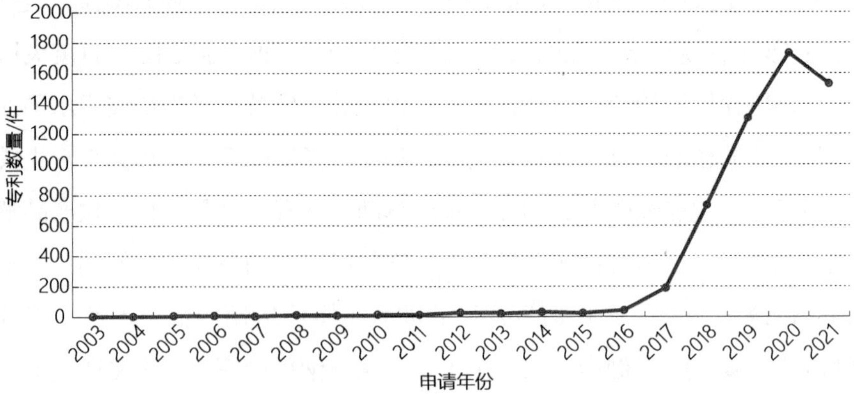

图 2–3–1 人工智能赋能医疗信息化的全球专利申请趋势

2020年是行业的一个转折点。由于2022年的公布数据还不全，暂时不能看出专利申请数量是否会进一步下滑。从医疗信息化行业巨头塞纳公司（Cerner）的发展来看，2016—2020年是其在美国高速发展的阶段，但是到了2020年美国国内市场已经基本饱和，其开始拓展海外市场，但医疗信息化的本地特色非常强，收益并不明显，加之受新型冠状肺炎疫情的影响，收益开始下滑。塞纳公司的发展历程也在一定程度上反映出了整个行业的情况，反映在专利申请量上即出现了2020年后的专利申请量下滑。

图2-3-2为人工智能赋能医疗信息化的中国专利申请趋势，与中国人工智能医疗的整体申请态势相同，在2020年后依然保持了增长的态势，只是增长的速度稍有放缓。

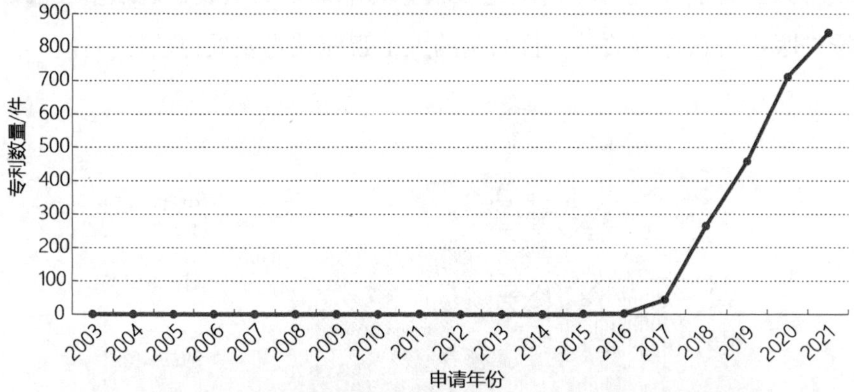

图2-3-2　人工智能赋能医疗信息化的中国专利申请趋势

中国因人口众多、医疗资源分布不均衡等特点，为医疗信息化提供了巨大的市场，2021年中国医疗信息化核心软件市场规模达到323亿元，2021—2024年复合增速达到19.2%，预计2024年总规模达547亿元。广阔的市场为各创新主体提供了发展空间，在市场尚未饱和的情况，专利申请的趋势也暂未出现下降趋势。

从中国申请的省份分布来看，创新的第一梯队是广州和北京。广州的主要申请人包括平安科技公司、腾讯公司等，都是业界申请量靠前的企业；北京的主要申请人则包括百度公司、清华大学等，以及具有医疗特色的科技公司，如医渡云（北京）技术有限公司（以下简称医渡云公司）、北京嘉和海森健康科技有限公司（以下简称嘉和海森公司）、北京惠及智医科技有限公司（以下简称惠及智医公司）等。第二梯队是上海、江苏和浙江。上海的代表申请人包括上海联影医疗科技股份有限公司（以下简称联影医疗公司）、卫宁健康公司、同济大学和上海交通大学等。从中可以看出，中国的中东部区域由于具有较多的医疗资源，因而医疗信息化方面的创新也较多。

2.3.3.2 各国专利申请态势

图 2-3-3 为各国在人工智能赋能医疗信息化领域申请占比。中国和美国的申请量占比最多，都能占到 1/3 以上，也就是中美两国的申请量占到了整个人工智能赋能医疗信息化领域专利申请量的 7 成，这跟中美两国大力推进医疗信息化有关系，且两国的人工智能技术发展也较好。

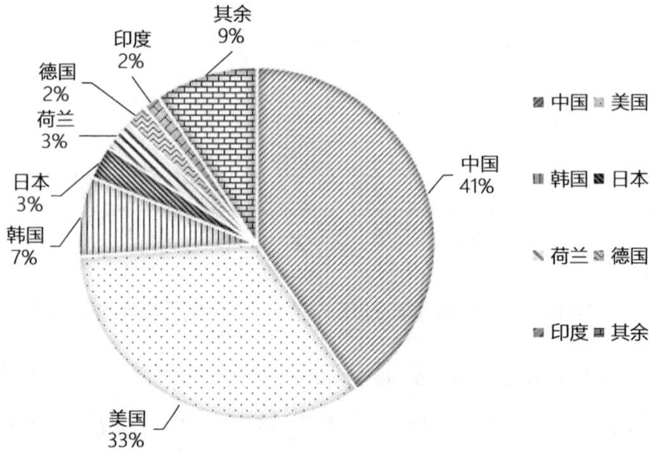

图 2-3-3 人工智能赋能医疗信息化的各国专利申请量占比

排在第二梯队的是韩国，占比为 7%，接下来是日本和荷兰，皆占到 3%。因为欧洲的各国分开统计申请量，所以每个国家的占比并不高。

从图 2-3-4 所示的排名前五的国家逐年的申请量来看，美国持续进行专利布局，研究开始得比较早，在 2017 年后申请量增加。

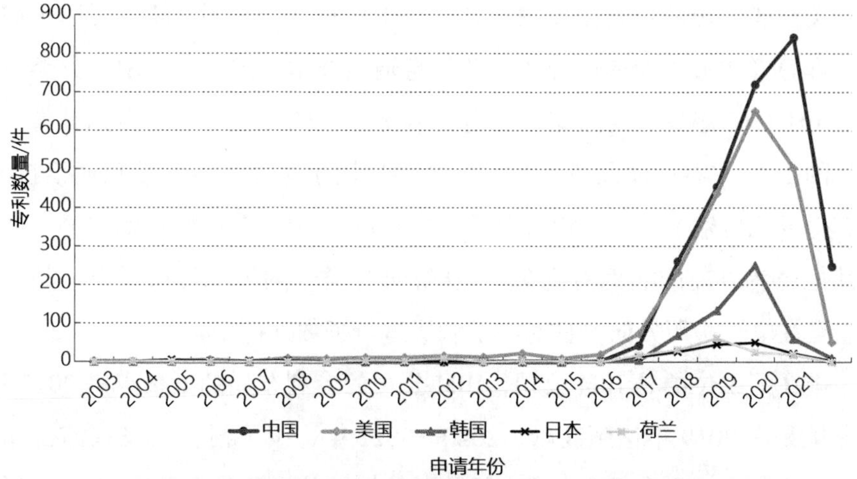

图 2-3-4　人工智能赋能医疗信息化的各国专利申请趋势

中国则起步较晚，前期专利布局较少，2011 年有一件专利申请来自中国科学院上海技术物理研究所，发明名称为“一种用于医学信息系统的可视化索引系统”，之后从 2015 年才开始有持续的专利布局，在 2018 年与美国基本持平，但 2019—2021 年的申请量逐渐超过了美国。

2.3.3.3　主要创新主体

从图 2-3-5 人工智能赋能医疗信息化的全球主要创新主体排名来看，飞利浦公司仍然居第一位，其申请量在 2019 年达到高峰，2020—2021 年却连续出现下滑。

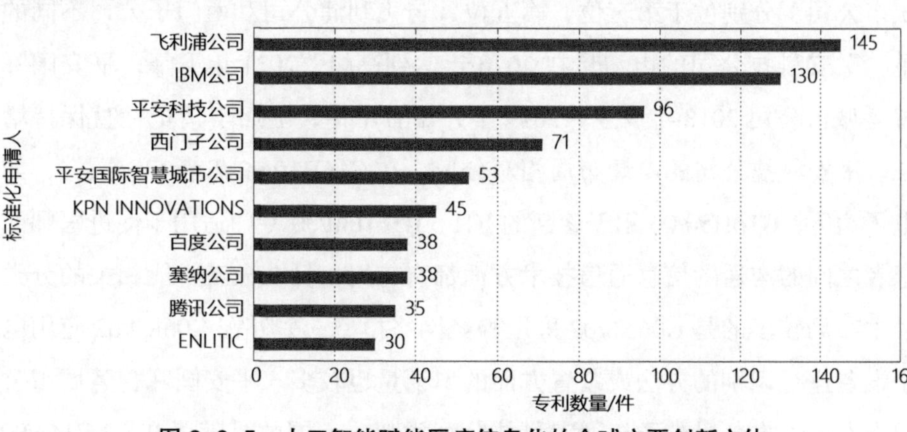

图 2-3-5　人工智能赋能医疗信息化的全球主要创新主体

飞利浦公司的申请主要集中在G16H10的分类号下，即专门用于加工或处理患者相关医疗或保健数据的信息通信技术（ICT），其中主分类号涉及G16H10/60患者特定数据，如电子病历记录的专利申请能占到其整个申请量的15%左右；涉及G16H15/00特别适用于医疗报告的信息通信技术，如其生成或传输的占到10%；涉及G16H50/70用于医疗数据的挖掘，如分析其他患者以前的病例占到7%。从综合分类号的情况可以看出，其布局重点是在电子病历方向，且对电子病历进行了数据挖掘。

排在第二位的是IBM公司，IBM公司的专利布局的增长点是2017年，同样也是在2019年达到高峰，2020—2021年连续下滑，与飞利浦公司的申请趋势一致。这也反映出人工智能赋能医疗信息化的发展中2019年后遭遇了一定的发展瓶颈。IBM公司的申请排名前两名的分类号为：G16H10/20电子临床试验或问卷调查和G16H10/60患者特定数据，如电子病历记录，随后是G16H50/20用于计算机辅助诊断，如医疗专家系统。同时，IBM公司在人工智能赋能医疗信息化的申请中有40%多的申请的分类号都涉及G06N20/00机器学习，可见IBM公司在医疗的信息化方向上更多地采用了机器学习的技术。

中国平安保险（集团）股份有限公司（以下简称平安集团）的平安科技公司和平安国际智慧城市科技股份有限公司（以下简称平安国际智慧城市公司）分别位于第三位、第五位，与飞利浦公司和西门子公司不同的是，平安科技公司的申请量在2020年达到高峰，2021年下降；平安国际智慧城市公司2018年成立，2019年开始有申请，随后申请量一直保持增长。平安科技公司的申请布局相对分散，在G16H10/60患者特定数据，如电子病历、G16H50/00用于诊断的ICT、G16H80/00专门适用于促进医师或患者之间的沟通的信息通信技术方面都有布局，且在人工智能相关的分类号中布局较多的是G06N3/02采用神经网络模型，另外在G06K9/62应用电子设备进行识别的方法或装置方面的申请量也较多。平安国际智慧城市公司在G16H的专利布局与平安科技公司类似，不同的是其还在G16H40/00

专门用于安排或管理医疗保健资源或设施的信息通信技术方面进行了布局。平安国际智慧城市公司的专利申请中分类号被分到人工智能相关的分类号下的申请占比不高。

西门子公司排名第四，其在人工智能赋能医疗信息化领域的专利申请趋势与飞利浦公司和IBM公司一致，都表现为2019年是专利申请的最高峰，随后申请量下滑。按照主分类号来看，西门子公司的专利申请布局较多的分类号为G16H50/20用于计算机辅助诊断，G16H30/40用于加工医学图像，如编辑和G16H10/60患者特定数据，如电子病历记录。如果统计西门子公司在人工智能赋能医疗信息化专利申请的所有分类号，可以看出其中有60%都涉及G16H10/60电子病历记录，可见对电子病历开展的医疗信息化是西门子公司的一个发力点。另外，能够体现技术特点的分类号，排名较靠前的也是G06N20/00机器学习，以及G06N3/08学习方法。

从图2-3-6来看，企业的数量有所增多，说明在人工智能赋能医疗信息化领域的商业落地情况较人工智能辅助筛查与诊断领域较好。排名靠前的申请人除了平安集团旗下的几家企业外，百度公司和腾讯公司的申请量也较多。

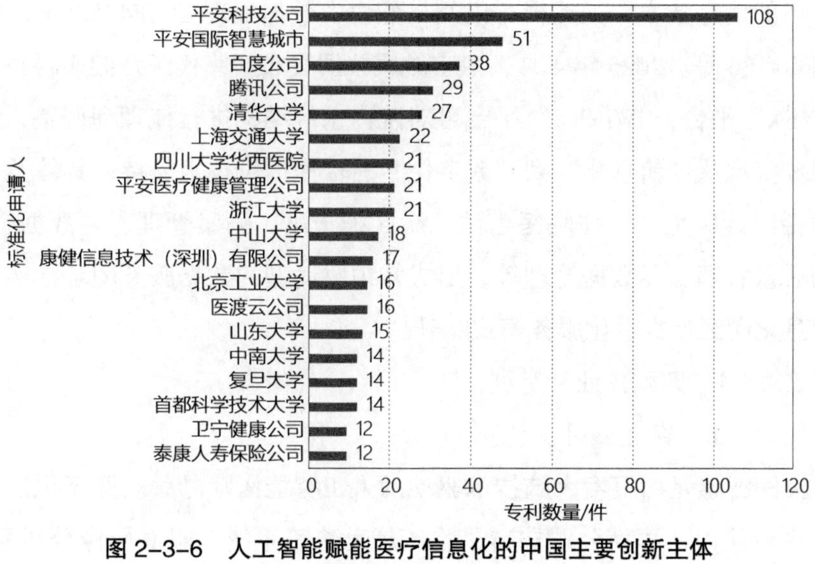

图2-3-6　人工智能赋能医疗信息化的中国主要创新主体

在高校方面，排名第一的高校是清华大学，其专利申请集中在2018—2021年。为了响应“健康中国2030”国家规划，清华大学在2020年底与珠海市人民医院医疗集团共建了“清华大学智慧医疗研究院”，共同探索研究智慧医疗发展，聚焦智慧医疗核心技术、智慧医联体信息平台等技术与产品的研发。从申请趋势来看，清华大学的申请量在2021年达到高峰。同时，从合作伙伴来看，清华大学与科大讯飞股份有限公司（以下简称科大讯飞公司）、惠及智医公司、北京协和医院、中山大学眼科中心等都有共同申请专利，可见，高校与企业的合作更加紧密。

在医疗特色企业方面，上榜的有康健信息技术（深圳）有限公司、医渡云公司、卫宁健康公司等。其中，康健信息技术（深圳）有限公司是一家健康信息咨询的公司，其专利申请基本都涉及医疗/智能问诊。医渡云公司是我国发展较好的医疗人工智能技术公司，它和卫宁健康公司都是在人工智能赋能医疗信息化专利布局较早的公司，比其他公司的专利布局要早1～2年。卫宁健康公司是国内专注于医疗健康和卫生领域整体数字化解决方案与服务的企业，其专利申请涉及方向比较均衡，涉及G06F16/00信息检索下的G06F16/33非结构文本数据的查询；G16H30/40用于加工医学图像的信息技术，如编辑；以及自然语言数据处理G06F40/00下的模板G06F40/186等。2020年4月，卫宁健康公司发布新一代医疗健康科技产品“WiNEX”平台，“WiNEX”平台可对院内系统结构进行梳理和调整，为医院服务实现从“信息化”到“数字化”的转变提供技术支持，具体业务内容包括门诊医生站、住院医生站、病区护士站、病案管理、主数据管理、数据质量管理、元数据管理等，形成知识驱动型的数据服务闭环，实现医疗信息化向医疗数字化服务模式跃升。

2.3.3.4 典型企业及专利

2.3.3.4.1 百度公司

灵医智惠是由百度大脑技术驱动的人工智能医疗品牌。基于灵医智惠技术中台能力，百度公司构造了临床辅助决策系统、眼底影像分析系统、医疗大数据整体解决方案、智能诊前助手、慢病管理平台等产品系列，服务院内院外全场景，并广泛联合医院、医生、电子病历厂商、政府、监管等合作伙伴，通过共同推动基层医疗过程的标准化、规范化，提升基层医疗能力，降低医疗风险，控制医疗费用，服务“健康中国 2030”的国家规划。

灵医智惠技术中台以医学数据结构化及医学知识图谱为基础，构建多项医疗专项能力，覆盖临床、科研、管理、患者服务等多环节，支撑院内院外多种解决方案。

百度公司的灵医智惠技术中台提供五种解决方案：

①临床辅助决策。通过学习海量教材、临床指南、药典及三甲医院优质病历，基于自然语言处理、知识图谱等技术，提供临床辅助决策系统，用以提升医疗质量，降低医疗风险。

②智慧病案。以病历书写基本规范和病案首页填报规范为纲要，基于人工智能技术与医学知识图谱结合，通过对病历“阅读理解”呈现完整“病案画像”，面向医疗机构提供智能化病案服务辅助工具，主要包括病案内涵深度质控、病案首页智能服务、数据质量深度治理。

③医疗大数据解决方案。基于自然语言处理和知识图谱技术，提供医疗大数据解决方案，可实现多层级病历结构化，支持临床、科研、管理等场景下的医疗数据应用。

④眼底影像分析系统。基于眼底影像数据基础，整合循证医学可解释算法架构及深度学习高准确率算法构造眼底影像分析系统，通过与眼底相机 /PACS 系统连通，以眼底相机拍摄的二维眼底图为输入，映射回真实的三维眼底形态，通过深度学习算法，提取眼底四大生理结构，并评估眼底病风险，最后形成筛查结果。

⑤智能诊前助手。应用权威教科书和海量文献构建知识图谱，采用多种模型结合构建算法体系，通过多轮智能问诊了解患者病情，将患者和医生匹配，构造智能诊前助手工具，帮助智慧医院 / 互联网医院及挂号平台 /

信息化厂商提升整体挂号准确率，优化挂号体验。

1. 专利申请情况

百度公司在人工智能赋能医院信息化领域的专利布局也较早，并且在2020年出现了申请量的迅速增长，这一年也正是百度灵医智惠推出全系人工智能医疗解决方案的一年。从百度公司申请的专利的主分类号来看，如图2-3-7所示，24%都涉及G16H10/60患者特定数据，如电子病历，19%涉及G16H50/20用于计算机辅助诊断的信息通信技术，如专家系统，体现技术分类的主分类号有信息检索下的非结构化文本的查询公式G06F16/332和自然语言的语法分析G06F17/27。另外，如果分析所有分类号，那么出现频次较高的分类号还有G06N3/00基于生物学模型的计算机系统下的G06N3/04体系结构，如互连拓扑，即涉及灵医智惠中的知识图谱的技术，以及G06N3/08学习方法，如深度学习方法。

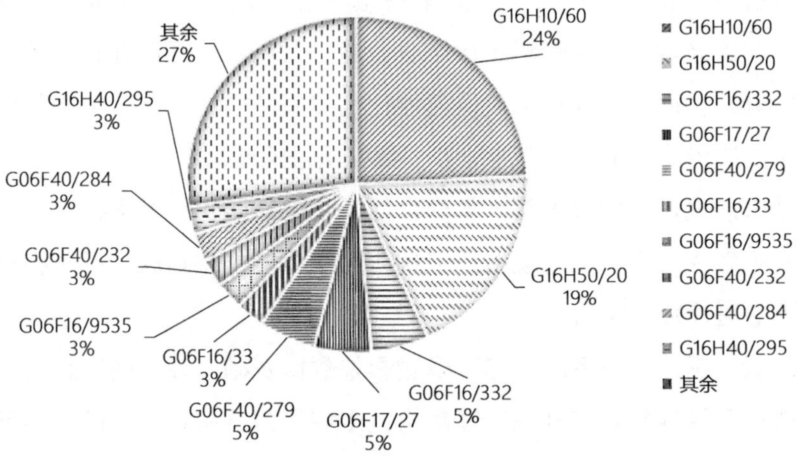

图2-3-7　百度公司人工智能医疗信息化的专利布局

2. 典型专利

（1）CN107729319B，发明名称为“用于输出信息的方法和装置”

该申请还具有美国同族US20190114318A1，已获得授权。电子医疗文档分析的一个重要领域是医疗实体关键词的提取。这里的医疗实体关键词提取包括医疗文本中的疾病、病症、药物和身体部位等关键词。医疗实体关键词提取在电子文档结构化方面取得了广泛的应用，包括疾病统计、病症采集和药物效果分析等。

针对医疗实体关键词提前的问题，该专利提取目标医疗文本中的至少一个医疗实体关键词和至少一个属性关键词；然后生成关键词对集合，其中，关键词对包括所提取的医疗实体关键词和所提取的属性关键词；再对关键词对集合中的每个关键词对，提取该关键词对在目标医疗文本中的文本特征，并将所提取的文本特征导入预先训练的关联关系确定模型，得到与该关键词对对应的关联结果，其中关联关系确定模型可以包括梯度提升决策树、支持向量机和神经网络；最后，输出关键词对集合中具有关联关系的关键词对。该专利的方法提取了与医疗文本中的医疗实体关键词具有关联关系的属性关键词，从而提高了信息输出内容的丰富性。

（2）CN109036554B，发明名称为“用于生成信息的方法和装置”

在医疗领域，从医疗问答对话中解析出病症实体（如发烧、咳嗽、腹痛等）以及病症的相关属性（如病症发生的时长、严重程度、频率等），对智能辅助问诊有着重要的意义。

该专利在确定针对用户询问的答案信息时，引入了文本特征间的修饰关系判断模型，从而更加准确地找到问题的答案。其中，修饰关系判断模型根据具有修饰特征的文本训练得到，修饰关系判断模型可以是能够实现根据文本特征信息得到判断结果的各种机器学习模型，如决策树模型、支持向量机模型等。该专利的方法有效利用了询问文本和回答文本，实现了症状信息和答案信息挖掘。

（3）CN110097936B，发明名称为“用于输出病历的方法和装置”

在医疗领域，相似病历检索在科研、临床上具有重大意义。例如，医生在针对某份病历进行病历分析或撰写病历报告时，可以参考具有一定相似度的历史病历。或者，在临床科研中，某些情况下需要从某份病历作为起始点，寻找更多的相似病历进行研究讨论。

针对如何寻找相似病历的问题，该专利提供的解决方案为：先对目标病历中的至少一个字段包括的文字进行编码，得到与至少一个字段对应的至少一个第一向量；然后，对预设的病历库中的病历，执行以下处理步骤：确定该病历包括的至少一个字段所对应的至少一个第二向量；根据至少一个第一向量以及至少一个第二向量，确定该病历与目标病历的相似度；根据得到的相似度，确定与目标病历相似的病历；最后，输出所确定的病历。该专利的方法可以检索出与目标病历相似的病历，有利于医生的医学研究。

（4）CN110265099B，发明名称为“用于输出病历的方法和装置”

该件专利也涉及相似病历的检索，其解决方案为：解析目标病历，以及根据解析结果结构化目标病历；从预设的病历库中，确定出与目标病历匹配的至少一个病历，得到第一病历集合，其中，病历库包括结构化的历史病历；检索第一病历集合中的病历，以及根据检索结果确定第一病历集合中的病历与所述目标病历的匹配度；根据得到的匹配度，确定与目标病历相似的病历；输出所确定的病历。其中，采用自然语言理解算法解析上述目标病历，确定上述目标病历包括的字段；根据上述目标病历包括的字段以及字段与特征值的预设映射关系，结构化上述目标病历。

（5）CN110299209B，发明名称为“相似病历查找方法、装置、设备及可读存储介质”

该件专利同样也涉及相似病历的检索，但采用的技术手段有所不同。该件专利的解决方案为：通过获取查询病历数据和多个历史病历数据；获取查询病历数据对应的查询图结构数据，以及各历史病历数据对应的历史图结构数据，其中，查询图结构数据和历史图结构数据都包括第一类子图和第二类子图，第二类子图的中间节点和叶子节点是对第一类子图进行特征识别得到的；根据根节点相似度、第一类子图相似度和第二类子图相似度，获取各历史图结构数据与查询图结构数据的相似程度；根据预设选择规则和相似程度，确定查询病历数据的相似病历查找结果，从而提取出病历数据中固有和可识别的子图，在比较中对相应子图内容的关联性进行度量，提高了相似病历查找的准确性。

（6）CN110517785B，发明名称为“相似病例的查找方法、装置及设备”

该件专利要解决的技术问题依然是如何检索相似病历，其解决方案为：在查找输入文本对应的相似病例时，是先分别计算输入文本与病历检索系统中包括目标医学特征的S个历史病例中每一个历史病例之间的语义相似度，及分别计算目标医学特征对应的目标特征属性与每一个历史病例中目标医学特征对应的目标特征属性之间的特征相似度，并根据语义相似度和特征相似度查找输入文本对应的相似病例，与现有技术中仅根据医学特征查找相似病例，即直接将包括目标医学特征的历史病例确定为输入文本对应的相似病例相比，该专利的查找粒度更细，且查找到的相似病例与输入文本之间的匹配度较高，从而提高了查找到的相似病例的准确度。

可以看出，百度公司在相似病历的检索方面进行了多件专利布局，每件专利采用了不同的技术手段来分析病历之间的相似度，布局较为全面且都已获得授权。

2.3.3.4.2 医渡云公司

医渡云公司是一家医疗人工智能技术公司，提供以数据智能驱动的医疗创新解决方案，利用医疗人工智能，推动技术融合、业务融合，打通信息壁垒，帮助政府、医院和整个产业界充分挖掘医疗智能化政用和民用价值，践行“健康中国2030”国家规划。

医渡云公司的主要产品包括自主研发的医学数据智能平台（DPAP），该平台结合国际国内行业标准，搭建了非结构化数据转换为结构化数据的标准与规范体系，创建了3000多个疾病专科模型，对大规模多源异构医疗数据集成融合。目前，DPAP已经服务于全国700余家医疗机构，10余万名临床医生。医渡云公司在医疗人工智能产业的深耕布局，既能为科学研究提供“数据养分”，也能为科研价值的应用转化提供现实土壤。

2019年医渡云公司与清华大学等合作的一篇论文——《医学中人工

智能技术的实际应用》(The practical implementation of artificial intelligence technologies in medicine)被收录于《自然》(Nature)医学领域最重要的子刊《自然医学》(Nature Medicine)中。文章中介绍了在现有临床工作流程中实施人工智能的一些关键的现实问题，包括数据共享和隐私、数据与算法的透明度、数据标准化以及跨多个平台的互操作性等。

在 2022 年，医渡云公司推出了新一代数据中心“YiduEywa”，以数据治理和其开放式的平台为核心，实现统一的数据集成、统一的数据治理、统一的数据服务，助力数据敏捷化、集约化、开放化、安全化、智慧化，加速驱动医院数智化转型。❶

此外，“YiduEywa”同时承载政府监管、疾病防控、医学科研、患者管理、药械研发等多场景应用，推动医疗服务从“信息化”向“智能化”数字化转型。

1. 专利申请情况

从医渡云公司在人工智能赋能医疗信息化领域的专利申请情况来看，其从 2017 年开始有专利布局，主要涉及电子病历的处理，接下来的几年也都连续有专利布局，主要的专利布局年份在 2019 年和 2021 年。从中可以看出，医渡云公司在推出新一代数据中心“YiduEywa”之前，已进行专利布局。

从医渡云公司在人工智能赋能医疗信息化的专利申请所涉及的分类号来看，如图 2-3-8 所示，有 80% 的申请都涉及 G16H10/60 患者特定数据，如电子病历记录，有 33% 的申请涉及 G16H50/70 用于医疗数据挖掘的信息通信技术。涉及技术分类的包括 G06K9/62 应用电子设备进行识别的方法或装置、G06N20/00 机器学习、G06F16/35 聚类分类和 G06F16/36 语义工具的产生。

---

❶ 佚名．医渡云新一代数据中心 YiduEywa 助力公立医院高质量发展［EB/OL］.（2022-05-12）［2022-07-16］.https://finance.ifeng.com/c/8Fx7rJ4y7KR.

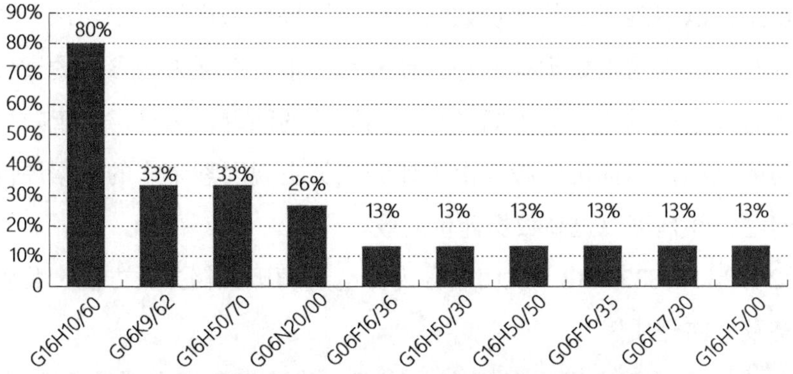

图 2-3-8　医渡云公司人工智能医疗信息化的专利布局

从医渡云公司的共同申请人来看，其合作伙伴有中山大学肿瘤防治中心和国家食品药品监督管理总局药品评价中心，申请的主题涉及结直肠癌医疗数据处理方法、电子病历生成方法和电子病历处理方法等。

2. 典型专利

（1）CN107845408B，发明名称为"数据评价方法及装置、存储介质及电子设备"

随着医院的患者数据越来越多，为了更好地利用历史治疗经验，归纳、总结、整理病历数据越来越重要。目前，医院对病历数据的整理工作，主要由相关人员（如病案室的工作人员）进行人工整理、归类。这种整理方式存在以下缺点：一方面，这种数据整理需要持续不断的人力投入，效率较低；另一方面，相关人员由于其专业领域的限制，难以面向各种疾病以专业的角度评价病历数据。

针对病历数据的评价问题，该专利提供的解决方案为：确定数据中的关键信息；获取预设数量各数据样本并提供给评分人员以便所述评分人员对各所述数据样本进行评分，得到各所述数据样本的评分结果；判断各所述数据样本是否存在所述关键信息并根据判断结果生成针对各数据样本的关键信息向量；通过回归算法对所述评分结果和所述关键信息向量进行训练以生成训练模型；以及获取待评价数据并针对所述待评价数据运行所述训练模型，以得到所述待评价数据的评分结果作为评价结果。该专利的方法在评分人员人为对数据样本进行评分后，不再存在人为参与的过程，解决了现有技术中需要人为不断进行数据评价的问题；另外，由于减少了人为参与的过程，因而可以减少由于评分人员主观因素带来的数据评价不稳定的问题，并且可以提高数据评价的效率。

（2）CN107833603B，发明名称为“电子病历文档分类方法、装置、电子设备及存储介质”

电子病历是用电子设备保存、管理、传输和重现的数字化的患者医疗记录。目前，几乎所有的电子病历系统都是按照人的维度来整合各种电子病历文档，但是并没有一个明确的标记来表示电子病历文档的类型。因此，在对医院的电子病历文档进行数据处理前，需要确认每个电子病历文档的类型，如入院记录、病程记录、手术记录等。现有的技术方案中，如果需要对电子病历文档进行分类，往往是采用人工标注的方式。对各医院存在的大量的电子病历文档，人工标注的方式需要大量的人力成本，并且还容易标注错误。

针对电子病历文档的分类问题，该专利提供的解决方案为：提取多个电子病历文档的文档特征，基于各电子病历文档的类型以及文档特征对文档分类模型进行训练；通过训练后的文档分类模型对待分类的电子病历文档进行分类。一方面，提取多个电子病历文档的特征，基于各电子病历文档的类型以及文档特征对文档分类模型进行训练，可基于电子病历文档的多个维度对文档分类模型进行训练，从而能够提高分类的准确性；另一方面，通过训练后的文档分类模型对待分类的电子病历文档进行分类，可通过机器学习的方式自动对电子病历文档进行分类，不需要人工进行标注，从而能够显著降低人力成本，减少由于人为疏忽造成的分类错误。

（3）CN106407183B，发明名称为“医疗命名实体识别系统生成方法及装置”

医疗过程中，会产生大量的医疗数据，主要包含患者的病历、医嘱、护理文书、检查所见和检查结论等。随着医疗系统信息化的建立和完善，越来越多的医疗数据由人工记录的方式转为电子化录入。目前，对于病历、医嘱、护理文书和检查报告等临床信息主要由医疗人员通过自然语言的方式书写而成，信息结构较为复杂。那么如何对大量这些非结构化数据进行处理、分析和挖掘是医疗信息化建设的重要问题。其中，进行医疗命名实体识别是必不可少的。

针对医疗命名实体识别的问题，该专利提供的解决方案为：通过一医疗命名实体识别系统接收多个医疗文本样本并从多个医疗文本样本获取多个候选医疗命名实体；对多个候选医疗命名实体进行标注，得到多个推荐医疗命名实体；计算推荐医疗命名实体和候选医疗命名实体的数量之比，并判断数量之比是否小于第一预设值；若数量之比小于第一预设值，将推荐医疗命名实体输入至医疗命名实体识别系统，并据以从多个医疗文本样本中获取多个候选医疗命名实体并转至对多个候选医疗命名实体进行标注的步骤；若数量之比不小于第一预设值时，以当前医疗命名实体识别系统作为目标医疗命名实体识别系统。在上述过程中，结合机器学习和人工标注，也即结合非监督和有监督算法，快速生成性能满足需要的医疗命名实体识别系统，进而可以在最小人工标注代价下快速产出医疗命名实体，同时可以保证在海量数据集中达到良好的识别率。

（4）CN106407443B，发明名称为“一种结构化医疗数据生成方法及装置”

医疗文本结构化是一个文本信息提取和转换（或编码）的过程，具体来说，是自动化地将非结构化的自然语言信息转化为计算机能够“理解”和方便处理的数据结构；所得结构化数据可用于信息检索、相似病历的发现、患者信息管理、医疗数据的深度分析等。传统的医疗文本结构化处理方法，大都依赖于医疗从业人员凭借经验对病理报告的文本内容进行人工处理，其过程实质上是依靠医疗人员的医疗知识，以人工的方式提取包含在病理文本数据中的标本及其各指标的值。但是，这种人工处理的方式不仅耗时耗力，而且正确率难以得到保证。此外，也有通过传统自然语言处理等手段进行结构化处理的尝试。但医疗文本信息的写作方式与通常的书写文本有很大的不同，常常没有特定的主谓或主谓宾等结构，很难通过句法分析方式处理。

针对结构化医疗数据生成的问题，该专利提供的解决方案为：接收待处理医疗文本，根据隐式马尔科夫模型对所述待处理医疗文本进行分词，得到多个词语；结合多个第一医疗命名实体从所述多个词语中识别出多个第二医疗命名实体；基于所述多个第一医疗命名实体之间的逻辑关系以及自然语言实体关系建立所述多个第二医疗命名实体之间的逻辑关系；结合所述第二医疗命名实体以及所述第二医疗命名实体之间的逻辑关系生成结构化医疗数据。该方法通过结合医疗命名实体以及医疗命名实体之间的逻辑关系生成结构化医疗数据，实现对海量医疗文本进行数据结构化，从而提高处理速度，同时提高准确率。

（5）CN109524121B，发明名称为“医疗文件处理方法与装置”

目前在中文医学领域中，症状术语识别面临两大问题：一是标准术语量少，不能覆盖临床实际使用的术语；二是现有症状分类词表结构简单，较难支持复杂的临床决策，即现有技术存在症状术语量不足、症状描述不精确的问题。

针对上述问题，该专利提供了一种医疗文件处理方法，其解决方案为：按与医疗文件对应的预设文档格式确定多个描述类对应的多个字符串；对所述多个字符串进行分词并根据预设词汇表标注词汇类别，记录症状词汇和诊断词汇；按照所述描述类对应的句型模版对所述描述类对应的字符串进行识别，在未被标注词汇类别的词汇中确认症状词汇；记录各所述描述类的症状词汇与所述诊断词汇的对应关系。该医疗文件处理方法可以根据大量病历文件分析症状与诊断之间的关系，为进一步医学大数据分析提供数据基础。

从医渡云公司的专利申请中可以看出，其深耕于电子病历的处理，以自主开发的“医学数据智能平台”为基础，通过深度处理和分析，助力医疗管理、帮助患者实现智能化疾病管理，实现数据智能绿色医疗的新生态。

2.4　人工智能医疗机器人

2.4.1　人工智能医疗机器人的概念

人工智能医疗机器人，是将利用了人工智能模型、算法的机器人技术应用在医疗领域，根据医疗领域的特殊应用环境和医患之间的实际需求，编制特定流程、执行特定动作，然后把特定动作转换为操作机构运动的设备。人工智能医疗机器人领域是集医学、机器人、人工智能、生物力学、材料学、计算机图形图像等诸多学科为一体的新型交叉研究领域。

2.4.2　人工智能医疗机器人的技术发展情况

医疗机器人是当前机器人行业和医疗行业发展的热点，美国和欧洲先后发布机器人发展路线图，都将医疗机器人列为优先发展方向。在美国机器人发展路线图中，医疗健康机器人被列为重点发展的五大类机器人领域之一，路线图指出机器人系统将会应用于医疗健康所涉及的多个层面（从手术室到家居、从年轻人到老年人、从体弱 / 体残者到体健者、从常规手术到脱离人干涉的康复训练），以应对精准 / 微创手术、功能补偿与康复、老年服务等对医疗健康的新需求。欧洲机器人发展规划布局中明确指出，医疗机器人为医疗体系带来的变革堪比几十年前机器人技术对工业领域带来的影响，医疗康复机器人是应对人口老龄化、医疗资源需求增长的重点，医疗康复机器人产业将成为拉动经济增长的重要引擎之一。

1985 年，研究人员首次借助 PUMA560 工业机器人完成了机器人辅助定位的神经外科手术，随后机器人技术在外科手术、影像定位、康复训练、护理服务、导诊咨询、医院物流等多个领域得到了广泛应用，涉及的临床科室包括神经外科、心血管、骨科、胸外科、肝胆外科、泌尿外科、康复理疗等。医疗机器人所具有的精确性、稳定性的特点，也促进了医疗技术新一轮的革新和发展。

目前，根据医疗机器人的不同功能，在诊前阶段，医疗机器人可提供导诊与预问诊服务；在治疗阶段，手术机器人可协助医生进行术前规划、术中定位与导航以及手术操作；在诊后阶段，康复机器人可辅助人体完成肢体动作，协助制订康复计划，缩短恢复周期。根据国际机器人联合会（IFR）分类，医疗机器人可以分为手术机器人、康复机器人、辅助机器人、医疗服务机器人四大类。

①手术机器人。手术机器人是医疗机器人中占比规模最大的产品，约有 60% 的市场份额。业界最有名的手术机器人是直觉外科公司（Intuitive Surgical）的“达芬奇”手术机器人，该机器人已经完成超过 60 万场手术，可以进行泌尿外科、心胸外科、妇科和腹部外科的手术。

手术机器人的手通常由内窥镜（探头）、刀剪等手术器械、微型摄像头和操纵杆等器件组装而成。2021 年 3 月 13 日，西门子医疗途灵最新一代 CorPath GRX 介入手术机器人在海南博鳌超级医院完成其国内首例机器人辅助下冠状动脉介入治疗（PCI）手术，手术由中国科学院院士、复旦大学附属中山医院葛均波教授团队操作完成。2021 年 7 月，骨科人工智能企业北京长木谷医疗科技有限公司（以下简称长木谷医疗公司）公布了全球领先的人工智能辅助关节置换三维手术解决方案——AIJOINT，同时首次发布了自主研发的 ROPA 人工智能关节置换手术机器人。目前 AIJOINT 覆盖全髋关节置换手术、髋关节置换翻修手术、全膝关节置换手术和膝关节单踝置换手术这四种典型手术。以全髋关节置换手术为例，该方案会在术前对患者状况进行全面的综合评估，通过计算机断层扫描图像进行智能分割，快速实现三维重建解剖模型，在误差小于 1 毫米的三维重建解剖模型中，通过人工智能识别解剖位点，智能分割、智能匹配假体型号、大小及安放位置，让骨科医生了解患者真实、详尽的病情。

②康复机器人。康复机器人是医疗机器人中市场份额占比第二的机器

人，其包括外骨骼、智能假肢、护理等机器人。康复机器人首次问世是 20 世纪 80 年代，由美国麻省理工学院霍根教授（Hogan）带领团队研制出的 MIT-MANUS 末端式上肢康复机器人，这台机器人可以辅助或阻碍手臂的平面运动，精确测量手臂的平面运动参数，并通过计算机界面为使用者提供视觉反馈。MIT-MANUS 属于“端点效应器型”（end-effector）康复机器人。端点型机器人的特点是通过握柄传递力量，使用者只需握住握柄就能感受到助动或者阻力，上下机和换人十分便捷。因此，在康复需求量大、患者排队治疗的现状下，端点型康复机器人是一种国际公认的高效设计。我国的上海傅利叶智能科技有限公司（以下简称傅利叶智能公司）在 2016 年发布了自主研发的上肢康复机器人“Fourier M2”。这台康复机器人大大提高了康复的效率，将以往容易枯燥疲劳的人工训练，变成充满趣味且力道充沛的“人机训练”。“Fourier M2”已实现中美欧澳四地医疗器械注册认证“大满贯”，为国内外使用者带来康复的希望，它也成为中国首个且唯一批量出口欧美的康复机器人。这意味着中国的康复机器人正逐渐得到国际市场的认可，在国内外同类产品中具有极强的竞争力。

③医疗服务机器人和辅助机器人。医疗服务机器人和辅助机器人的市场份额相对少一些。医疗服务机器人能够在限定的医疗环境中提供高精度、高强度、长时间的医疗服务，如包括送药机器人、导诊机器人、消毒杀菌机器人、体温检测人、患者运输机器人等，医疗服务机器人通常仅用于某一特定场景，用于分担医疗人员的一些沉重、烦琐的工作，其技术实现门槛相对较低。辅助机器人跟医疗服务机器人有点类似，也是分担医疗人员的工作，如配药机器人、远程医疗机器人、辅助诊断机器人等。目前，由于缺少医护人员，服务型和辅助型医疗机器人的需求越来越大。

2.4.3　人工智能医疗机器人的专利布局

通过对全球专利库中对有关人工智能、机器人、手术、外科、康复、医疗等信息进行关键词和分类号检索，截至 2022 年 5 月 2 日，共得到

3635件专利申请。

2.4.3.1 全球和我国专利申请态势

从图2-4-1可以看出，人工智能医疗机器人的专利申请起步比人工智能辅助筛查与诊断、人工智能赋能医疗信息化都要更早一些，从2013年起已经有缓慢的增长，主要集中在A61B5/00用于诊断目的的测量的分类号下，以及G06T7/00进行图像分析的分类号下，代表性的专利申请是佳能公司在其诊断辅助装置中采用神经网络的算法进行推理。

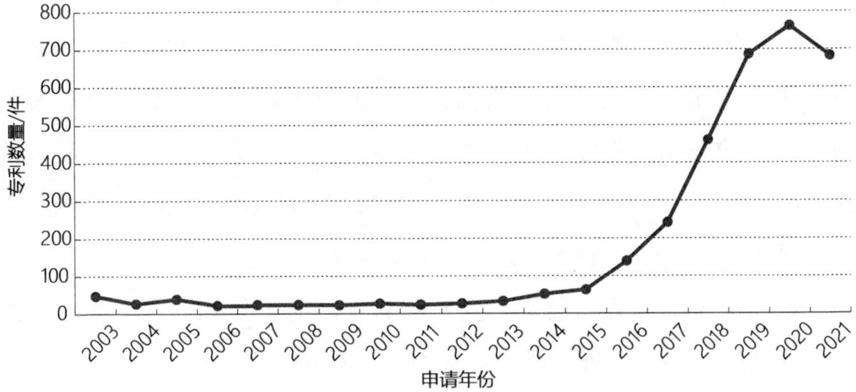

图2-4-1 人工智能医疗机器人的全球专利申请趋势

专利申请数量在2015年之后增长加速，应用的子领域也更加多样，在A61B34/30外科机器人；A61B34/20外科手术导航系统，外科器械的跟踪或导向装置；A61B6/00用于放射诊断的仪器；A61B34/10外科手术的计算机辅助规划，计算机辅助模拟模型化等方面都开始有专利申请。发展最快的阶段是2017—2020年，各个应用子领域也都迅速发展，采用人工智能技术的特点也更加突出，相关的申请涉及G06N20/00机器学习、G06N3/04体系结构、G06N3/08学习方法等。到了2021年与整个人工智能医疗的走势一样出现了申请量的下滑。对于这一现象，有分析认为是人工智能技术经过连续几年的高速发展，在2021年进入一个冷静期，以更好地实现具体应用的商业落地。

图 2–4–2 为人工智能医疗机器人的中国专利申请趋势，与中国人工智能医疗的整体申请态势相同，起步较全球稍晚，但后续发展迅猛，在 2020 年后依然保持了高速增长的态势。

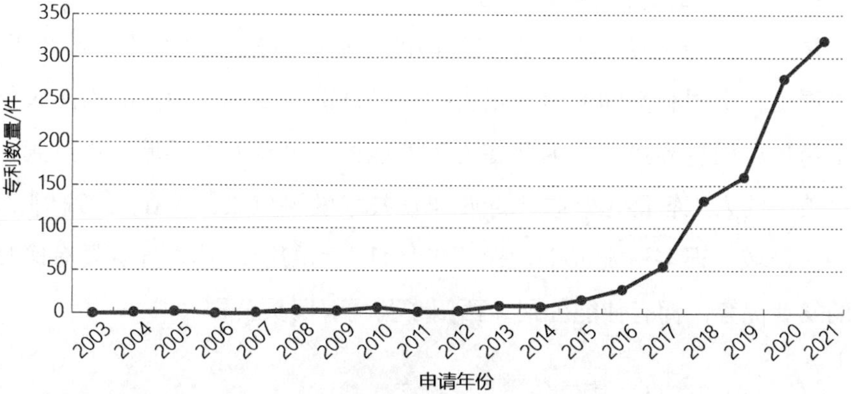

图 2–4–2　人工智能医疗机器人的中国专利申请趋势

从专利申请所涉及的分类号来看，中国医疗机器人的专利申请采用人工智能技术的特点更加明显，如涉及 G06N3/04 体系结构、G06N3/08 学习方法以及数据识别分类号下的 G06K9/62 应用电子设备进行识别的方法或装置的专利申请占比较高。在医疗领域上，涉及较多的分类号为：A61B5/00 用于诊断目的的测量，A61B34/30 外科机器人，G06T7/00 图像分析，A61B34/10 外科手术的计算机辅助规划和 G16H50/20 用于计算机辅助诊断，如医疗专家系统。

从中国人工智能医疗机器人的专利申请的省市分布来看，创新的第一梯队是北京和广州，北京的主要申请人包括长木谷医疗公司、赛诺威盛科技（北京）股份有限公司（以下简称赛诺威盛公司）、北京天智航技术有限公司（以下简称天智航公司）、清华大学、北京航空航天大学等；广州的主要申请人包括深圳睿瀚医疗科技有限公司（以下简称睿瀚医疗公司）、华南理工大学等。第二梯队是上海、江苏和浙江，上海的代表申请人包括上海钛米机器人股份有限公司（以下简称钛米机器人公司）、傅利叶智能公司、同济大学、北京安瀚医疗技术有限公司（以下简称安瀚医疗公司）、复旦大学等。可以看出，在人工智能医疗机器人的领域中，中国的医疗科技公司更加突出。

2.4.3.2 各国专利申请态势

在人工智能医疗机器人领域各国的专利申请量占比如图 2-4-3 所示，可以看出，中国和美国的申请量占比一样，都在 28%。中国的人工智能专利申请量位居世界第一，因此在人工智能医疗机器人的领域，占到第一梯队；美国的人工智能医疗技术起步早、技术发展成熟，也在人工智能医疗机器人领域有很多研发成果。接下来是日本和德国，其本身也具有医疗领域的发展优势，拥有佳能公司、西门子公司等巨头公司。

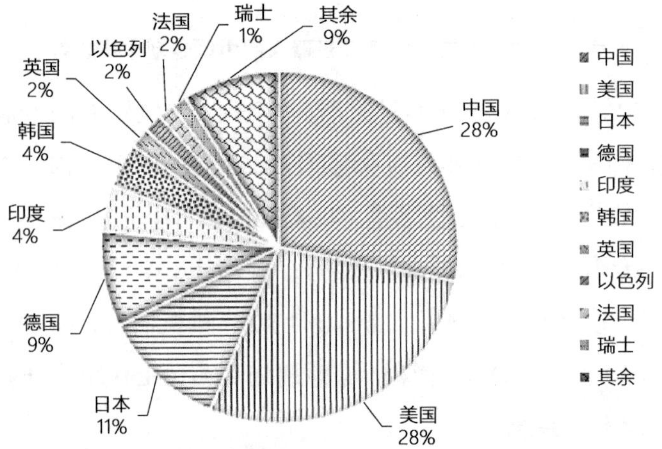

图 2-4-3 人工智能医疗机器人的各国专利申请量占比

印度和韩国的专利申请量占比皆在 4%。印度因其医疗资源相对短缺，也非常重视人工智能医疗的发展，在印度的官方报告中，医疗保健也被列为人工智能的重点应用领域之一。自 2013 年以来，十多家主打人工智能的医疗类初创公司一共获得了大约 6500 万美元的融资。韩国在机器人利用率方面领先，因此，发展人工智能医疗机器人也有一定的技术储备。

2.4.3.3　主要创新主体

从图 2-4-4 人工智能医疗机器人领域的主要创新主体的申请数量来看，各创新主体间的专利申请数量相差并不算大，呈现出国际巨头公司、医疗科技公司、高校等齐头并进的态势。飞利浦公司因其医疗领域的广泛发展，在人工智能医疗机器人领域仍然具有领先优势，不过优势的差距较人工智能辅助筛查与诊断、人工智能医疗信息化要小一些。

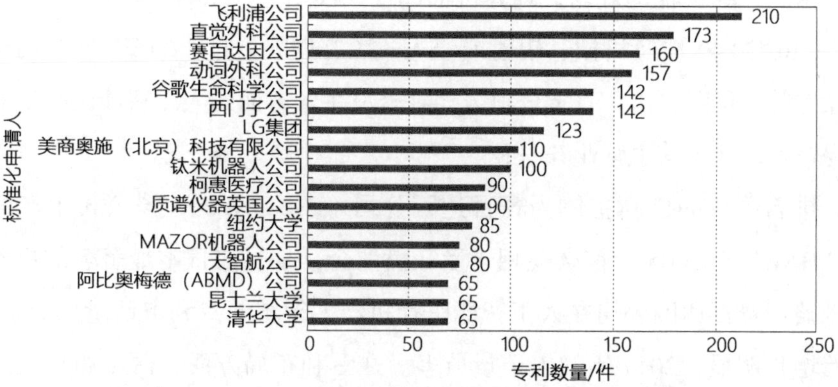

图 2-4-4　人工智能医疗机器人的全球主要创新主体

飞利浦公司的专利申请量从 2017 年开始有明显的增长，专利布局主要通过 PCT 国际专利申请的方式进入各成员方，同时在美国和日本的专利布局较多。飞利浦公司在人工智能医疗机器人领域的专利申请主要涉及的医疗相关的分类号为：A61B34/20 外科手术导航系统；A61B8/00 用超声波等的诊断；A61M16/00 以气体处理法影响病人呼吸系统的器械；A61B8/08 检测组织的位移或变化，如肿瘤等。另外，对于涉及的人工智能技术方面，飞利浦公司的专利申请所涉及的分类号为：G06N3/02 采用神经网络模型和 G06N3/08 学习方法。

在创新主体的排名中，排第二位的是业界有名的生产"达芬奇"手术机器人的直觉外科公司（Intuitive Surgical）。直觉外科公司在人工智能医疗机器人领域的专利申请量在 2016 年开始增长，其中包括用于图像引导外科手术的配准系统和方法等专利申请，利用解剖模型与患者的解剖结构的对准，应该是用于“达芬奇”手术机器人中的技术。在全球的专利布局方面，直觉外科公司同样也是通过PCT国际专利申请的方式进入各成员方，另外需注意的是，其在中国的布局比其他国家多，可见其比较注重在中国市场发展。从其专利申请的技术构成来看，涉及的主要分类号为：A61B34/20外科手术导航系统；A61B34/00计算机辅助外科学，专门适用于外科的操纵器或机器人；A61B1/005可弯曲的内窥镜；A61B17/32手术切割器械；A61B34/10外科手术的计算机辅助规划，计算机辅助模拟模型化；A61B34/35用于远程外科；G16H20/40涉及机械、辐射或侵入式（有创）治疗；G16H40/67用于远程操作等。可以看出，直觉外科公司在外科手术方面的人工智能医疗机器人布局较多，这与其主营业务一致。

排名第三的创新主体为赛百达因公司（Cyberdyne），该公司生产的产品“HAL”于2005年首次亮相于爱知世博会，是目前日本最著名的机器人外骨骼。赛百达因公司在人工智能医疗机器人领域的专利申请量从2016年开始增长明显，2017年的申请量最多。在专利布局方面，两个布局重点为通过专利合作条约国际申请的方式进入各成员方和在美国进行专利布局。从专利申请的技术构成来看，有20%左右涉及A61H1/02锻炼用的伸张或弯曲器具；A61G5/04马达驱动的器具；B25J11/00不包含在其他组的机械手；A61F5/01矫形器械，如用于处理骨折或畸形骨的长期固定或加压矫形装置，如夹板、硬质敷料或支架；A61B34/20外科手术导航系统，外科器械的跟踪或导向装置，如用于无框架的脑立体测定；A61B34/30外科机器人。基于人工智能的医疗机器人的典型专利包括通过人工智能模型进行数据分析，例如，在帮助患者移动的器械中，对获取的图像采用神经网络模型进行对象识别，确定已经接近预定目标距离内的目标对象是否是障碍物等。

创新主体排名第四名和第五名的为动词外科公司（Verb Surgical）和谷歌生命科学公司（Verily Life Sciences），两者都与谷歌公司有所关联。动词外科公司与谷歌阿尔法贝特和强生公司旗下医疗设备子公司爱惜康

（Ethicon）具有战略合作关系，致力于创建一个集成机器人技术、先进的可视化、先进的仪器和数据分析的数字手术平台。此类机器人手术公司利用谷歌的大数据和机器学习专业知识来创建数字手术平台。谷歌生命科学公司原本是谷歌阿尔法贝特旗下一个专注于研究生命健康科学的子公司，该公司原本属于谷歌 X 实验室，2015 年独立出来成为阿尔法贝特的子公司，经营的项目包括：能检测糖尿病指标的智能隐形眼镜、供给帕金森患者使用的防抖勺智能勺子，以及为了建立健康人体的图谱，从人群中抽取遗传和分子信息的基线研究、健康检测手环等。动词外科公司和谷歌生命科学公司的专利布局也都集中在外科手术机器人部分，例如，A61B34/30 外科机器人，A61B34/10 外科手术的计算机辅助规划和 A61B34/00 计算机辅助外科学，专门适用于外科的操纵器或机器人。

图 2-4-5 示出了人工智能医疗机器人领域中国的主要创新主体，医疗科技公司成了主力军，高校的专利申请相对占比少一些，这可能与机器人领域的技术更多地涉及实体制造有关，但同时很多医疗科技公司也都有高校的技术支持，说明我国企校合作较好，如其中天智航公司就与北京航空航天大学有合作关系，建立了稳定高效的产学研用合作平台。

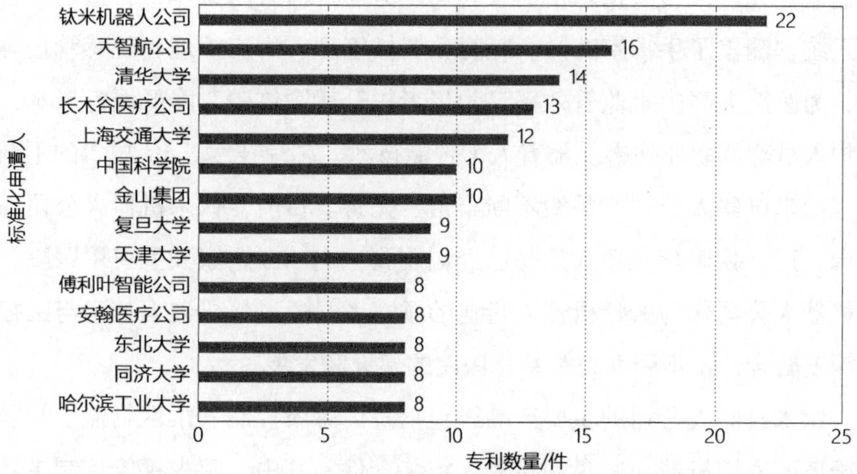

图 2-4-5　人工智能医疗机器人的中国主要创新主体

排名靠前的医疗科技公司包括钛米机器人公司、天智航公司、长木谷医疗公司等，排名靠前的高校则包括清华大学、上海交通大学、中国科学院、复旦大学、天津大学、东北大学、同济大学、哈尔滨工业大学。2013年11月，哈尔滨工业大学机器人研究所研制成功腹腔外科手术机器人，在主从控制算法、三维腹腔镜与系统集成等方面都有突破，也相应地申请了专利。2014年天津大学研发成功"妙手S"微创外科手术机器人，与威高集团有限公司（以下简称威高集团）联合推进产业化，并于2017年9月通过了国家食品药品监督管理总局的创新医疗器械特别审批。我国医疗科技公司和高校科研院所在人工智能医疗机器人领域的技术发展都处在一个上升期，创新主体的数量不断增多。同时，也应该看到排名靠前的创新主体间的专利申请数量实际上差异并不大，专利布局的绝对数量也不算多，尚未形成具有绝对优势的龙头企业，有待进一步发展壮大。

2.4.3.4 典型企业及专利

2.4.3.4.1 钛米机器人公司

钛米机器人公司成立于2015年，是国内针对智慧医疗场景提供智能机器人解决方案的高新技术企业。成立前三年就获投资机构4轮投资，总额达数亿元人民币。钛米机器人公司以医疗机器人为载体，打造医疗智慧化系统，涵盖了手术室药品、耗材、器械管理、病房护理和院感管理等领域，为医院提高决策监管效率，为患者提升就医体验，降低医疗成本，为医护人员降低职业伤害。随着人工智能技术、芯片技术、5G技术的不断发展，钛米机器人公司产品线不断丰富、完善。目前，钛米机器人公司的数百台、近十款医疗机器人产品已经应用到国内400余家大型三甲医院。钛米机器人公司作为医疗机器人行业的领军者，通过将机器人技术与医疗业务深度融合，正不断助力智慧化医院的建设和发展。

钛米机器人公司的主要产品线包括院内感染控制、柔性物流、智慧医疗服务、通用机器人底盘和机器人组装套件。其中，院内感染控制主要产品为智能消毒机器人，柔性物流方面的机器人主要包括耗材配送机器人、敞开式物资配送机器人、特殊药品配送机器人、垃圾回收机器人和封闭式物资配送机器人。在智慧医疗服务方面，包括有核医学科病房服务机器人、PET-CT 陪伴 / 引导机器人、社区服务机器人、智能导诊分诊机器人和智能导诊助手。

智能消毒机器人，用于院内感染的控制，该类机器人集成多种消毒模式于一体，拥有自主导航技术且自主移动。根据不同场景按需求设置消毒模式，全智能化操作，人机分离，保证人员安全。它能够满足房间多或者布局复杂的室内环境下自动、定时、高效、准确的消毒防疫需求。这款智能消毒机器人也是全国首款获得消毒器械注册证的医疗机器人。

钛米智能导诊分诊机器人主要用于医院门诊 / 急诊、体检中心的导诊分诊工作。机器人搭配强大的自然语义理解能力及知识图谱推理能力，为患者提供导诊分诊、院内导航、就医流程引导、院内信息传达、医疗知识宣传等工作，解决日常门急诊中患者盲目就医问题，减轻导诊台工作压力，提高导诊效率，提升医院品牌形象。

钛米正电子发射断层成像（PET）/ 计算机断层扫描（CT）陪伴 / 引导服务机器人主要用于 PET/CT、单光子发射计算机断层成像（SPECT）等放射检查室，辅助医护人员对患者进行就诊流程引导、就诊注意事项等方面的宣教和答疑，动态检测就医环节内的辐射值变化，保障患者和医护人员的安全，优化患者就诊体验，提高医院服务质量。

钛米社区服务机器人作为一款立足于基层医疗服务的社区医疗服务机器人，聚集各级医院资源，以社区、乡镇、村级卫生医疗机构为载体，以机器人为工具，建立社区智能医疗服务平台，打造涵盖检验、影像、宣教等功能的一体化智能医疗服务体系，让居民能够在家门口享受基础医疗服务，减轻医院就诊压力，提高全民健康意识，提升社区医疗卫生机构服务能力，共建互联互通的医疗数字化平台。

钛米核医学科病房机器人适用于核医学科病房患者的治疗服务，机器人能够代替医护人员进入辐射隔离区，执行病人生命体征测量、辐射防护宣教、辐射残留及环境放射检测、送药、巡诊、查房等病房服务，并提供远程视频问诊，实时回答病患疑问等增值服务。在保护医护人员安全的同时，最大限度地提高患者治疗精细化管理水平。

2022 年初，钛米机器人公司生产的智能消毒机器人、智能药品配送机器人和医疗废弃物转运机器人，在上海方舱医院中投入使用，承担起了方舱中的消毒、发药和医废处理工作。

1. 专利申请情况

钛米机器人公司在人工智能医疗机器人领域的专利申请从 2017 年开始，第一件申请为一种基于虚拟路网的服务机器人导航方法及系统。随后几年中，申请量逐年攀升，在 2021 年达到高峰。在专利布局的类型上，钛米机器人公司在实用新型和外观设计上也有少量布局，可以看出其布局的类型全面。同时，实用新型和外观设计也增加了其在人工智能医疗机器人领域的专利申请的数量。

从钛米机器人公司的专利申请所涉及的 IPC 主分类号来看，如图 2-4-6 所示，有 22% 涉及 G01C21/20 执行导航计算的仪器，其在 2019 年申请了多件有关机器人定位的专利。接下来是 G06F16/332 信息检索的查询公式；G06F16/36 信息检索的语义工具的产生，如本体论或词典；G16H40/20 用于医疗保健资源或设施的安排或管理，如管理医院人员或手术室方面也各有 9% 的专利申请。另外，在 A61B17/34 套管针、穿刺针，B25J11/00 不包含在其他组的机械手等方面也都有专利布局。

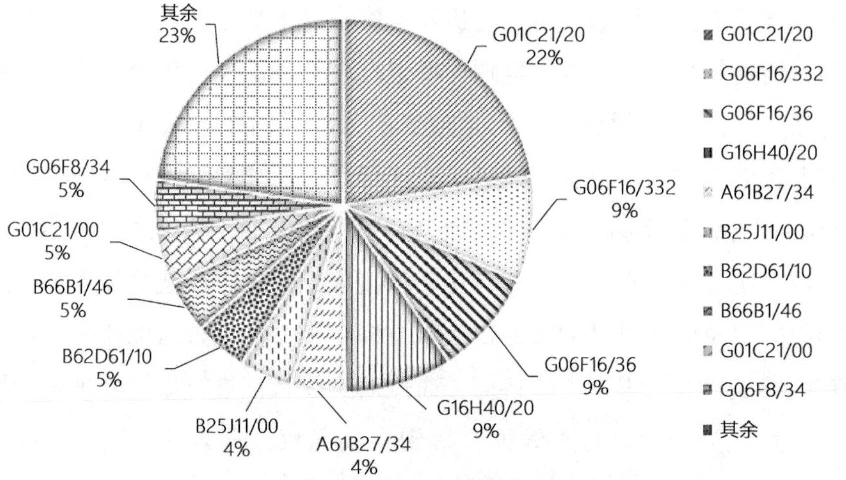

图 2-4-6 钛米机器人公司人工智能医疗机器人的专利布局

2. 典型专利

（1）CN110530375B，发明名称为“机器人自适应定位方法、定位装置、机器人及存储介质”

随着机器人越来越普及，机器人被越来越广泛地应用于各种场景。在机器人的实际工作中，需要让机器人自动上下电梯，于是机器人在电梯内的精准定位就尤为重要。当前，为了让机器人获得准确的位置信息，机器人需要获取额外的定位信标，或需要提前设定电梯内的尺寸信息，不仅效率低，而且成本高，影响了机器人的普及和运行。

针对电梯内机器人的定位问题，该专利提供了一种机器人自适应定位方法，其解决方案为：获取机器人周围环境的直线特征，得到第一直线特征集；对第一直线特征集中的直线特征进行均值聚类，得到多个聚类子集；对各个聚类子集分别进行直线拟合；根据直线拟合的结果确定所述机器人的位置。若机器人位于电梯内，则对各个聚类子集分别进行直线拟合，包括经过直线拟合得到对应电梯内壁的第一直线函数、对应电梯左侧的第二直线函数和对应电梯右侧的第三直线函数。之后，根据直线拟合的结果确定机器人的位置，包括根据所述第一直线函数、所述第二直线函数和所述第三直线函数确定所述机器人在电梯坐标系中的坐标。电梯坐标系为以所述第一直线函数与电梯内壁纵向中心线的交点为坐标原点的直角坐标系，且所述电梯坐标系的 X 轴正向为电梯内壁的法线方向，所述电梯内壁正对电梯门。根据所述第一直线函数、所述第二直线函数和所述第三直线函数确定所述机器人在电梯坐标系中的坐标，包括通过所述第一直线函数、所述第二直线函数和所述第三直线函数确定所述机器人相对所述电梯内壁以及所述电梯侧壁的距离和方向。该方法通过对电梯内的环境进行直线特征提取，得到直线特征，通过对直线特征进行聚类处理得到聚类子集，对聚类子集进行直线拟合得到直线函数，再通过直线函数确定机器人相对于电梯内壁及两个侧壁的距离和方向，实现了不依赖其他的定位信标，即可完成机器人在电梯内的定位。具有定位效率高和适应性强的优点。

（2）CN110840534B，发明名称为“穿刺速度规划方法、装置、穿刺设备以及计算机存储介质”

穿刺机器人等设备逐渐应用于肿瘤等病灶的穿刺中，但是由于穿刺过程中人体需要进行呼吸，而需要穿刺的病灶位置可能会随人体呼吸进行移动，传统的自动穿刺方法无法对呼吸导致的位移进行调整，导致人体呼吸时穿刺装置不能对病灶进行精准穿刺，可能会对穿刺对象造成意外的伤害。

为更好地规划穿刺速度，该专利提供了一种穿刺速度规划方法，其解决方案为：获取穿刺对象的质心运动模型以及目标穿刺位置；检测穿刺装置末端的初始位姿以及穿刺对象质心的初始质心位置；基于所述质心运动模型，在满足穿刺初始时间对应的质心位置为所述初始质心位置、穿刺终止时间对应的质心位置为所述目标穿刺位置的条件下，根据所述初始位姿、所述初始质心位置以及所述目标穿刺位置确定穿刺规划速度；根据所述初始位姿、所述初始质心位置以及所述目标穿刺位置确定穿刺规划速度的步骤，包括在预设的速度参数区间内进行离散取值，分别根据得到的各速度参数离散值与所述初始位姿、所述初始质心位置以及所述目标穿刺位置计算出相应的穿刺终止时间；查找出以所述穿刺终止时间作为变量、所述目标穿刺位置作为目标值时，满足所述质心运动模型对应的速度离散值；根据查找到的所述速度参数离散值与所述穿刺终止时间计算穿刺规划速度。其中，质心运动模型可以在穿刺前通过采集预设的时间范围内，穿刺对象的质心在CT设备坐标系内的三维坐标随时间变化的关系获得。也可以将穿刺对象的几何中心或其他部分作为目标穿刺位置，当以其他位置作为目标穿刺位置时，需要获取相应位置的运动模型。上述方法可以基于人体呼吸情况下穿刺对象质心的动态位置模型，综合考虑机械臂运动的时间，精准地规划出机械臂的穿刺速度，从而实现对穿刺对象的精准穿刺。该穿刺速度规划方法可以应用于带有机械臂的穿刺机器人等穿刺设备中，机械臂的末端设置有用于进行穿刺的穿刺针等穿刺装置，穿刺对象一般可以为肿瘤或病灶等。

（3）CN110974422B，发明名称为“穿刺异常检测方法、装置、穿刺设备以及计算机存储介质”

随着机器人技术的发展，穿刺机器人等设备逐渐应用于手术领域，但是由于临床影像技术的限制，可能无法实时地获取穿刺状态，从而导致无法准确判断穿刺过程中是否发生异常。因此，在发生穿刺异常情况时，可能由于无法及时发现异常情况并停止穿刺，对穿刺对象造成意外的伤害。

为及时发现穿刺手术中的异常情况，该专利提供了一种穿刺异常检测方法，其解决方案为：实时获取机械臂的运动数据、关节电流以及穿刺作用力感应值；对所述关节电流与所述穿刺作用力感应值进行融合以得到穿刺作用力融合值；基于机械臂运动与穿刺作用力的关系，根据所述运动数据计算得到穿刺作用力理想值；比较所述穿刺作用力融合值与所述穿刺作用力理想值，根据比较结果判定是否发生穿刺异常。其中，根据所述关节电流与上一时刻的穿刺作用力融合值得到当前时刻的穿刺作用力预测值；根据上一时刻的误差调整量计算迭代增益；基于所述穿刺作用力预测值、所述穿刺作用力感应值以及所述迭代增益计算得到当前时刻的穿刺作用力融合值。上述方法可以根据机械臂的相关参数实时计算穿刺作用力的融合值，并将其与当前机械臂运动情况下的穿刺作用力的理想值进行比较，从而可以自动准确地判断是否发生穿刺异常情况，防止对穿刺对象造成意外伤害。

从钛米机器人公司已授权的专利情况来看，其在机器人的定位、路径规划方面的专利布局较多，另外穿刺机器人也是钛米机器人公司的一个重点研究方向。

2.4.3.4.2 天智航公司

天智航公司成立于2005年，是国内首家商业化骨科手术机器人企业，专注于骨科手术导航定位机器人的研发、生产、销售和服务，并取得了产品上市许可证。另外，天智航公司也是“国家机器人标准化总体组”成员单位，参与编制了骨科机器人手术临床指南和诊疗规范，并参与制定相关国家标准。天智航公司也是“医疗机器人国家地方联合工程研究中心”“北京市医疗机器人产业创新中心”的依托单位，是中国医学装备协会理事单位，中国生物医学工程学会医用机器人工程与临床应用分会副主任委员单位，中关村医疗器械产业技术创新联盟理事长单位，中国机器人 top10 峰会的成员企业，北京市生物医药产业跨越发展工程（G20 工程）创新引领企业，曾获 2015 年国家科学技术进步奖二等奖等国家级和省部级的多项荣誉，拥有博士后科研工作站。在由互联网周刊、eNet 研究院、德本咨询联调的“2021 医疗机器人企业排行榜”中，天智航公司荣登排行榜首位。

天智航公司的骨科手术机器人针对创伤及脊柱外科手术，产品主要经历了三次的技术更迭。其中，第一代产品为“GD-A”，主要应用于长骨折辅助外科手术。第二代产品为应用于创伤领域股骨颈骨骨折的“GD-2000”和创伤领域骨盆骨折的“GD-S”，其中“GD-2000”获得了 2014 年国家重点新产品证书。第三代产品 TiRobot“天玑 1.0 和 2.0”为通用型产品，能够覆盖盆骨、髋臼、四肢等部位的创伤手术以及全节段脊柱外科手术，分别于 2016 年 11 月和 2021 年 2 月获批上市。

“天玑”骨科手术导航定位机器人是基于影像实时导航技术与机器人技术的通用型骨科手术导航定位机器人，其中机器人的临床精度可达到亚毫米级别（<1mm），在医学影像配准技术方面实现了对 X 光、CT、CBCT 等二维和三维影像的兼容，并通过图像配准技术实现骨科手术的临床应用，可使用术中 3D、术中 2D 等多种影像模式，相较于海外企业所使用术前 3D 或术中 3D 图像方式更加灵活。天玑 2.0 比天玑 1.0 在操作上更加智能化，也更加便捷和人性化，医生可以无须他人辅助，独立完成手术。另外，在工作流程上更加顺畅，天玑 2.0 产品能大幅缩短手术时间，提高手术的质量与效率。天玑Ⅱ骨科手术机器人国内版已获得国家药品监督管理局核发的第三类医疗器械注册证，天玑Ⅱ骨科手术机器人国际版取得了加拿大标准协会认证证书，成为国内第一个经认证符合该标准的骨科手术机器人产品。截至 2021 年末，天玑骨科手术机器人已经进入 100 余家临床机构，完成超过 2 万例骨科机器人手术，占据了国内主要市场份额。

在组成部件方面，“天玑”由主控台、机械臂、光学跟踪系统、导航定位工具包和手术计划与控制软件等五个部分组成，并通过五大步骤辅助医生完成手术。第一，进行图像采集，医生借助移动式 X 光射线诊断设备，基于导航定位工具包中的手术定位标尺对患者进行图像采集。第二，进行图像注册，采集好的图像经系统传送至主控台，系统软件针对配准特征完成自动识别，并在光学跟踪系统的帮助下，确立患者与机械臂的相对位置关系。第三，进行手术规划，医生操作主控台，使用手术计划与控制软件完成手术路径规划，并在主控台模拟测试。第四，实现自动定位，医生确认手术路径后，主控台按照指令控制机械臂移动，并对手术部位实现精准定位。在手术过程中，主控台通过光学跟踪系统实时监控机械臂与患者示踪器的相对位置关系，实时控制机械臂完成呼吸追踪，有效补偿患者呼吸运动造成的人体位移及手术定位精度波动，确保手术安全。第五，实施手术，医生根据手术机器人的定位，对患者手术部位进行定位测试，借助导航定位工具，精准地完成手术操作，并在手术结束后对手术结果进行验证。

此外，在关节置换领域，天智航公司也在进行临床拓展，其中全髋关节置换机器人（THA）处于预研阶段，全膝关节置换机器人（TKA，TiRobot Recon）已经通过创新医疗器械特别审查程序，进入临床验证阶段。

1. 专利申请情况

从天智航公司在人工智能医疗机器人领域的专利申请情况来看，其从2014年开始有专利布局，起步比其他的医疗科技公司早，随后在2016年也有一些专利布局，但是2017—2019年的专利申请量较少，自2020年开始申请量有所增加。这与其推出“天玑”系列骨科手术机器人的时间相吻合。

从天智航公司在人工智能医疗机器人领域的专利申请所涉及的分类号来看，如图2-4-7所示，有31%的申请涉及G06T7/00图像分析；13%的申请涉及A61B34/20外科手术导航系统；13%的申请涉及G06K9/00用于阅读或识别印刷或书写字符或者用于识别图形；13%的申请涉及G06T7/11图像分析中的区域分割的专利申请。其中，涉及图像领域的分类号较多，包括G06T7/30确定图像校准的变换参数，如图像配准；G06T7/38图像序列配准；G16H30/40用于加工医学图像，如编辑。可见，天智航公司在其人工智能手术机器人中，技术研发的重点在图像的分析。

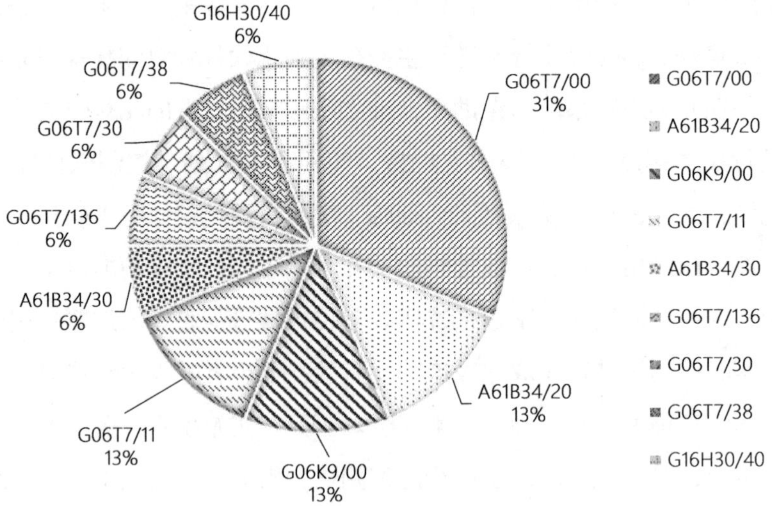

图2-4-7　天智航公司人工智能医疗机器人的专利布局

从天智航公司的共同申请人来看，其合作伙伴有北京积水潭医院、苏州工业园区智在天下科技有限公司等，申请的主题涉及手骨骨折处置钉通道的智能化规划方法和装置、基于锥形束计算机断层扫描脊椎图像的椎弓根螺钉通道自动规划系统和方法等。

2. 典型专利

（1）CN104123540B，发明名称为“手术机器人定位标志点自动识别方法”

医疗 X 射线图像处理涉及的手术机器人定位标志点问题是医疗图像处理的核心技术之一。现有的手术机器人无法完成单纯的定位标志点的识别，而是采用标志点和标记线联合定位及其识别的方式完成。“标志点 + 标记线”识别算法的缺陷是：标记线容易受到骨边缘或其他类似影像的干扰出现识别错误，造成标志点的顺序识别错误，这就使得手术路径存在偏差，降低了手术机器人的精度；并且在缺少任意标志点时均无法进行正确地识别。目前，很多国家都致力于开发各种新型的导航定位技术和定位图像标志点技术，以提高机器人手术的精度，并尽可能减少手术医生和患者在手术中所受到的 X 射线辐射。

对此，该件专利提供了一种基于医疗 X 线透视图像的手术机器人定位标志点自动识别方法，其解决方案为：在获取 X 线透视图像中的标志点后提取两两标志点的距离在第一阈值允许的范围内的标志点；再计算标志点的夹角，检测出构成两个向量的预设夹角的三个标志点；根据检测的所述三个标志点的位置采用预估算法得到第四个标志点的位置，然后对识别的各标志点进行排序和编号。该方法通过自动识别图像标志点索引进行手术导航定位，实现对 X 线透视图像中多个标志点准确、高效地自动识别，为提高手术路径的准确度、显著缩短手术时间以及提高手术效率提供了前提。同时，该方法考虑了手术场景下 X 线透视图像的成像特点，通过特定的算法和技术步骤，能够批量地读取图像数据并自动识别定位图像中的标志点以及对其进行排序和编号；可以实现只针对图像中研究目标的真实成像范围内的部分；标志点的识别准确度高，不需要额外制定标记线，这就避免了标记线由于受到骨边缘或其他类似影响干扰导致识别错误的问题。

（2）CN104200196B，发明名称为“一种X射线透视图像中导针位置自动识别方法”

骨科微创手术对内置物的位置都有严格的要求，通常需要在骨折部位置入若干克氏针作为内置物（如空心螺钉）的引导装置或骨折固定装置，克氏针也可以称之为克氏针导针或直接称为导针。目前，这一操作需要在X射线引导下进行。一般操作步骤是：首先医生根据经验将导针经皮插入至骨面，经X射线透视验证，通过该透视图像并根据人眼判断导针位置是否正确，如果正确则继续置入，如若错误则调整位置，然后再次进行验证；如此反复直至位置正确。由于在导针置入前，人眼不能根据透视图像精确预测导针置入的位置，所以在置入导针过程中，通常还需要多次反复验证和调整才能保证置入位置精确，这样就严重增加了X射线暴露时间。

针对上述问题，该件专利提供了一种基于医疗X射线透视图像中导针位置自动识别方法。该方法在获取X射线透视图像的轮廓后，通过概率霍夫变换算法检测图像轮廓中的线段，然后从检测到的线段中对置入骨面的导针或套筒两侧边缘的相互平行或近似平行的线段对进行识别，再根据线段对的中心线在X射线透视图像中绘制套筒或导针的延长线，从而实现X射线透视图像中导针位置自动识别。其中，通过对X射线透视图像中置入骨面的导针或套筒两侧边缘的线段对的识别，绘制导针（或套筒）的延长线，实现导针位置自动识别。并且，采用Sobel算子利用阈值计算的方式进行边缘检测以获取X射线透视图像的轮廓，在图像轮廓中的线段检测或线段对的识别失败后，再返回Sobel算子将计算的阈值自增后再进行边缘检测以重新获取X射线透视图像的轮廓，然后再进行线段检测和线段对的识别，实现循环。该方法能够减少X射线暴露时间，减少对患者和医生的健康危害；同时，能够提高手术路径的准确度、减少对患者的二次伤害、显著缩短手术时间、提高手术效率。

（3）CN101853333B，发明名称为“医疗机器人导航定位图像中的标记拾取方法”

医疗机器人导航定位技术中，常使用C型臂X光机从多个方位获取多幅图像，利用各个图像上的标记点关系建立机器人空间与手术空间的坐标映射。手术中需要在多幅图像上拾取所有标记点，准确标记出各点的中心，建立机器人空间与手术空间的坐标映射。然而，使用标定板进行相机标定或X光机标定时，现有的自动拾取方法不能准确拾取医疗机器人导航定位图像中的标记点和标记线。

针对上述问题，该件专利提供了一种医疗机器人导航定位图像中的标记拾取方法。该方法在图像中真实成像范围内，首先使用图像增强方法抑制噪声，突出目标，增强前景与背景的对比；然后使用图像分割技术分割出背景和前景，所有前景的内容作为备选区域；使用区域生长方法对备选区域做连通区域编号标记；再通过模板匹配获得候选标记点，在所有候选标记点周围检测标记线；最后使用形状判别确定准确的标记点，并利用标记线确定标记点的分组和编号。该方法可以准确、高效地自动拾取从C型臂X光机采集的医疗机器人导航定位图像中的定位标记点和标记线。

（4）CN111345895B，发明名称为“全膝关节置换手术机器人辅助系统、控制方法及电子设备”

医学实践发现，目前关节置换手术中，手术机器人辅助系统尚存在很多不足，例如，图像未能完全配准、光学跟踪定位偏差、机器人运动误差等，这些因素导致机器人辅助系统最终的操作不准确，不能保证良好力线的重建，造成术后患者的不适感，同时影响假体的寿命。

针对上述问题，该件专利提供了一种全膝关节置换手术机器人辅助系统，该辅助系统包括：术前规划系统，用于制定术前规划，术前规划数据包括膝关节图像；术中规划系统，用于制定术中规划，其中，将所述术前规划中的膝关节图像与术中确定的患者膝关节表面轮廓进行图像配准；获取连续屈伸角度下的膝关节动态间距力线数据；可视化显示动态间距力线数据图；根据所述动态间距力线数据图的可视化显示，调整假体规划，得到术中规划；执行系统，其中，根据所述术中规划，引导安装于手术机器人机械臂操作端的截骨引导器位于规划中的预定位置，所述截骨引导器用于对截骨锯进行定位。该专利提供的全膝关节置换手术机器人辅助系统，允许医生在患者下肢可达的屈伸角度下，对关节假体的位置以及截骨方案进行调整，可改善力线的重建以及术后的软组织平衡，并且具有更高精准度，因此可以实现对应假体的胫骨、股骨上六个截骨平面的精准定位和截骨操作，避免了传统辅助系统采用四合一切削导向装置截骨带来的销钉钉入股骨的二次伤害。

2.5 本章小结

本章介绍了人工智能医疗的技术发展现状和专利布局状况。从专利创新的角度来看，人工智能医疗的发展从 2016 年开始进入快车道，经过五年的发展在 2020 年达到顶峰，2021 年的专利申请量则有所下降，业界认为经过快速的发展期后，整个行业开始进入冷静期，更加关注如何产业落地。那么，在 2021 年当年也出现商业巨头 IBM 公司在兜售人工智能医疗诊断先驱沃森健康业务，谷歌公司旗下健康部门谷歌健康解散等消息。由于 2022 年的专利申请量未完全公开，目前还无法从专利申请的角度判断出技术发展是否会继续走低。不过，与全球的人工智能医疗专利申请趋势不同，中国人工智能医疗的专利申请量虽然起步稍晚，大概在 2017 年才有明显的增长，但一直保持了突飞猛进的势头，在 2021 年仅表现为增长速度有所放缓，但专利申请量上并未出现下跌。这可能也表明我国的人工智能医疗未遇到发展瓶颈，发展势头依然良好。

从人工智能医疗的具体技术领域来看，人工智能辅助筛查与诊断是最重要的技术分支，其专利申请量占据了整个人工智能医疗专利申请量的一半，并且各大巨头公司也纷纷在该领域布局。在人工智能辅助筛查与诊断中最重要的分支技术为通过医学影像进行的人工智能辅助筛查与诊断。在这个技术分支中，人工智能技术在图像处理上的优势被充分地应用于各种医学影像的分割、识别、标注、分类中，人工智能模型所具有的自学习的特性，也大大提高了诊疗的效率。除了在辅助筛查与诊断中的应用，人工智能技术也被广泛用于医疗信息化，在人工智能的帮助下，医疗相关的各种数据被融会贯通地利用起来并应用于医疗的日常工作流程中。人工智能医疗信息化的发展离不开各国政策的大力支持，美国的医改、中国的健康中国战略等都推动了人工智能医疗信息化的加速发展。在人工智能医疗信息化领域中，最重要的分支技术为电子病历的信息化，从专利申请涉及的IPC分类号来看，利用人工智能技术的电子病历信息化是各创新主体布局的重点。另外，人工智能医疗机器人也是人工智能医疗中的一个重要技术分支，尤其是人工智能手术机器人，搭载了人工智能模型的手术机器人能够更加精准地进行操作，减少了人手可能产生的抖动，越来越多的人工智能手术机器人在临床中得到应用。

从专利申请的角度来看，我国人工智能医疗技术的发展态势良好，在人工智能医疗的重要技术分支都有布局，且逐渐呈现赶超的趋势，在申请量上通常排名第一位或第二位，属于专利申请的第一梯队。并且，主要的创新主体不仅包括传统互联网龙头企业，还包括各类医疗特色科技公司，以及各高校和科研院所，呈现百花齐放的良好态势。从合作申请的情况来看，企业与高校、医院的合作紧密，将进一步推动后续产业落地的进程。

从各国创新主体的构成来看，国外的创新主体以企业为主，我国在人工智能辅助筛查与诊断领域的专利布局中高校、科研院所的占比较高。同时，也应看到，国外的主要创新主体多数会利用PCT国际申请的方式来完成全球的专利布局，我国人工智能医疗的专利申请在海外市场的布局相对较少，且采用PCT方式申请的专利尚偏少。

从本章所分析的整体人工智能医疗的专利状况来看，对我国的创新主体有以下建议：①加强企业与高校的研发合作，实现共赢。目前，我国的人工智能医疗专利申请中有相当一部分为高校申请，且高校在人工智能领域也不乏高质量的研究论文，因此企业可加强与高校的合作，将高校的学术研究与实际应用相结合，推动产业的发展。②研发应当注重务实与落地，与医院紧密协作，减少无效研发。从全球的申请趋势可以看出，自2020年后申请量回落，几大巨头公司医疗健康业务的解散，对我国的创新主体来说也是一个警示。人工智能技术的热潮，使得人们对人工智能医疗产业带来无限美好的设想，但也应当注意人工智能技术对数据的高依赖性，立足于来自医院的有效的数据才能使得人工智能技术切实发挥作用，实现在医疗上的可用性。③关注国家政策导向，抓住政策红利。产业的高速发展离不开政策的驱动，近年来我国连续出台了有关人工智能医疗的各项政策，对其中的重点领域和重点企业应给予特别关注，并在政策的指引下加速发展。例如，美国医疗信息化的四大巨头公司塞纳公司等，就是在美国出台《经济和临床健康信息技术法案》（HITECH）、《患者保护与平价医疗法案》（ACA）等医改政策期间，迅速发展壮大，成为行业领头羊。

我国丰富、海量的医疗数据为人工智能技术的发展提供了沃土。当前，我国人工智能医疗的创新已逐渐向世界一流水平靠拢，未来必将在提高诊疗效率，缓解医疗资源不足方面作出更多突破，给国民带来更多的福祉。

第三章　智能交通

3.1　智能交通概述

3.1.1　智能交通的概念

智能交通旨在为交通参与者提供具备多样性的服务，通常表现为基于现代电子信息技术面向交通运输的系统，即智能交通系统。智能交通系统（intelligent traffic system，ITS）又称智能运输系统（intelligent transportation system），是充分利用移动互联网、物联网、人工智能、大数据和云计算等新一代信息技术，以全面感知、深度融合、以人为本、主动服务和科学决策为目标，构建动态实时的信息服务体系，感知挖掘交通运输相关数据，智能决策控制和调度交通参与对象，加强车、路、人三者之间的联系，从而形成一种保障安全、提高效率、改善环境、节约能源的综合运输系统。[1][2] 本章讨论的智能交通则涵盖智能交通系统和智能运输系统两者。

智能交通系统通常涵盖交通管理、出行者服务、公共交通运营、车辆控制与安全、营运车辆调度管理、电子收费、救援与应急管理等方面。[3]

---

❶ 佚名．智能交通系统［EB/OL］．［2022-07-15］.https://baike.baidu.com/item/智能交通系统/1188149?fr=aladdin.

❷ 郑文超，贲伟，汪德生．智慧交通现状与发展［J］．指挥信息系统与技术，2018，9（4）：8-16.

❸ 佚名．智能交通系统的发展现状及趋势［EB/OL］．［2022-07-15］．http://www.doczj.com/doc/7317194859.html.

3.1.2 智能交通的技术发展情况

智能交通系统的研究最早始于20世纪60年代。1967年，美国联邦公路局启动了电子路径导向系统（electronic route guidance system，ERGS）的研究，这可以作为智能交通系统的萌芽。智能交通系统正式作为一个专用名词出现于1994年，前身是智能车辆公路系统（intelligent vehicle highway system，IVHS），并在20世纪90年代得到了快速发展，这得益于信息技术的快速发展，也得益于各国机构的纷纷建立，如美国的智能运输系统协会（ITS America）、欧洲的交通信息与控制组织（ERTICO）、日本的路车交通智能协会（VERTIS），以及智能运输系统国际标准化机构（ISO/TC204）等。美国的智能交通从高层到基层，具有全国统一的体系化结构。

1973年，日本通产省研发了综合汽车交通控制系统（comprehensive automobile traffic control system，CACS）。目前，日本已基本完成国内智能交通建设的整体框架的前期工作，并据此重点结合日本现有国内情况和国际变化，来使其更能完美地适应日本现状。

1988年，欧洲十多个国家开始联合执行一项旨在完善道路设施、提高服务质量的保障车辆安全的欧洲道路基础设施计划，建设用于车辆安全的专用道路基础设施。目前，欧洲各国正在进行车载资讯系统的全面应用开发工作，计划在全欧洲范围内建立专门的交通无线数据通信网。

相较国外，中国智能交通系统的建设起步较晚，从20世纪90年代初开始，智能交通系统的研发越来越受重视，研究方向主要集中在智能交通理论概念、设计与实现及智能交通存在的问题等方面。1999年，我国成立了全国智能交通系统协调指导小组及办公室以及全国智能交通运输系统专家咨询委员会。从2006年“十一五”开始，“863计划”将现代交通技术作为一个单独的领域开展研究。据此，智能交通在国内逐渐迅速发展起来。

智能交通涵盖技术分支多、关联领域广，很难通过简短的篇幅进行全面的梳理和介绍。本章节更多地从通俗易懂的直观角度出发，从用户使用感受着眼，从涵盖的典型场景入手，分小节介绍智能交通所涉及的四部分内容：①驾驶自动化；②智能座舱；③智能网联；④出行即服务。此外，需要说明的是，这四部分内容并非智能交通的全部，彼此之间也有所交叉，并不能完全地加以分离。

3.2　驾驶自动化

3.2.1　驾驶自动化的概念

驾驶自动化，又称无人驾驶、自动驾驶等。驾驶自动化是集环境感知、规划决策、控制与执行等功能于一体的综合系统，它集中运用了数据计算、信息传感、数据融合、通信、人工智能及自动控制等技术，是典型的高新技术综合体。驾驶自动化具有道路障碍识别、自动报警、自动制动、自动保持安全距离、车速控制、巡航控制、规划路径、自动行驶等功能。驾驶自动化通过传感器技术、信号处理技术、通信技术等，辨识车辆所处的环境和状态，并根据各传感器所得到的信息进行分析和判断，从而规划出车辆行驶的执行路径，进而产生一系列的底盘控制指令，控制车辆自动行驶。

伴随着人工智能技术的发展，交通工具的自动化驾驶水平不断提高。根据国际汽车工程师学会[1]（SAE International）于 2021 年 4 月发布的《SAE J3016：驾驶自动化分级》，道路上行驶的机动车辆的驾驶自动化程度可以被分为六个自动驾驶级别，从没有自动驾驶的 0 级到完全自动驾驶且不需要驾驶员的 5 级。

支撑驾驶自动化级别 L0 到 L2 的系统通常被认为是主动安全系统。主动安全系统是一种驾驶员支撑系统，用于感知和监控车辆内外的状况，以识别

---

[1] 国际汽车工程师学会是一个由航空航天、汽车和商用车辆行业的 128 000 多名工程师和技术专家组成的全球协会组织，SAE 技术标准是该组织对其服务的航空航天、汽车和商用车辆的移动行业的主要规定之一。

对车辆、乘客和/或其他道路使用者的现有和潜在危险，并通过各种方法自动干预以帮助避免或减轻潜在碰撞，包括向驾驶员发出警报、车辆系统调整和/或车辆子系统（刹车、油门、悬架等）的主动控制。主动安全系统的设计目的主要是提高安全性，而非舒适性、便利性或一般驾驶员辅助，其仅在高风险事件或机动过程中发出警告或进行干预；一般而言，包括电子稳定控制（ESC），自动紧急制动（AEB），以及某些类型的驾驶员辅助系统，如车道保持辅助（LKA）等的主动安全系统不被认为是自动驾驶。

支撑驾驶自动化级别L3到L5的系统通常被认为是自动驾驶系统（automated driving system，ADS），能够由软件/硬件执行全部或部分的动态驾驶任务（dynamic driving task，DDT）。[1] 动态驾驶任务是指在道路交通中操作车辆所需的所有实时操作和策略功能，不包括行程安排以及目的地和航路点选择等战略功能，通常包括但不限于以下子任务：①通过转向控制车辆横向运动（操作）。②通过加速和减速进行车辆纵向运动控制（操作）。③通过目标和事件检测、识别、分类和响应准备（操作和策略）监控驾驶环境。④对象和事件响应执行（操作和策略）。⑤机动规划（策略）。⑥通过灯光、鸣笛、信号、手势等增强醒目性（策略）。

2021年8月20日，由工业和信息化部提出、全国汽车标准化技术委员会归口的《汽车驾驶自动化分级（GB/T 40429—2021）》（国家标准公告2021年第11号文）推荐性国家标准由国家市场监督管理总局、国家标准化管理委员会批准发布，于2022年3月1日起实施。该标准将自动化驾驶分为六个等级，从L0级应急辅助到L5级完全自动驾驶，其中L0—L2级为驾驶辅助，分别对应应急辅助、部分驾驶辅助和组合驾驶辅助，在这三个等级中，系统辅助人类执行动态驾驶任务，驾驶主体为驾驶员；L3—L5级为自动驾驶，分别对应有条件自动驾驶、高度自动驾驶和完全自动驾驶，在这三个等

[1] SAE. SAE J3016TM：驾驶自动化分级［S/OL］.（2021-04）［2022-07-15］. https://wenku.baidu.com/view/525052cde309581b6bd97f19227916888486b96e.html.

级中，系统在设计运行条件下代替人类执行动态驾驶任务，当功能激活时，驾驶主体是系统。

L0 级具备持续执行动态驾驶任务中的部分目标和事件探测与响应能力，但系统不能持续执行动态驾驶任务中的车辆横向或纵向运动控制，仅提供信息或短暂介入车辆控制，如车道偏离预警等。L1 级相较 L0 级，系统能够实现有条件地持续地执行车辆横向或纵向运动控制，如车道保持、自适应巡航等。L2 级相较 L1 级，系统在其设计运行条件下持续地执行动态驾驶任务中的车辆横向和纵向运动控制，是 L1 级的功能场景的提升；L1 级和 L2 级均需要驾驶员监管并随时介入驾驶行为，获取控制权。

L3 级是驾驶自动化的分水岭，已经可以独立完成部分驾驶场景中的自动驾驶的功能，系统在设计条件下持续执行全部动态驾驶任务。L4 级相较 L3 级不仅能够在设计运行条件下持续地执行全部动态驾驶任务，还能自动执行最小风险策略，如监控驾驶员状态等。L5 级可以独立完成所有驾驶场景中的自动驾驶功能。L3 级到 L5 级均只需要驾驶员完成安全员的角色，监管自动驾驶系统的驾驶行为，L3 级在系统失效时请求安全员介入驾驶行为，L4 级、L5 级相较 L3 级甚至能够在安全员对介入请求未响应等情况发生时，自行将车辆控制到最小风险状态下，且不解除对车辆的控制。

3.2.2　驾驶自动化的技术发展情况

3.2.2.1　技术发展

自 20 世纪八九十年代，随着信息技术的飞速发展，驾驶自动化取得了长足的进步。[1]

[1] 佚名 . 聊聊无人驾驶汽车的发展历史（二）：军方、大学和汽车公司合作研究［EB/OL］.（2019-12-18）［2022-07-15］. https://www.cnblogs.com/yfinn/p/12064105.html；佚名 . 聊聊无人驾驶汽车的发展历史（三）：DARPA 无人驾驶挑战赛［EB/OL］.（2019-12-18）［2022-07-15］. https://www.cnblogs.com/yfinn/p/12064558.html；佚名 . 聊聊无人驾驶汽车的发展历史（四）：Google 无人驾驶发展之路［EB/OL］.（2020-02-14）［2022-07-15］. https://www.cnblogs.com/yfinn/p/11946146.html.

1984 年，卡内基梅隆大学的研究人员组建 NavLab 实验室，并先后研制了一系列智能车，NavLab-1、NavLab-5 和 NavLab-11 等，解决了视觉感知方面的复杂问题。1989 年，卡内基梅隆大学研发了首辆基于神经网络技术的可上路的自动驾驶车辆 ALVINN（autonomous land vehicle in a neural network），并在校园里在没有任何人为干预的情况下实现了自主驾驶。NavLab 系列智能车成功地实现了利用神经网络解析道路结构，并融合图像、全球定位系统等数据实现了较高程度的自动驾驶。

1996 年，意大利帕尔马大学的阿尔贝托·布罗基（Alberto Broggi）创办了 VisLab，并于 1998 年开发了无人驾驶车 ARGO，其通过 CCD 摄像机检测和定位障碍物并控制车辆行驶。

直到 2004 年，美国国防部高级研究计划局发起无人驾驶车挑战赛。该挑战赛奠定了卡内基梅隆大学和斯坦福大学在自动驾驶领域的地位。

该挑战赛也吸引了以谷歌公司为代表的一众信息通信技术公司和创业公司加入自动驾驶的研发，直接引发了传统汽车产业的智能化变革。洽合无人驾驶所需的环境感知，谷歌街景项目采集整合街景、卫星图像，能够获得更准确的地图数据，能够满足无人驾驶定位、路径规划、环境感知和控制等需要。谷歌街景车配备 15 个摄像头和威力登（Velodyne）激光雷达。

2009 年，谷歌 X 实验室的特龙（Thrun）团队通过将激光雷达、3D 相机、全球导航卫星系统（GNSS）- 实时动态（RTK）（GNSS-RTK）和惯性导航系统等技术数据融合，来描述周边自行车、行人、车辆的情况，开发了追踪所有物体、行人、汽车、自行车来往穿梭等运动态势的新技术，并最终实现了车辆周围环境的数字化。随后，厄姆森（Urmson）接棒特龙，谷歌公司推出完全自动驾驶汽车萤火虫（Firefly）。

2015 年 10 月，特斯拉公司推出了半自动驾驶系统 Autopilot，Autopilot 是第一个投入商用的自动驾驶技术。

2016 年，通用汽车公司收购了自动驾驶技术创业公司——巡航自动化公司（Cruise Automation），正式进入无人驾驶领域。2018 年 1 月，作为通用汽车公司旗下自动驾驶部门的巡航自动化公司发布了新一代（第四代）无人驾驶汽车——Cruise AV。

2016 年 12 月，在与大型汽车制造商通用合作后，谷歌公司成立自动驾驶技术公司——慧摩公司（Waymo），让自动驾驶汽车走向商用。慧摩公司打造的软硬件一体化自动驾驶系统最终应用在四个领域：①叫车服务；②无人驾驶卡车物流；③将无人驾驶技术授权给汽车厂商开发私家车；④最后 1000 米服务，即运送乘客去公共交通站。

1992 年，由北京理工大学、国防科技大学等五家科研单位联合研制成功了 ATB-1 无人车，标志着中国第一辆真正意义上的无人驾驶汽车诞生，此后，ATB-2、ATB-3 陆续被研发出来，在环境认知和轨迹跟踪能力上得到进一步加强。

2011 年 7 月，中国第一汽车集团有限公司（以下简称一汽集团）与国防科技大学共同研制的红旗 HQ3 无人驾驶汽车完成了 286 千米的面向高速公路的全程无人驾驶试验，人工干预的距离仅占总里程的 0.78%。

2012 年，中国人民解放军陆军军事交通学院的“军交猛狮Ⅲ号”以无人驾驶状态行驶 114 千米，最高时速为 105 千米 / 时。该车装有由 5 个毫米波雷达、3 个摄像机和 1 个全球定位系统传感器组成的视听感知系统，能够帮助无人驾驶车辆识别路况，精确判断与前后左右障碍物的距离。

2015 年 8 月，宇通大型客车从郑开大道城铁贾鲁河站出发，在完全开放的道路环境下完成自动驾驶试验，共行驶 32.6 千米，最高速度为 68 千米 / 时，全程无人工干预，也是国内首次大型客车高速公路自动驾驶试验。

2015 年 12 月初，百度无人驾驶汽车在北京进行自动驾驶测跑，实现多次跟车减速、变道、超车、上下匝道、调头等复杂驾驶动作，完成了进入高速到驶出高速不同道路场景的切换，最高车速达到 100 千米 / 时。

2017 年 4 月 17 日，百度公司展示了与罗伯特 · 博世有限公司（以下简称博世公司）合作开发的高速公路辅助功能增强版演示车。2018年7月4日，百度公司在第二届百度AI开发者大会（Baidu Create 2018）上宣布，与厦门金龙汽车集团股份有限公司（以下简称金龙集团）合作生产的首款L4级自驾巴士“阿波龙”已经量产下线。这一批次的100辆车接下来会被投放到北京、深圳、武汉等城市，在机场、工业园区、公园等行驶范围相对固定的场所开始商业化运营。2019年初，百度公司还跟日本软件银行集团（以下简称软银集团）旗下的SB Drive合作，将10辆“阿波龙”带到包括东京在内的多个日本城市。

我国自动驾驶渗透率稳步提升，规模化应用正在从L2向L3过渡。

3.2.2.2 关键技术[1]

从驾驶自动化的实现过程来看，可以大致分为以下三个基本过程：①环境感知；②决策与规划；③控制与执行。

首先，环境感知。实现驾驶自动化的汽车通过摄像机、激光/毫米波雷达、超声波等车载传感器感知车辆周围环境；通过CCD、CMOS摄像机检测车辆、行人、车道线、交通标识、信号灯等，通过不同雷达探测多种场景下的障碍物距离和形状。通过陀螺仪和加速度计构成的惯性导航系统、全球定位系统或北斗等卫星导航系统以及同步定位与地图构建（SLAM）自主导航系统进行车辆位置同步和定位。其次，决策与规划。实现驾驶自动化的汽车根据环境感知的信息，通过预设的约束条件，如避免碰撞、遵守某些交通规则等，在给定的出发点和目的地之间候选多条路径，以便用户从中选择一条路径作为行车路线或者直接根据用户偏好等给出推荐路径供用户确认。最后，控制与执行。实现驾驶自动化的汽车通过车辆控制系统执行车辆的横向和纵向控制。车辆控制系统是自动驾驶汽车行驶的基础。纵向控制，即车辆的驱动与制动控制，

---

[1] 清华－中国工程院知识智能联合实验室．人工智能之自动驾驶研究报告（AMiner研究报告第七期）[R/OL]．(2018-07)[2022-07-15]．https://wenku.baidu.com/view/4f1fd3f975eeaead1f34693daef5ef7bb0d125d.html.

是指通过对油门和制动的协调，实现对期望车速的精确跟随。横向控制，即通过方向盘角度的调整以及轮胎力的控制，实现自动驾驶汽车的路径跟踪。

3.2.2.2.1　环境感知

为了确保自动驾驶车辆在不同场景下均可以作出正确判断，需要实现对周围环境信息的实时动态获取和识别，这些信息包括但不限于自动驾驶车辆的状态、交通流信息道路状况、交通标志等，以满足车辆决策系统的需求。换言之，环境感知起着类似人类驾驶员“眼睛”“耳朵”的作用，是实现自动驾驶的前提条件。

传感器负责采集自动驾驶汽车所需要的信息，如汽车自身行驶环境等，为自动驾驶汽车的安全行驶提供可靠的决策依据。环境感知技术有两种技术路线：一种是以摄像机为主导的多传感器融合方案，典型代表是Mobileye公司、特斯拉公司；另一种是以激光雷达为主导，其他传感器为辅助的技术方案，典型企业代表如慧摩公司、百度公司等。

3.2.2.2.2　决策与规划

决策与规划基于环境感知所获得的信息，再施加一些特定约束条件，如无碰撞、安全到达终点等，规划出给定起止点之间的多条可选安全路径，并在这些路径中选取一条最优的路径作为车辆行驶轨迹。

基于有限状态机的行为决策模型因其结构简单、控制逻辑清晰，多应用于园区港口等封闭场景。在这些封闭场景中，道路具有固定的路线和节点，因此可预先设计行驶规则。这种预先设计行驶规则的方法将特定场景的车辆决策描述为离散事件，在不同场景通过不同事件触发相应的驾驶行为。

基于深度强化学习的行为决策模型近年来被越来越广泛地应用于智能车辆的环境感知与决策系统。深度强化学习中的智能体依靠自身学习和环境进行信号交互，为复杂驾驶场景的感知决策问题提供解决方案。

3.2.2.2.3　控制与执行

基于决策与规划结果来识别车辆周边障碍物和可行驶区域，进行路线规划和控制，最后制定方向盘转角和速度等信息，传输到底盘执行机构，按照指令进行精确执行。在整个控制过程中，底盘执行机构的功能要完善，系统响应和精度要高。如果把自动驾驶车辆比作人，那么底盘执行机构就是我们通常意义上的手和脚，用来做控制执行，是自动驾驶控制技术的核心部件，所以自动驾驶控制技术对整个底盘系统的要求非常高。

3.2.3　驾驶自动化的专利布局

3.2.3.1　全球专利申请态势

截至 2022 年 4 月 30 日，全球驾驶自动化领域专利申请共 202 350 件，合并专利组族 123 513 件。

从图 3-2-1 可以看出，2012 年以前，驾驶自动化专利每年申请量都不大，从 2003 年的 1000 件左右开始平缓增长，到 2013 年达到近 3000 件。从 2014 年起，得益于人工智能、大数据等技术的快速发展，驾驶自动化申请量也呈现出快速增长态势，到 2020 年，达到年申请量 16 000 余件。由于 2021—2022 年申请的很多专利尚未公开，因此申请量的统计数据不够全面。

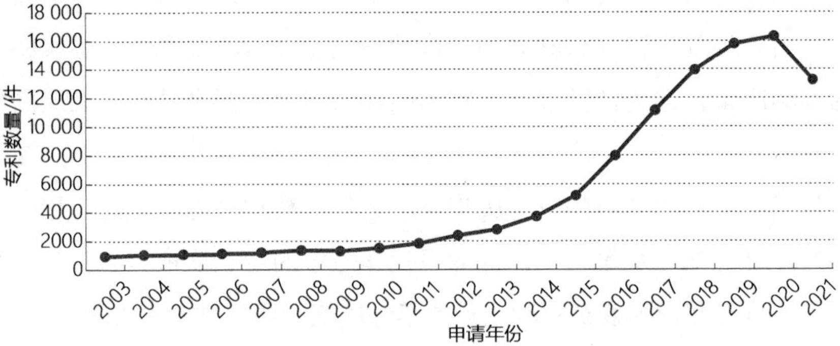

图 3-2-1　驾驶自动化专利申请全球申请量及趋势

3.2.3.2　各国专利申请态势

3.2.3.2.1　各国专利申请情况

按照各个国家申请量排序，选择排名前五的国家作为分析研究对象，如图 3–2–2 所示。中国的专利申请量占全球申请总量的 47%，排名第一。其主要原因在于：第一，类似百度公司、华为公司等实力企业深耕人工智能多年，并逐渐涉足自动驾驶领域；第二，像广州文远知行科技有限公司（以下简称文远知行公司）、北京图森未来科技有限公司（以下简称图森未来公司）等初创公司已崭露头角；第三，丰田汽车公司、福特汽车公司等老牌车企已在国内大量布局。

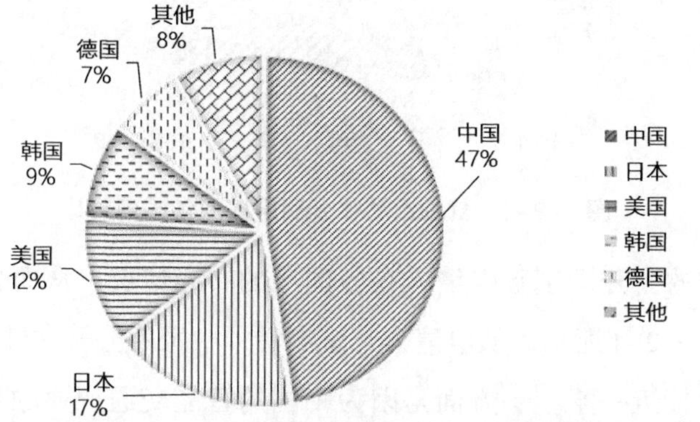

图 3–2–2　驾驶自动化的各国专利申请量占比

在中国之后，日本占比 17%，排名第二，申请人包括丰田汽车公司、电装株式会社（以下简称电装公司）等。美国紧随其后，占比 12%，排名第三，申请人包括通用汽车公司、谷歌公司等。韩国和德国的申请量占比分别是 9% 和 7%，而其他所有国家的总占比量较少，占据全球专利数量的 8%。

3.2.3.2.2　专利申请原创地、目的地

专利申请同族从一定程度上体现了专利申请的布局情况，那么如果被要求的优先权多，则可以从侧面反应申请人在积极地开展专利申请布局。如此，我们可以从专利申请被要求优先权的情况，了解专利申请的原创地情况。美国被要求优先权的申请数量为 7706 件，占比 27%，如图

3-2-3 所示，超 1/4，排名第一位；而日本紧随其后，被要求优先权的申请数量为 6147 件，占比 21%；韩国和德国分别以 3776 件和 2781 件，占比 13% 和 10% 排名在第三位、第四位；而中国被要求优先权的数量为 1958 件，还有很大的提升空间。这与美日等国家起步较早，积累较多有关，也提示中国创新主体需要积极追赶，合理布局。

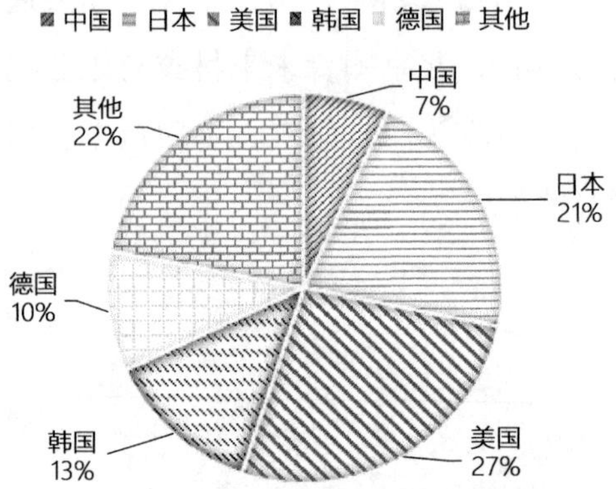

图 3-2-3　驾驶自动化专利申请原创国家对比

从专利的公开国别看申请人在各国家的布局情况，从而分析申请的目的地。如图 3-2-4 所示，从申请公开国家看，中国的公开文件为 60 786 件，占比 49%，接近一半，一方面是因为中国的智能交通产业的科研院所和科技企业持续研发和投入相对保持高位，另一方面体现了中国市场广阔，是全球自动驾驶巨头们的必争之地。此外，申请人在美国、日本、韩国和德国的专利申请量也较多，分别占总申请量的 13%、13%、7% 和 5%。

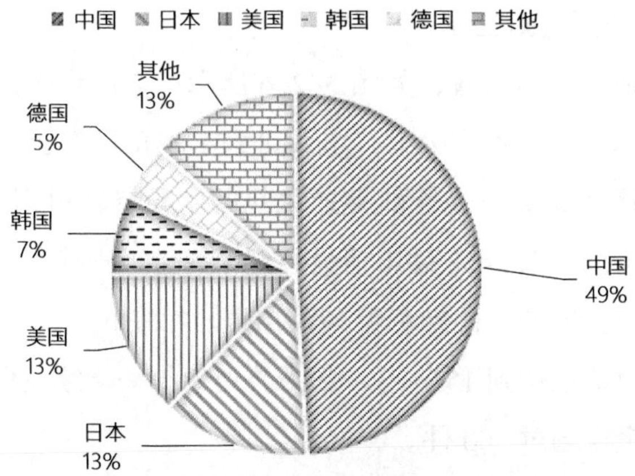

图 3-2-4　驾驶自动化专利申请目的国家对比

3.2.3.2.3　专利布局

通过对专利申请分类号进行分析，如图 3-2-5 所示，可以看到自动驾驶的前三位分布在 B60W、G05D 和 G08G，分别涉及非电变量的控制或调节系统以及交通控制系统等，而人工智能技术相关的 G06K、G06F、G06T、G06N 也占有较大比例。

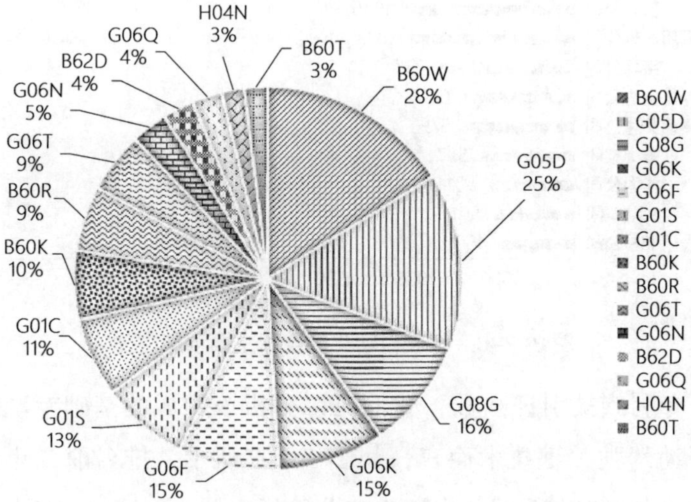

图 3-2-5　驾驶自动化专利申请 IPC 技术构成

注：一份专利申请可能存在多个 IPC 分类，因此，本图百分比之和大于 100%。

3.2.3.3 主要创新主体

从全球申请人排名来看，如图 3-2-6 所示，丰田汽车公司、现代汽车公司、博世公司、日产汽车公司、电装公司、本田汽车公司、福特汽车公司、法雷奥集团等企业作为智能交通产业的主导者在申请量上具有优势。其中，丰田汽车公司以 3438 件申请量位列第一位。现代汽车公司和博世公司分别以 2210 件和 1898 件专利位列第二位、第三位。中国互联网企业百度公司的专利申请也达到 1520 件。华为公司近年来持续在自动驾驶领域发力，专利申请量也超过 500 件。

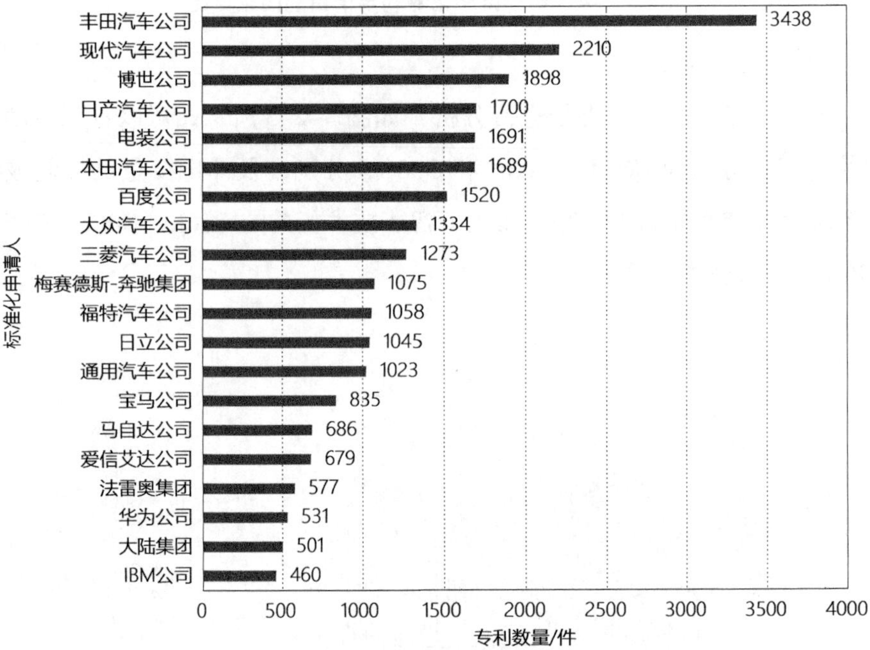

图 3-2-6 驾驶自动化的全球主要创新主体

根据专利族被引证次数，我们可以分析该领域的基础专利或核心技术。就自动驾驶关键技术而言，如图 3-2-7 所示，排名前二十的申请人中，日本的丰田汽车公司、本田汽车公司位列第一、第二，还包括电装公司、日产汽车公司，日本申请人共占据了 4 个名额；与日本车企类似，德国车企也布局较早，博世公司、大众汽车公司、宝马公司、奥迪汽车公司、梅塞德斯－奔驰集团排进前二十，德国申请人共占据 5 个名额；中国的百度公司、华为公司、吉利集团依托在人工智能、数据通信和实业创新等方面的积累在自动驾驶领域发力，使中国申请人占据 3 个名额；美国申请人在前二十名中共占据 4 个名额，分别是福特汽车公司、通用汽车公司、IBM 公司、慧摩公司，它们的排位参差有序；剩余的名额均是韩国申请人，分别是现代汽车公司、三星集团、LG 集团和起亚汽车公司，它们在行业中也占一席之地。

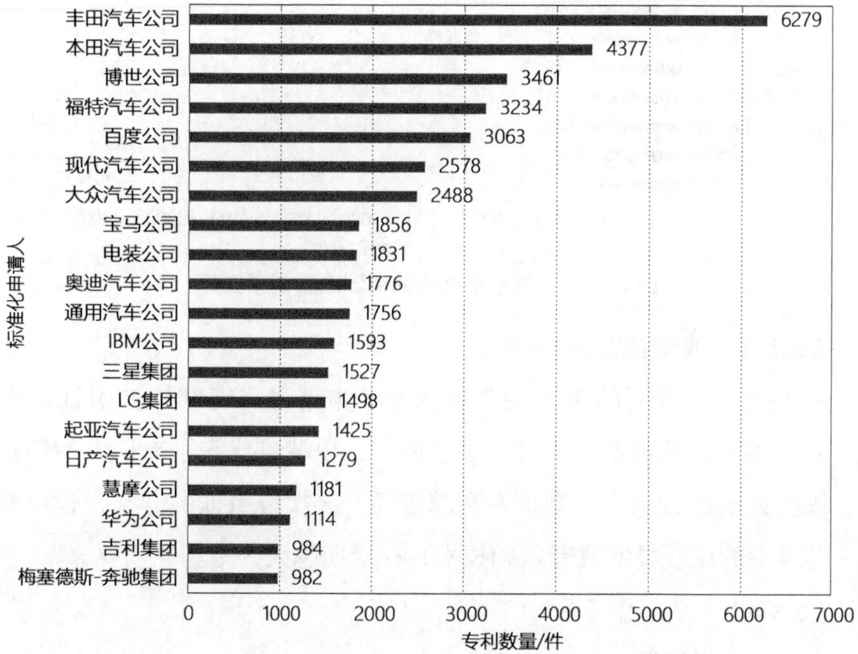

图 3-2-7　驾驶自动化专利同族申请被引证次数靠前申请人

中国申请人主要是科技企业和大学，而大学申请人作为科技研发的重要力量，在排名前二十的申请人中占据申请量的一半。百度公司、华为公司、腾讯公司等的申请量位于前列，与此同时，由于吉林大学在自动驾驶领域研究多年，因此其申请量在高校中比较领先，如图 3-2-8 所示。

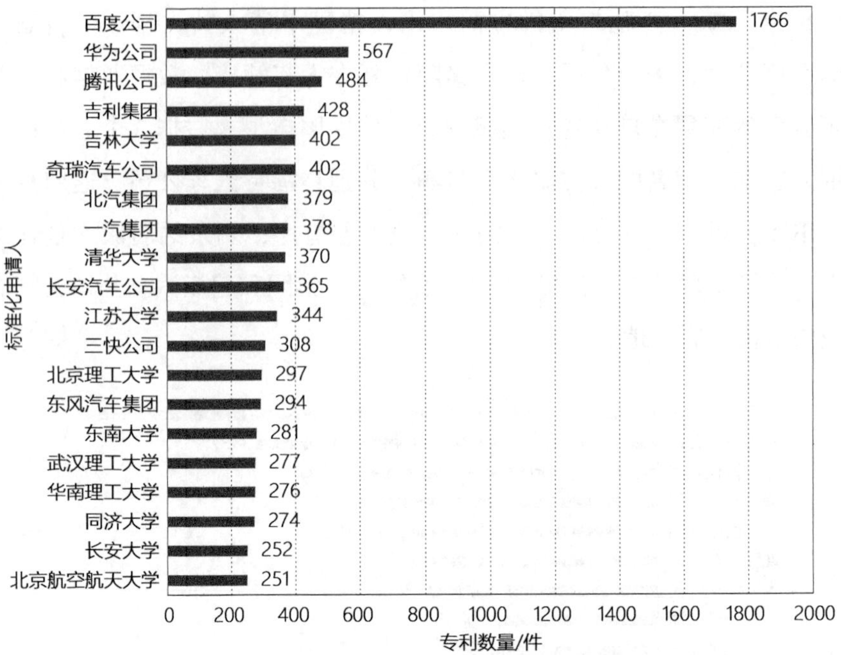

图 3-2-8　驾驶自动化的中国主要创新主体

3.2.3.4　典型企业及专利

典型企业和专利的筛选主要依据专利申请量、专利族被引证的次数以及对中国企业的借鉴意义等。一般而言，申请量代表了申请人的创新能力，被引证的次数越多，则该专利越重要，多次被引证的专利，很可能为这一领域中的核心技术或者基础技术，存活期越久，专利越重要。

3.2.3.4.1　百度公司

1. 技术布局情况

百度公司[1]是国内汽车智能化技术的领跑者。百度阿波罗（Apollo）是一个开放的、完整的、安全的平台，面向帮助汽车行业及自动驾驶领域的合作伙伴结合车辆和硬件系统，快速搭建一套属于自己的自动驾驶系统。

---

[1] 百度智能交通事业部，百度智能交通专家顾问委员会．百度 Apollo 智能交通白皮书：ACE 智能交通引擎 2.0［EB/OL］.［2022-07-15］. https://max.book118.com/html/2022/0122/8110122127004055.shtm.

百度阿波罗覆盖全产业链，阿波罗平台已经发布10个版本，目前最新版本为阿波罗6.0 EDU，逐步完成了从封闭场景循迹自动驾驶到简单城市路况自动驾驶，从限定区域视觉高速自动驾驶到无人化自动驾驶。基于阿波罗平台，百度公司打造了自动驾驶公交车、L4共享无人车、智能巡检车等多种产品。

①自动驾驶公交车。百度自动驾驶公交车（Robobus）搭载激光雷达系统、视觉识别系统、毫米波雷达感知系统，配备安全计算单元，实现360°、无盲区、厘米级全息精准感知，三重安全冗余设计，集安全、舒适和科技感于一体，具备开放道路L4自动驾驶能力、C-V2X车路协同能力，具备行驶路线偏航提醒、在途主动安全预警、一键绿波通行等功能，确保全程营运安全。百度阿波罗已在北京、长沙、美国加州等地的开放道路以及其他多个城市的半开放路段同步开展测试。

② L4共享无人车。2021年6月17日，百度公司发布新一代量产共享无人车“Apollo Moon”。百度公司是在中美同时进行无人驾驶测试的企业，拥有中国北京、长沙、沧州与美国加州无人驾驶测试许可，并已率先在沧州、重庆获得载人收费运营测试许可。

③智能巡检车。百度智能巡检车（Robocop）是国内首批将L4自动驾驶车辆与道路自动巡检养护相结合的平台级产品。百度智能巡检车具有强大的事件识别能力，包括超速行驶、逆向行驶、占道施工、井盖丢失、泥头车无证运营、压线行驶等十余种日常场景，并可定制化扩充，具备智能采集、自动识别、云端展示、数据审核、统计分析等功能。

2. 典型专利

① CN104766058B，发明名称为“一种获取车道线的方法和装置”，该发明专利提供了一种用于获取车道线的方法：采集道路数据，其中道路数据至少包括二维图像数据和三维激光点云数据；采用机器学习方法对二维图像数据中的车道线进行识别；基于二维图像数据和三维激光点云数据的空间位置关系，将车道线识别结果转换为三维车道线散点；根据统计特性

对三维车道线散点进行过滤；以及对过滤后的车道线散点进行聚类，以获取车道线。该实施方式可以准确、高效地获取车道线，避免道路图像中车辆、道路边沿、其他标志线对车道线获取的影响，在应用于地图绘制时，可以明显提高绘制速度和精度，百度公司明确在申请文件中载明该技术用在自动驾驶中。授权公告号为CN105260699B的申请也涉及车道线数据处理技术。

② US9965705B2，发明名称为“用于视觉问题回答的基于注意的可配置卷积神经网络（ABC-CNN）的系统和方法”，该发明专利提供了一种提高生成与图像输入相关的问题输入的答案的准确性的计算机实施方法，该方法包括：接收图像输入；接收与图像输入相关的问题输入；将问题输入和图像输入输入到基于注意的可配置卷积神经网络（ABC-CNN）框架中以生成答案。可配置卷积神经网络框架包括：图像特征图提取组件，包括提取图像特征图的CNN从图像输入；语义问题嵌入组件，从问题输入中获取问题嵌入；一个问题引导的注意力图生成组件，它接收图像特征图和问题嵌入，并获得一个问题引导的注意力图，重点是问题输入所询问的一个或多个区域；答案生成组件通过使用问题引导的注意力图对图像特征图进行加权来获得注意力加权图像特征图，并基于图像特征图、问题嵌入和注意力加权图像特征图的融合生成答案。

③ CN106023210B，发明名称为“无人车、无人车定位方法、装置和系统”，该发明专利根据所披露的方法获取与无人车当前位置匹配的第一激光点云反射值数据，其中，第一激光点云反射值数据包括各激光点的第一坐标以及与第一激光点云反射值数据中的各激光点对应的激光反射强度值；将第一激光点云反射值数据转化为地平面内的激光点云投影数据；以预先确定的位置在激光点云反射值地图中的位置作为初始位置，确定激光点云投影数据在激光点云反射值地图的预定范围内的第一匹配概率；以及基于第一匹配概率确定无人车在激光点云反射值地图中的位置。该实施方式实现了对无人车当前位置的准确定位。

④ CN106405555B，发明名称为“用于车载雷达系统的障碍物检测方法和装置”，该发明专利获取无人驾驶车辆行驶过程中所采集的3D点云；将3D点云投影到二维网格上，分别获取各网格的特征信息；将各网格的特征信息输入预先训练得到的预测模型，分别获取各网格的障碍物预测参数；根据各网格的障碍物预测参数进行网格聚类，得到障碍物检测结果。

3.2.3.4.2　慧摩公司

1. 技术布局情况

慧摩公司刚开始是谷歌公司于2009年启动的自动驾驶汽车计划，直到2016年才独立为子公司。

慧摩公司将系统安全放在第一位，提供了包括行为安全、功能安全、碰撞安全、操作安全和非碰撞安全等五个方面的解决方案。行为安全是车辆在道路上的行驶决策和行为实现安全导航。功能安全保障车辆安全运行，即使有系统缺陷或故障，也能够通过备份系统和冗余机制来处理意外情况。碰撞安全通过各种措施保护车内乘客的安全以减轻伤害或防止死亡。操作安全保障车辆和乘客之间的互动，提供用户在自动驾驶过程中的安全舒适。非碰撞安全保障可能与车辆相互作用的人群物理上的安全。例如，电子系统或传感器的危害，可能会对乘员、车辆技术人员、驾驶员、急救人员或旁观者造成伤害。

2. 典型专利

① US11029687B2，发明名称为“自主车辆的轨迹辅助”，该发明专利包括：基于传感器输入，由自主车辆检测其被阻碍时根据第一轨迹行驶的情况；自动驾驶车辆的通信单元通过无线网络向远离自动驾驶车辆的辅助中心发送辅助信号，该辅助信号表示自动驾驶车辆寻求辅助按照第一轨迹行驶；由自主车辆的通信单元并通过无线网络接收对辅助信号的响应，其中该响应包括第二轨迹的表示；自动驾驶车辆的控制单元指示其按照第二轨迹行驶。

② US9836057B2，发明名称为“为自动驾驶车辆安排乘客上下车服

务”，该发明专利提供了一种用于安排无人驾驶车辆与乘客之间的接驾方法，该方法包括：由一个或多个处理器接收将所述车辆派遣到预先确定的接驾区域以便对所述乘客进行接驾的派遣指令；由所述一个或多个处理器朝着所述预先确定的接驾区域操纵所述车辆以对所述乘客进行接驾；在操纵时，由所述一个或多个处理器从与所述乘客相关联的客户端计算设备接收所述客户端计算设备的位置；识别所述乘客对实时飞快接驾感兴趣的指示，其中，所述飞快接驾允许乘客在所述预先确定的接驾区域外部的位置且在所述一个或多个处理器已经将所述车辆操纵到所述预先确定的接驾区域之前安全地进入所述车辆；由一个或多个处理器至少基于所述客户端计算设备的位置和所述指示来确定所述飞快接驾是适当的；以及基于所述确定，由所述一个或多个处理器进一步操纵所述车辆，以尝试所述飞快接驾。

③ US9669827B1，发明名称为“基于上下文信息的物体轨迹预测”，该发明专利可以在车辆的环境中识别对象，该对象具有航向和位置。可以使用描述车辆环境和对象的航向和位置的地图信息来生成对象的一组可能的动作。可以基于该组可能的动作来生成对象的一组可能的未来轨迹。可以基于包括所检测到的对象的状态的上下文信息来确定该组可能的未来轨迹中的每个轨迹的似然值。基于该组可能的未来轨迹中的每个轨迹所确定的似然值来确定最终的未来轨迹（如运行红灯或转弯）。

④ US10883844B2，发明名称为“用于车辆轨迹规划的神经网络”，该发明专利涉及一种实现轨迹规划神经网络，该神经网络被配置为在多个时间步骤的每个时间步骤处：获得第一神经网络输入和第二神经网络输入。第一神经网络输入可以表征由航路点数据指示的一组航路点，并且所述第二神经网络输入可以表征：其一，所述车辆环境的当前状态的环境数据；其二，所述车辆的规划导航路线的导航数据。轨迹规划神经网络可以处理第一神经网络输入和第二神经网络输入以生成一组输出得分，其中该组输出分数中的每个输出分数对应于车辆附近的一组可能位置中的不同位置。

3.2.3.4.3 Mobileye 公司

1. 技术布局情况

Mobileye 公司布局高级驾驶辅助系统（ADAS）和自动驾驶视觉技术，其专利量并不突出但技术积淀深厚，软件和硬件开发并驾齐驱，形成了高度相互依赖的硬件、软件和算法堆栈的快速响应和短开发周期的战略优势，在行业内拥有较强的影响力。高级驾驶辅助系统涵盖被动/主动范围。被动系统会向驾驶员发出潜在危险情况的警报，以便驾驶员采取措施进行纠正。例如，车道偏离警告（LDW）提醒驾驶员意外/未指示的车道偏离；前向碰撞警告（FCW）表示在与前方车辆相关的当前动态下，即将发生碰撞，然后驾驶员需要刹车以避免碰撞。自动紧急制动（AEB）可识别即将发生的碰撞并制动，驾驶员无须任何干预。主动功能的其他示例包括自适应巡航控制（ACC）、车道保持辅助（LKA）、车道居中（LC）和交通堵塞辅助（TJA）。自适应巡航控制会根据其预设值（如在标准巡航控制中）自动调整主车辆速度，以防其路径中的车辆速度较慢。车道保持辅助和车道居中自动驾驶车辆以保持在车道边界内。交通堵塞辅助是交通拥堵条件下自适应巡航控制和车道居中的组合。正是这些自动化功能构成了半自动/全自动驾驶的基石。

2. 典型专利

① US8164628B2，发明名称为“使用由单目照相机记录的图像序列来估计到对象的距离”，该发明专利运用照相机连续实时地获取图像帧，通过两个或多个图像帧中的所检测物体的多个尺寸来估计车辆到目标的距离。这些尺寸通过卡尔曼滤波递归地实现平滑。

② US8082101B2，发明名称为“碰撞警告系统”，该发明专利首先按预定时间间隔获得被检测对象的多幅图像，然后根据车辆与物体之间的瞬时距离除以瞬时相对速度，最后确定碰撞时间，其中瞬时距离和相对速度基于多幅图像计算。

③ US8378851B2，发明名称为“增强障碍物检测中的图像融合”，该

发明专利，首先，通过第一照相机实时拍摄沿车辆长度方向多幅第一图像帧，通过第二照相机获取沿着车辆的长度方向上的第二图像帧；然后，使用第一图像帧和第二图像帧两者中的信息来确定车辆与第一相机图像和第二相机图像两者中所示的对象之间是否存在碰撞的危险。

④ US10293826B2，发明名称为“在侵入车辆之间导航车辆的系统和方法”，该发明专利使用至少一个图像捕获设备获取用户车辆附近区域的多个图像；从多个图像中确定在用户车辆的第一侧上的第一车道约束和在与用户车辆的第一侧相对的用户车辆的第二侧上的第二车道约束；如果确定目标车辆处于与用户车辆正在行驶的车道不同的车道中，则使用户车辆能够通过目标车辆；以及如果确定目标车辆正在进入用户车辆行驶的车道，则使用户车辆在完成通行之前中止通行。

⑤ US10875528B2，发明名称为“通过与其他车辆的自动协商的导航”，该发明专利从照相机接收表示主车辆的环境的多个图像；分析所述多个图像以识别所述主车辆的环境中的至少一个目标车辆，所述目标车辆具有影响所述主车辆的至少一个计划导航动作的位置；使所述主车辆的至少一个导航改变向所述目标车辆发出所述主车辆进行随后的导航操作的意图的信号，所述至少一个导航改变与所述主车辆的运动相关联；响应于所述主车辆中的所述至少一个导航改变，分析所述多个图像以检测所述目标车辆的导航状态的改变；基于检测到的目标车辆的导航状态的变化来确定主车辆的导航动作；以及响应于所确定的用于主车辆的导航动作，引起主车辆的导航制动器至少进行一次调整。

⑥ US20180032082A1，发明名称为“带约束的机器学习导航引擎”，该发明专利从照相机接收表示主车辆的环境的多个图像；分析所述多个图像以识别与所述主车辆相关联的导航状态；向导航系统提供导航状态；响应于所识别的导航状态，从所述经训练的导航系统接收用于由所述主车辆执行的期望导航动作；分析与一个或多个预定义的导航约束相关的期望的导航动作；确定所述主车辆的实际导航动作，其中所述实际导航动作包括

基于所述一个或多个预定义导航约束确定的所述期望导航动作的至少一个修改；并且响应于所确定的用于所述主车辆的实际导航动作，使所述主车辆的导航制动器至少进行一次调整。使用增强学习技术学习驾驶策略，以便从感测的状态映射到导航动作。

3.3 智能座舱

3.3.1 智能座舱的概念[1]

座舱一词由飞机和船舶行业引进，"舱"指飞机或船的内部空间。舱体可分为驾驶舱、客舱、货舱等。所谓智能座舱，指的是对汽车内部的乘坐空间进行改造，使得驾驶和乘坐体验能够更加舒适和智能化。座舱可以显示更多信息、更好地保障车内驾驶安全、提供车内更舒适的驾驶环境，这是智能座舱的核心产品理念。其主要涵盖座舱内饰和座舱电子领域的创新与联动，是拥抱汽车行业发展新兴技术趋势，从消费者应用场景角度出发而构建的人机交互（HMI）体系。[2]目前的智能座舱，已经将双屏交互、智能语音、车联网、空中下载技术（OTA）等作为座舱的基本配置。智能座舱从架构上分为硬件层、系统软件层、功能软件层以及服务层[3]；硬件层包含摄像头、麦克风阵列、嵌入式多媒体卡（EMMC）等；系统软件层包含操作驾驶域系统驱动与座舱域系统驱动；功能软件层包含智能驾驶公用部分的感知软件，智能座舱自身域的感知软件等；服务层包含启用摄像头人脸识别、自动语音识别、数据服务、场景网关、账号鉴权等。

智能座舱自然也离不开车载屏幕，抬头显示 Hud 以及 AR 等，但从对

---

❶ 锦缎．汽车座舱的发展趋势是什么，智能座舱在今天为何重要［EB/OL］.（2022-04-01）［2022-07-15］. https://www.ofweek.com/auto/2022-04/ART-70109-8420-30555982.html.

❷ 佚名．罗兰贝格 & 地平线：智能座舱发展趋势白皮书［R/OL］.［2022-07-15］. https://baijiahao.baidu.com/s?id=1729029101961987098&wfr=spider&for=pc.

❸ Jessie. 智能座舱架构与功能开发流程详解［EB/OL］.（2021-10-12）［2022-07-15］. https://mp.weixin.qq.com/s/jPc_usfMit90fgWjJWo8Hw.

人工智能的集成度以及发挥作用的角度考虑，本章节的智能座舱主要聚焦于服务层，聚焦于与司机、乘客的交互，侧重于用户的感官感受。智能座舱作为车载人工智能系统的外在表现，其面向车载人工智能场景依靠“车载人工智能芯片 + 算法”向用户提供智能座舱的人工智能系统视觉、语音、多模融合等。

3.3.2 智能座舱的技术发展情况

3.3.2.1 技术发展阶段[1]

汽车智能座舱发展主要经历了四个阶段：电子座舱阶段、智能助理阶段、人机共驾阶段、第三生活空间阶段。

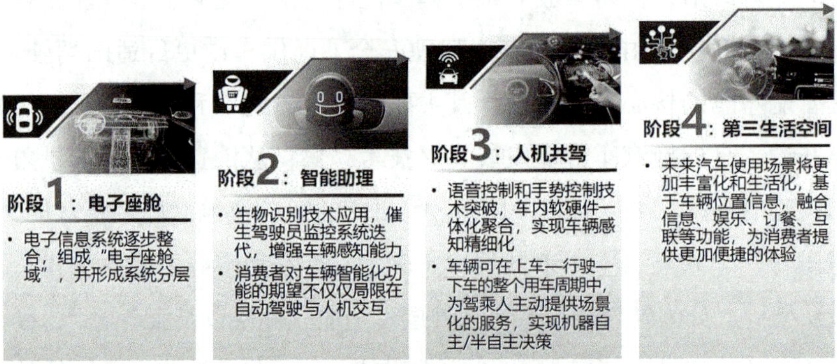

图 3-3-1 智能座舱的四个发展阶段

资料来源：佚名 . 罗兰贝格 & 地平线：智能座舱发展趋势白皮书［R/OL］.［2022-07-15］. https://baijiahao.baidu.com/s?id=1729029101961987098&wfr=spider&for=pc.

阶段 1：电子座舱阶段。车载人机交互系统逐步整合，电子信息系统逐步形成，组成“电子座舱域”，并形成系统分层。随着信息技术及消费电子产业的繁荣，用户习惯平板电脑、智能手机等优质交互体验后，这些交互体验可以向汽车座舱延伸。

[1] 佚名 . 中国汽车座舱智能化发展市场需求研究报告（2021）［R/OL］.（2021-12）［2022-07-15］. https://max.book118.com/html/2022/0116/8074133103004055.shtm.

阶段 2：智能助理阶段。生物识别技术的应用催生驾驶员监控系统迭代，车辆感知能力增强。在系统分层逻辑下产生了独立的感知层，这使得车辆具备了“感知人”“理解人”的能力。依靠感知层，智能座舱系统能够感知车内视觉（光学）、语音（声学）以及方向盘、挡位、安全带等底盘和车身数据，并利用生物识别技术（人脸、声音）等判断驾驶员和乘客的生理状态（人像、脸部特征等）和行为状态（驾驶行为、声音、肢体行为），做到“理解”人，随后根据具体场景，提供“车对人”主动交互，降低驾驶员在驾驶过程中“人对车”的交互负担。交互方式升级使得人车交互从“物理按键交互”向“触屏交互”“语音交互”“手势交互”并存的状态转变，多模交互技术在智能座舱中逐渐落地，并最终迭代演进成车载智能助理。

阶段 3：人机共驾阶段。不再依赖于用户的主动输入，车载感知数据成为车辆感知系统人机交互接口的主要输入来源。车辆可在用户上车—行驶—下车的整个用车周期中，为驾乘人提供场景化服务，实现车辆决策的自主或半自主，感知人 - 机的自主交互。驾驶员监控系统不断升级，为驾乘人员主动提供场景化的服务。车载信息娱乐系统（in-vehicle infotainment，IVI）和人机交互接口实现无缝结合。驾驶舱内能够实现多屏交互，驾驶位显示车外道路环境等信息，乘客位显示信息娱乐资讯。借助车载信息娱乐系统，智能座舱实现包括三维导航、实时路况、交互式网络电视、辅助驾驶、故障检测等多种功能。

阶段 4：第三生活空间阶段。未来，随着智能车辆的不断发展，未来汽车使用场景将更加丰富化、生活化，基于车辆位置信息，娱乐、订餐、互联等功能的融合将为消费者提供更加便捷的体验。例如，手机推送目的地到车联网，实现行程规划、根据行程时间和兴趣推送内容。

3.3.2.2　关键技术

3.3.2.2.1　驾驶员监控系统

驾驶员监控系统（driver monitor system，DMS）是一种高级辅助驾驶技术[1]，旨在通过驾驶员姿态信息识别判断驾驶员车辆接管能力并进行必要的辅助干预，帮助增加驾驶安全性以及提升驾驶舒适性。驾驶员监控系统可以实现驾驶员的身份识别、驾驶员疲劳驾驶以及接打电话等危险行为的检测功能。

驾驶员监控系统一般分为被动驾驶员监控系统与主动驾驶员监控系统，被动驾驶员监控系统包括早期的方向盘及转向传感器，用于监测任何不稳定的方向盘运动、车道偏离或无故改变速度等。现阶段以主动驾驶员监控系统为主，主动驾驶员监控系统主要基于近红外技术和摄像头识别面部和眼球，从而实现对驾驶员疲劳和分心的监控。随着驾驶员监控系统技术的不断发展，乘客监控系统（occupant monitoring system，OMS）也被集成到座舱中；乘客监控系统作为驾驶员监控系统的一种延伸，能够对包括驾驶员在内的所有乘客的状态进行监控。此外，结合高精准视觉的人工智能技术，还可以监控驾驶员的情绪，并整合车内其他部件作出相应提醒与改善。例如，当监测到乘客情绪不佳时，通过散发香氛和调节环境灯、氛围灯来改善；检测到驾驶员变得昏昏欲睡时，播放音乐和震动来帮助其保持清醒。驾驶员监控系统包括疲劳监测、分神监测、肢体识别以及身份识别等，而乘客监控系统包括危险动作监测、安全带监测、儿童识别以及乘客属性识别等。

驾驶员监控系统中，驾驶员姿态信息识别通常包括：人脸识别、手部动作识别和坐姿识别。

在驾驶员监控系统中，基于视觉的系统更具有吸引力。为了提高系统鲁棒性，常常通过面部特征、手部特征和坐姿特征等多种视觉线索组合来实现。人工智能也被应用其中。例如，利用长短期记忆人工神经网络（LSTM）等网络基于单眼（左眼或右眼）区域和嘴巴区域来监测，又如训练 AlexNet 和 Inception V3 网络（5 个 AlexNet 和 5 个 Inception V3），识别驾驶员分心症状。[2]

---

[1] ADS 智库．驾驶员监控系统 DMS：完全自动驾驶之前的标配［EB/OL］．（2022-04-13）［2022-07-15］.https://mp.weixin.qq.com/s/jheqkzDIfWgVLhaRejFMAQ.

[2] 黄浴．驾驶员监控 DMS［EB/OL］．（2019-06-11）［2022-07-15］.https://mp.weixin.qq.com/s/MjoRscU9gae4L288LIjBdg.

3.3.2.2.2 多模态交互

“模态”（modality）一词最早是德国物理学家赫尔曼·赫尔姆霍茨（Hermann von Helmholtz）提出的一种生物学概念，即生物凭借感知器官与经验来接收信息的通道，如人类有视觉、听觉、触觉、味觉和嗅觉模态。多模态则是指将多种感官进行融合，而多模态交互是指人通过语音、触控、嗅觉、视觉、手势、体感等多个通道与计算机进行交流，充分模拟人与人之间的交互方式。❶

随着人工智能技术的发展，用户与产品的互动已经由单一模态向多模态转变，不再仅仅依赖视觉和触觉通道。汽车的操作方式也从传统机械按键扩展到触控、语音操控、手势操控等，使人车交互变得更加自然和轻松，也使车辆更具智慧感知能力，更能准确判断用户的意图。现阶段，在车内多模态交互手段中，语音、视觉、触觉的交互方式更引人关注，业界也通过它们的不同组合来提高多样化产品。

①语音交互。通常，要实现语音交互，包括六个步骤：第一，前端信号处理。麦克风接收语音，并完成回声消除以及降噪等。第二，自动语音识别（ASR）。将语音数字化，分解或解析口语问题中的自然语言，以便机器识别每个单词。第三，自然语音理解（NLU）。使用各种词汇分析模型来消除单词的歧义，理解用户的意图。第四，对话管理（DM）。从对话序列需求出发，考虑语句上下文，完成用户和系统间对话的动态交互。第五，自然语音生成（NLG）。使用机器语言，使用一组语法规则和词典，将其翻译成规则的单词和句子，以便计算机与用户进行交流，这刚好和NLU相反。第六，文字转语音（TTS）。使用语言模型将文本合成为音频，通过模拟人声实现互动。❷

②视觉交互。智能驾舱中几乎所有的驾驶信息都通过视觉方式呈现，

---

❶ 佚名.智能汽车多模态交互的设计原则及趋势［EB/OL］.（2020-09-23）［2022-07-15］. https://mp.weixin.qq.com/s/XPJ2YQu-7kzOXwdkHQhDXg.

❷ Pirate Jack，Vehicle.汽车AI智能语音101及其供应链［EB/OL］.（2021-07-06）［20220-7-15］.https://mp.weixin.qq.com/s/CeL4puYeZ0vTHfS5AYxzsg.

并融合听觉和触觉来强化信息的呈现。例如，用声音播报或触觉反馈来提醒驾驶员重点关注的信息。[1]

③生物特征。在钥匙解锁车门、启动车辆及其他操作控制中，指纹、面部等生物特征解锁与起动被加以应用；通过在汽车中植入个人生物信息，在需要使用汽车时，只需生物信息正确，就可以直接使用车辆，让汽车的可玩性更高。[2]

④语音 + 视觉。有时候，单独的语音往往具有局限性。例如，车内环境、声音嘈杂增加了语音识别难度，车辆也无法感知是驾驶员还是乘客在发出语音指令。虽然可以通过多音区识别（声源定位、盲源分离等）进行多音区交互，但精准度还不够。这时，可以结合语音和视觉识别技术，通过对唇语和语音的融合分析，实现噪声环境下的命令词识别率，从底层逻辑上降低误唤醒率与不发声情况下的失误率。

⑤视觉 + 触觉。通过视觉和触觉结合来监测驾驶员的注意力，以便调节系统向驾驶员发送的接管时间；通过面部识别来判断性别和年龄的特征，以及感知驾驶员手握方向盘的力度。

⑥不同场景下的多模态交互。随着技术的进步，多模态融合交互必然是依赖于场景的。场景不同，交互过程则不同。例如，表情识别可以实时检测驾驶员的面部表情，进而根据驾驶员当前所处的场景来判断其心理情绪，并根据其情绪自动打开合适类型的音乐，开启相对应的氛围灯，调节车内氛围以适应车内用户的当下心情，给用户更亲和、更智能化、更沉浸式的体验感受。[3]

---

[1] Engineer X，智能车情报局．谈谈智能驾驶的人机交互［EB/OL］．(2022-05-11)［2022-07-15］.https://mp.weixin.qq.com/s/92SBj6tTWlNEteu8sH0HEQ.

[2] 智驾最前沿．浅析自动驾驶智能座舱技术［EB/OL］．(2021-12-27)［2022-07-15］.https://www.ofweek.com/auto/2021-12/ART-70109-11000-30542718.html.

[3] 佚名．科大讯飞．汽车语音交互技术发展趋势综述［EB/OL］．［2022-07-15］.https://auto.vogel.com.cn/c/2021-02-08/1083018.shtml.

3.3.3　智能座舱的专利布局

3.3.3.1　驾驶员监控系统专利申请情况

3.3.3.1.1　全球专利申请态势

截至 2022 年 4 月 30 日，全球驾驶自动化领域专利申请共 59 874 件，合并专利组族 35 875 件。

从图 3–3–2 可以看出，2012 年以前，驾驶员监控系统的专利申请量每年为 500 件上下，而从 2012 年开始增速提升，申请量峰值出现在 2019 年，为 4395 件，而 2020 年开始略有下降。值得关注的是，对比自动驾驶的申请量可以看出，驾驶员监控技术已相对成熟，其关注度也较自动驾驶略有下降。作为自动驾驶的标准配置，预计后续申请量将维持在平稳状态。

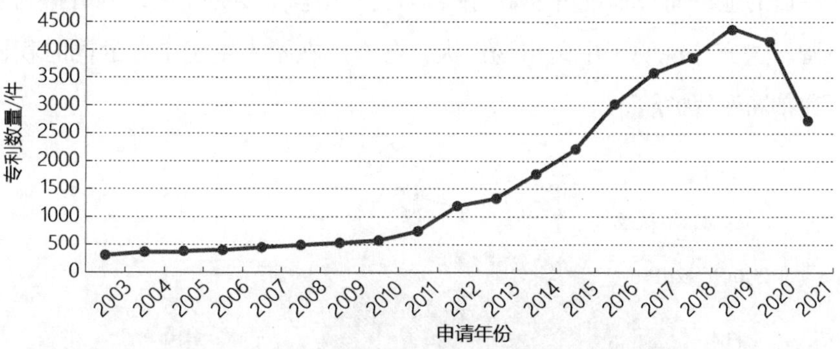

图 3–3–2　驾驶员监控系统全球专利申请趋势

3.3.3.1.2　原创地、目的地专利申请态势

通过统计优先权申请的国别，我们可以从中分析这些技术的原创地。根据图 3–3–3，我们可以看出，日本是驾驶员监控系统的重要原创地，占比达 28%，而美国占 23%，排名第二。美日两国合计占比已经超过 50%，可见两国在驾驶员监控系统研发中占据绝对优势。德国和韩国紧随其后，分别占 12% 和 10%。这一分布和这些国家有众多车厂具有较大关系。

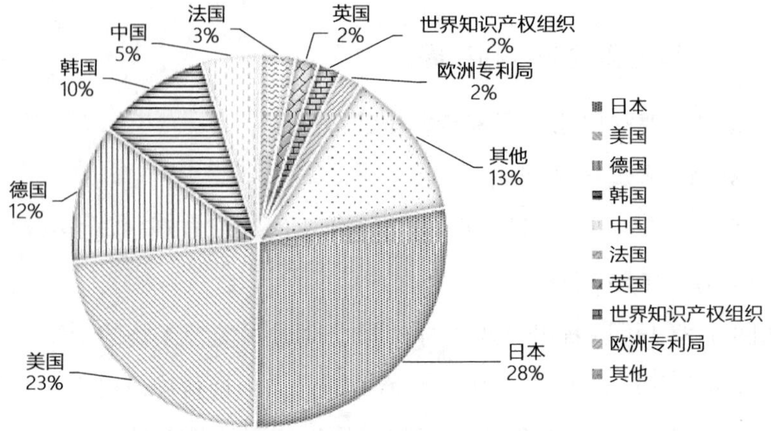

图 3-3-3　驾驶员监控系统原创国家、地区、组织专利申请量占比

通过统计申请的公开国别，我们可以从中分析这些技术的目的地。根据图 3-3-4，我们可以看出，区别于原创地，中国占 36%，成为驾驶员监控系统的主要目的地，而日本仅占 8%，排名第五，相较主要原创国，两者排名实现了对调。这充分说明了中国市场巨大，各车厂在抢占中国市场的同时积极通过专利布局保驾护航。

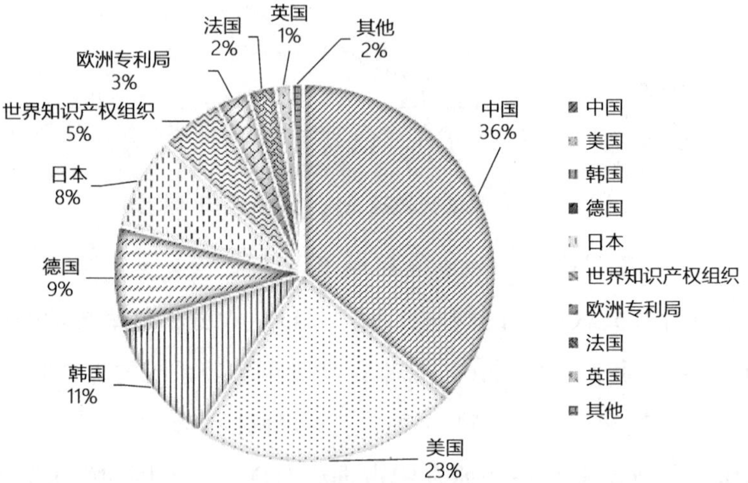

图 3-3-4　驾驶员监控系统目的国家、地区、组织专利申请量占比

3.3.3.1.3　功能分类及主要申请人

对于信息显示方法，电装公司、现代汽车公司、本田汽车公司和丰田汽车公司申请都较多；而更多车厂都聚焦在注意力监测，包括福特汽车公司、本田汽车公司和丰田汽车公司等；在计算机程序代码方面，因为微软公司提供了较大份额的嵌入式操作系统，所以申请量较大。与此同时，将驾驶员监控系统作为辅助系统也是一种选择，在这方面，三菱汽车公司表现突出。

3.3.3.2　多模态交互专利申请情况

3.3.3.2.1　全球专利申请态势

截至 2022 年 4 月 30 日，智能座舱中的多模态交互相关专利申请为 5590 件，合并同族为 4086 件。需要说明的是，这里的多模态交互特指与汽车座舱相关的交互技术，这些交互技术并不包括单纯的语音识别、手势识别等。从申请量看，从 2017 年起，多模态交互专利申请增量明显，到 2021 年达到 833 件，如图 3–3–5 所示。

图 3–3–5　多模态交互全球专利申请趋势

3.3.3.2.2　主要创新主体

座舱的智能感知与交互一直是汽车制造商的目标，他们一直致力于打造能够理解司机和乘客意图、能够满足乘用者需求的智能助理。从早期的语音再到手势交互，特别是近年来，随着计算力的长足发展，多模态交互作为未来的应用焦点为广大车厂所追求，这从申请量靠前的申请人情况可见一斑。深度融合 AR Hud、多屏互联等其他技术，基于语音、触觉、手势、视线追踪等多模态人机交互技术正进入新车前装量产阶段。让人欣喜的是，这一次，国内企业并没有落后，在排名前列的申请人中，有百度公司、商汤集团有限公司（以下简称商汤集团）、广州汽车集团股份有限公司（以下简称广汽集团）等 11 位申请人，如图 3-3-6 所示。

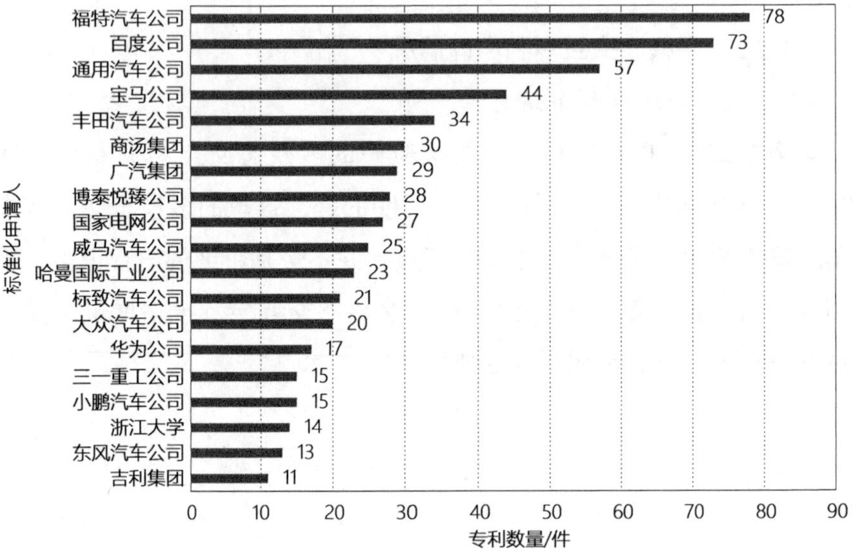

图 3-3-6　多模态交互全球主要创新主体

3.3.3.2.3　技术分支构成

通过分析多模态交互所关联的技术，我们可以看到，传统的人机交互技术依然占据较大部分，达到 27%；其次，指纹识别、图形图像识别等占比也不少，为 21%。智能座舱中的交互技术很多需要考虑车舱的特殊环境及网络互连需求，因此车辆设备控制以及内容分发、数据压缩编码等也能占据一席之地，两者加起来也能达到 20% 左右。作为多模态交互的底层支撑，整个车载系统的控制逻辑、专用的语音识别等也占有一定比重，如图 3-3-7 所示。

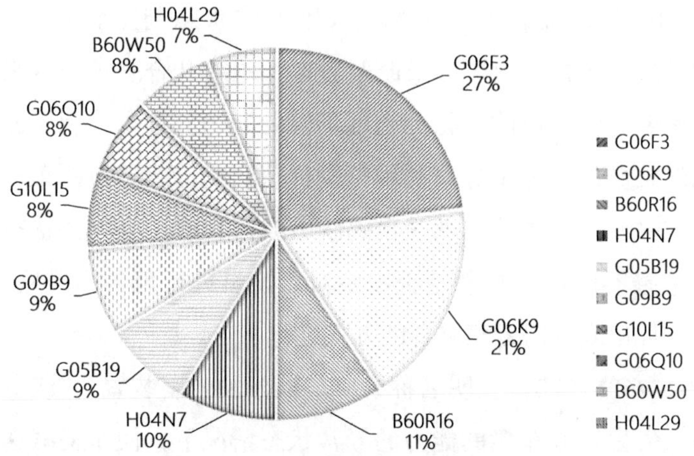

图 3-3-7　多模态交互的专利布局

注：一份专利申请可能存在多个 IPC 分类，因此本图百分比之和大于 100%。

3.3.3.3　典型企业及专利

3.3.3.3.1　丰田汽车公司

1. 技术布局情况

丰田汽车公司，英文为 Toyota Motor Corporation，创立于 1933 年，总部设在日本爱知县丰田市和东京都文京区。2018 年 10 月，丰田汽车公司与软银集团组建自动驾驶汽车服务合资公司 Monet Technologies。2018 年 12 月，丰田汽车公司投资 Parallel Domain 公司，后者主要研发在虚拟世界训练自动驾驶车辆的软件。2019 年 6 月，丰田汽车公司加入百度"阿波罗计划"。2019 年 7 月，丰田汽车公司与电装公司成立合资芯片企业专攻电动汽车与自动驾驶技术；同月，丰田汽车公司在欧洲路测自动驾驶汽车。

2. 典型专利

① CN101500874B，发明名称为"视线终点估计装置和驾驶辅助装置"，该专利能够通过检测驾驶员的视线指向和视线终点，检测相对于宿主车辆而言存在于宿主车辆周围的每个目标物位置，并最终判断驾驶员是否意识到风险或危险的存在。

② CN102791556B，发明名称为“生物体状态判定装置”，该专利基于现有的通过传感器检测驾驶员眨眼频率、眼睛开合度等技术来检测驾驶员是否为疲劳驾驶，以改善检测精度不够的问题。首先，利用面部图像传感器检测驾驶员的面部图像，利用车辆行驶状况传感器检测车辆的行驶状况，利用脑电波传感器检测驾驶员的脑电波；其次，生物体状态判定装置根据上述传感器的信息判断是否需要对驾驶员进行警告；最后，必要时，通过视觉、听觉或者两者相结合的方式进行警告。

③ CN107685721B，发明名称为“车辆行驶控制装置”，该专利能够在驾驶员陷入失去驾驶车辆的能力的异常状态情况下，使车辆减速并完成安全停靠。该专利通过异常监视单元监视车辆的驾驶员是否处于失去驾驶上述车辆的能力的异常状态；当异常监视单元确定驾驶员处于异常状态时，减速单元使车辆减速，并将车辆停到非禁止检索区位上。

3.3.3.3.2　地平线机器人公司[1]

1. 技术布局情况

北京地平线机器人技术研发有限公司（以下简称地平线机器人公司）以边缘人工智能芯片为核心，人工智能算法和芯片设计能力领先，并致力于车辆底层技术赋能。2015 年 7 月，地平线机器人公司成立，并于次年发布第一代大脑处理器（BPU）架构——高斯架构。2017 年，发布中国首款边缘人工智能芯片——面向智能驾驶的“征程”和面向 AIoT 的“旭日”。2019 年 8 月，中国首款车规级人工智能芯片“征程 2”实现量产，并于次年 9 月推出人工智能芯片“征程 3”。2021 年 7 月 29 日，地平线机器人公司发布高性能、大算力、全场景整车智能中央计算芯片“征程 5”。

2020 年 8 月，地平线机器人公司与上海汽车集团股份有限公司（以下简称上汽集团）合作，着力打造具有上汽集团品牌特色的智能驾驶和智能

[1] 佚名 . 地平线［EB/OL］.（2022−07−15）［2022−07−15］. https://baike.baidu.com/item/%E5%9C%B0%E5%B9%B3%E7%BA%BF/58087865?fr=aladdin.

座舱人工智能终端应用。2021 年 2 月 8 日，地平线机器人公司与长城汽车股份有限公司（以下简称长城汽车公司）合作，聚焦高级辅助驾驶和智能座舱等开发智能汽车产品。2021 年 4 月，广汽传祺在第十九届上海国际车展全球首发依托 ADiGO 4.0 智驾互联生态系统的“超感交互智能座舱”，而这一智能座舱技术是基于“征程 2”芯片开发的，具备通话降音、手势切歌、手势切地图等 12 项智能座舱功能。

2. 典型专利

① CN114489341A，发明名称为“手势的确定方法和装置、电子设备和存储介质”，该专利利用摄像头获取环境图像数据，并检测到用户的手部信息；该手部信息包括手部位置、关节点坐标、手指指向等；根据用户的手部信息，确定用户的手势类型及目标投影方向。手势类型可以通过多层感知机（MLP）的分类模型、基于图卷积神经网络（GCN）的分类模型等确定；按照目标投影方向，将目标手势类型对应的手势标志投影到目标对象上，目标对象可以是车辆的车窗、空调和音量开关等，为用户提供交互对象的视觉上的信息反馈并完成功能控制。

② CN114290988A，发明名称为“车辆内部的灯光调整方法和装置、电子设备和存储介质”，该专利能够采集车辆内部的混合声音信号；基于混合声音信号确定位于车辆内部的声源对象的位置；基于混合声音信号确定声源对象的位置对应的氛围灯并调整氛围灯的灯光模式。如此，给车内乘员营造一种有色彩、有张力的聊天氛围，增加了车内社交场景的趣味性。

③ CN113380267A，发明名称为“对音区进行定位的方法、装置、存储介质及电子设备”，该专利可以识别多个麦克风的混合声音信号，并识别出检测到麦克风有声音输入的音区。

④ CN114255753A，发明名称为“语音交互指令处理方法、装置及计算机可读存储介质”，该专利获取待响应语音交互指令；确定待响应语音交互指令的产生位置；基于待响应语音交互指令的产生位置，确定是否响

应待响应语音交互指令。例如，当发出语音交互指令的人在车外，则不响应。

3.3.3.3.3 商汤集团[1]

1. 技术布局情况

商汤集团是一家全栈式人工智能软件公司，努力依靠人工智能连接物理世界和数字世界。商汤集团涵盖感知智能、决策智能、智能内容生成和智能内容增强等多个领域，同时包含人工智能芯片、人工智能传感器及人工智能算力基础设施等关键技术能力。在智能汽车方面，商汤集团打造了智能汽车平台品牌“SenseAuto 商汤绝影”，在量产智能驾驶、智能车舱和车路协同等板块打造智慧生态。商汤绝影智能车舱“SenseAuto Cabin”由驾驶员监控系统、乘客监控系统、智能进入系统等产品组成。通过面部识别、头部姿态等技术提供全方位的车舱方案。商汤集团的驾驶员监控系统能够实现驾驶员身份识别、疲劳监测、注视区域识别、手势识别、危险动作识别等。

2. 典型专利

① WO2021258671A1，发明名称为“基于车载数字人的辅助驾驶交互方法，装置及存储介质”，该专利能够获取车辆外部环境的感知信息，并据此生成和显示由数字人作出的用于辅助驾驶的交互信息的动画；该动画显示设置在车辆座舱中的车载显示装置上。

② CN113867527A，发明名称为“车窗控制方法、装置、电子设备及存储介质”，该专利能够将车内人员的视线注视区域以及控制信息相结合，从而实现对车窗的自动控制，提升了驾驶员的驾驶体验以及乘客的乘车体验。当车辆监测到驾驶员视线注视区域为车窗位置且接收到指示车窗执行目标动作的控制信息时，执行响应的动作；所述控制信息包括指示所述车

[1] 佚名．商汤集团有限公司［EB/OL］．［2022-07-15］.https://baike.baidu.com/item/%E5%95%86%E6%B1%A4%E7%A7%91%E6%8A%80/53973208?fr=aladdin.

窗执行所述目标动作的手势控制信息和 / 或语音控制信息。

③ CN111439267B，发明名称为“一种舱内环境的调整方法及装置”，该专利能够获取舱内人员的人脸图像；然后根据人脸图像识别舱内人员的属性和表情；确定所述舱内人员的属性信息和情绪信息；基于所述舱内人员的属性信息和情绪信息，调整舱内的环境设置。利用神经网络识别舱内人员的性别、年龄以及情绪等，进而调整播放的音乐类型，调整温度、灯光和气味等。

3.4 智能网联

3.4.1 智能网联的概念

在第 3.2 节、第 3.3 节分别介绍了驾驶自动化和智能座舱，这些介绍的内容从某种意义上都属于单车智能的范畴，依靠车载传感器感知周边环境实现自动驾驶及用户交互。单车智能有其“感知局限性”：一方面，无论是摄像头还是雷达，自身参数和外界干扰均会导致感知局限，例如，摄像头自身畸变过大、遇到雨雾沙尘天气时很难准确识别物体；另一方面，单纯依靠传感器很难做到全场景覆盖，而单纯地靠增加传感器数量来增加横向采集的完整性，又很难控制成本。在单车智能出现瓶颈的当下，智能网联提供了一个非线性的解决方案。

《中国制造 2025》[1] 将智能网联汽车定义为搭载先进的车载传感器、控制器、执行器等装置，并融合现代通信与网络技术，实现车内网、车外网、车际网的无缝链接，具备信息共享、复杂环境感知、智能化决策、自动化协同等控制功能，与智能公路和辅助设施组成的智能出行系统，可实现“高效、安全、舒适、节能”行驶的新一代汽车的愿景。

---

❶ 国务院 . 国务院关于印发《中国制造 2025》的通知 [R/OL] . (2015-05-08) [2022-07-15] .http：//www.gov.cn/gongbao/content/2015/content_2873744.htm.

由于篇幅所限，本章节主要从解决单车智能所存在的局限的维度去考虑、介绍相关内容。这里的智能网联指通过移动互联网、计算控制技术实现车与车、车与路、车与人、车与基础设施等交互来促进驾驶自动化，并最终增强单车感知，拓展单车能力。因此，本章节的关键技术主要涵盖车对外界信息交换（vehicle to x，V2X）交互协同、高精度地图与定位两部分内容。

3.4.2 智能网联的技术发展情况

3.4.2.1 技术发展阶段

智能网联将车辆作为一种终端，实现了车辆速度、位置和路线等海量信息的交互网络。借助全球导航卫星系统（GNSS）、高精地图等为车辆提供增强定位和感知，较单车智能增加了交互信息量，从而提供全局视野，通过互联网、移动互联网等技术增加单车决策和规划能力，实现计算车辆最佳路线、汇报路况和调配路网资源等工作，与单车智能并行，从而提供运算结果冗余，为单车智能运算决策提供有效参考和支撑，如图 3-4-1 所示。当车辆作为终端不断进化，其所涵盖的功能将不限于导航、娱乐、通信、移动服务等，必将持续进化。

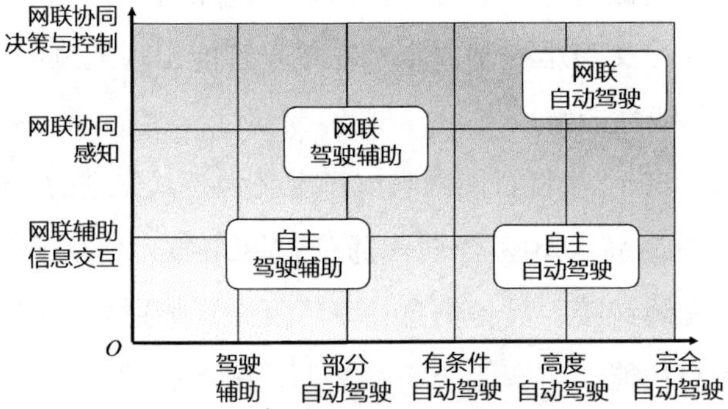

图 3-4-1 单车自主驾驶与网联协同驾驶

资料来源：李克强 . 中国智能网联汽车技术路线图分析［EB/OL］.（2017-06-12）［2022-07-15］. https：//wenku.baidu.com/view/98cbf3f96037ee06eff9aef8941ea76e59fa4a52.html?fr=income1-wk_app_search_ctr-search.

在 20 世纪 60 年代，日本就开始研究车间通信。2000 年前后，欧洲和美国也相继启动多个车联网项目。2007 年，欧洲成立了 Car2Car 通信联盟，推动建立开放的欧洲通信系统标准。2009 年，日本的 VICS 车机装载率已达到 90%。在 2010 年，美国交通部发布了《智能交通战略研究计划》，内容包括美国车辆网络技术发展的详细规划和部署。

与国外车联网产业发展相比，我国的车联网技术直至 2009 年才刚起步。2013 年国内汽车网络技术已经能够实现简单的实时通信，如实时导航和实时监控。在 2014—2015 年，第三代移动通信技术（3G）和长期演进（LTE）技术开始应用于车载通信系统以进行远程控制。此后至 2017 年底，国家颁布了多项方案，将发展车联网提到了国家创新战略层面。2020 年，国家发展和改革委员会联合工业和信息化部发布《智能汽车创新发展战略》，目标在 2025 年实现车用无线通信网络（LTE-V2X 等）区域覆盖，新一代车用无线通信网络（5G-V2X）在部分城市、高速公路逐步开展应用，高精度时空基准服务网络实现全覆盖。同年，国务院发布《新能源汽车产业发展规划（2021—2035）》指出，要加快基于蜂窝通信技术的车辆与车外其他设备间的无线通信（C-V2X）标准制定和技术升级。2021 年，相关部门先后发布《国家车联网产业标准体系建设指南（智能交通相关）》《工业和信息化部关于加强车联网网络安全和数据安全工作的通知》，旨在全面构建车联网服务、技术、产品等方面标准体系和网络、数据安全标准体系。

2021 年以来各主要城市纷纷设立示范区，推进汽车智能网联落地。自 2021 年 1 月至今，北京、上海、重庆等直辖市及广州、无锡、长沙、武汉等城市纷纷在政策指引下设立智能网联汽车示范区，引领汽车智能网联的发展与落地。

3.4.2.2 关键技术

3.4.2.2.1 V2X 交互协同

智能网联的核心即车联万物，车辆利用通信技术实现连接外界（车、基础设施、行人、网络等），实现人－车－路－云检的互联，实现实时在线的交互信息、融合信息与协同感知；网联功能拓展了驾驶自动化的参与要素，显然，这不限于其他车辆、基础设施、路人、交通标志等，还包括基于 V2X 通信技术的信息交互，如图 3-4-2 所示。[1]

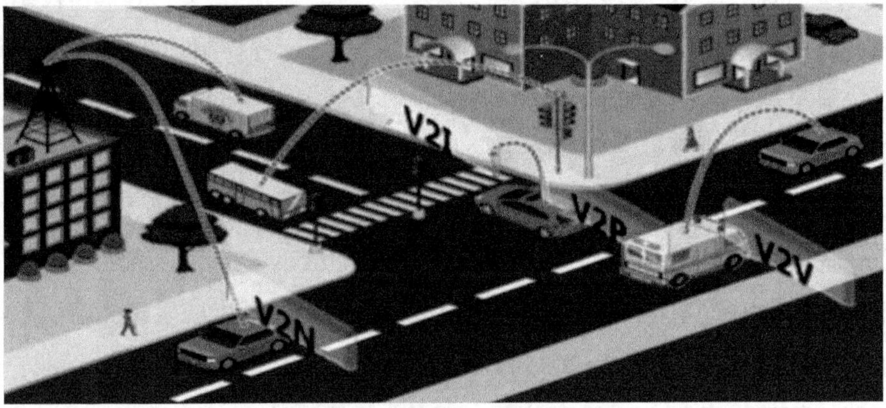

图 3-4-2 智能网联的网络结构

资料来源：天津（西青）车联网先导区技术标准与实践白皮书［EB/OL］.（2021-08-08）［2022-07-15］. https://www.doc88.com/p-94987123398481.html.

V2X 指自身车辆的车载单元与其他设备的通信，包括但不限于不同车辆的车载单元间的通信（vehicle to vehicle，V2V）、车载单元与基础设施间的通信（vehicle to infrastructure，V2I）、车载单元与行人设备间的通信（vehicle to pedestrian，V2P）、车载单元与网络间的通信（vehicle to network，V2N）。信息交互指具备网联功能的车辆在其自身传感器探测的基础上，通

[1] 中国汽车技术研究中心有限公司，汽车标准化研究所 . 智能网联汽车 – 网联功能与应用（CFA）标准制定路线图［R/OL］.（2020-09-15）［2022-07-15］. https://wenku.baidu.com/view/53747c027075a417866fb84ae45c3b3567ecdd23.html.

过车载单元与外界进行信息交换，为自身车辆提供更加全面的环境信息，其是对车辆自身传感器的一种拓展，使得车辆能够在信息交互的基础上实现协同决策与控制，促进车辆安全、有序、高效、节能运行。

V2X 中的 X 表示基础设施（infrastructure）、车辆（vehicle）、行人（pedestrian）、网络（network）等，集成了 V2I、V2V、V2P、V2N 四类关键技术。V2I 包括车辆与路障、道路、交通灯等设施之间的通信，用于获取路障位置、交通灯信号时序等道路管理信息；V2V 指不同车辆之间的信息互通；V2P 指车辆与行人或非机动车之间的交互，主要是提供安全警告；V2N 通过网络将车辆连接到云服务器，能够使用云服务器上的娱乐、导航等功能；V2X 技术的实现一般基于射频识别（RFID）、拍照设备、车载传感器等硬件平台。这里，我们仅讨论基于 V2X 的交互协同，而省略 V2X 的网络互联的相关内容。

V2X 交互协同包括车车交互、人车交互和车路侧交互。[1] 本节我们主要介绍基于 V2X 通信网络所产生的应用，而忽略底层通信网络本身。

车车交互包括：①与附近车辆的路况环境信息交互，特别是视距范围外或视野盲区内的路况信息，例如，前方 200 米内被大型车辆遮挡的车辆信息、路口左右两侧的驾驶盲区、规划路径内的突发路况等。根据这些路况信息，能够避免前方路况的不确定性造成的安全事故，提早规划调整行驶路线等。②行驶动机信息互通。将自身车辆行驶动机传递给附近车辆，例如，转向提示、刹车提示、变道提示、超车提示。依赖车车交互，当前车由于紧急避让行人采用急刹车模式时，它的刹车指令和状态将实时传递给后者，如此，后车则可以应急刹车，避免大规模追尾的交通事故。

人车交互包括：①行车信息对人的可视化。通过智能车舱中控显示屏等展示车辆状态，如速度、车内外温度等。例如，使用抬头显示设置（HUD）显示

[1] 姬怡希 . 新型车联网信息交互技术［EB/OL］.［2022-07-15］. https://www.jianshu.com/p/d62c084a52c0.

车速以及详细的出行地图和路径，包括还需用时、附近地标、商超等。②信息娱乐信息对人的可视化。向乘客展示天气信息、违章信息、微博或微信资讯等，丰富 IP 多媒体子系统（IMS）的功能和内容。③车辆安全防盗提醒。当车辆出现异常，如车轮爆胎、油量不足等情况时，提示用户实现响应的解决措施；当车辆遭遇拖吊、交通事故等异常情况时，提示车主向救援中心求救。

车路侧交互包括：①交通设施的可视化，收集规划路径的交通信号灯数量、间隔以及路况等并进行响应调整，如图 3-4-3 所示；②停车场所的可视化，查询预约可用车位、反向寻车、缴费等。

图 3-4-3　V2X 中路侧信号灯信息交互

资料来源：笔者在高德地图 App 中的截图。

3.4.2.2.2　高精度地图与定位

高精度地图（high definition map，HD Map），通俗来讲就是精度更高、数据维度更多的电子地图。精度更高体现在精确到厘米级别，数据维度更多体现在其包括了除道路信息之外的与交通相关的周围静态信息。[1]

[1] 谢春生 . 详解自动驾驶高精度地图技术［EB/OL］.（2019-09-18）［2022-07-15］. https://mp.weixin.qq.com/s/iCuUqy5RM9fPhMvCo-X2_g.

与传统地图（一般电子地图）相比，高精度地图有以下不同：①精度。传统地图在米级别，高精度地图在厘米级。例如，谷歌地图、HERE地图等高精度地图精度在 10 ~ 20 厘米级别。②数据维度。传统地图只记录道路级别的数据，即道路形状、坡度、曲率、铺设、方向等；高精度地图不仅增加了车道线类型、车道宽度等道路属性数据，还增加了高架物体、防护栏、树、道路边缘类型、路边地标等目标数据，后者能够明确区分车道线类型、路边地标等细节。③作用和功能。传统地图供驾驶员辅助驾驶，高精度地图则为自动驾驶汽车提供“高精度 + 高动态 + 多维度”数据。④数据的实时性。传统地图更新速度慢，高精度地图对数据的实时性要求更高。根据博世公司提出的定义，无人驾驶时代所需的局部动态地图根据更新频率划分可将所有数据划分为四类：永久静态数据（更新频率约为 1 个月），半永久静态数据（频率为 1 小时），半动态数据（频率为 1 分钟），动态数据（频率为 1 秒），如图 3-4-4 所示。传统导航地图可能只需要前两类，而高精地图则涵盖全部四类数据。

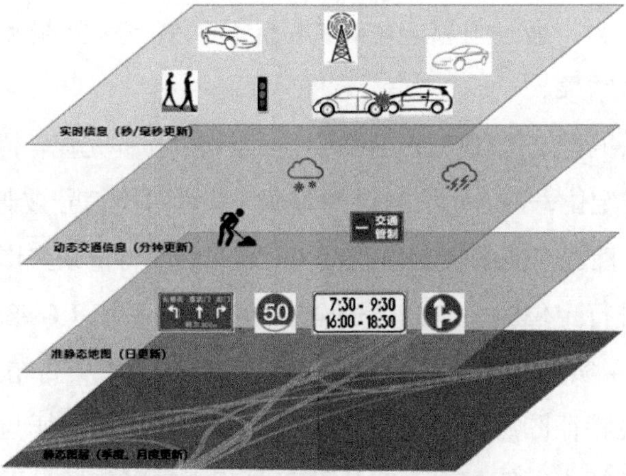

图 3-4-4　区域动态地图分层说明

资料来源：智能汽车大脑，四维图新技术解析：如何做到行云流水的高精度地图［EB/OL］.（2020-12-12）［2022-07-15］.https：//mp.weixin.qq.com/s/3aeUc0uUXXzZ43KSGvFdMQ .

高精度地图将大量的行车辅助信息存储为结构化数据，这些信息可以分为两类。第一类是道路数据，如车道线的位置、类型、宽度、坡度和曲率等车道信息。第二类是车道周边的固定对象信息，如交通标志、交通信号灯等信息、车道限高、下水道口、障碍物及其他道路细节，还包括高架物体、防护栏、树木、道路边缘类型、路边地标等基础设施信息。

基于高精度地图的丰富信息，特别是路网精确的三维表征（厘米级精度），如路面的几何结构、道路标示线的位置、周边道路环境的点云模型等信息，导航系统即可准确地定位地形、物体和道路轮廓，再辅之对比车载的全球定位系统、惯性测量单元（IMU）、激光扫描（LiDAR）或摄像头的数据，即可精确确认自己当前的位置。高精度地图提供了高精度定位的可能和便利，[1] 高精度地图作为重要手段被融入环境感知。

回顾定位技术的发展，大致可分为三代：第一代是全球导航卫星系统定位，基于卫星定位技术，提供 10 米精度的定位能力；第二代是惯性导航定位，目前前装导航多采用惯性导航定位技术；第三代则是高精度定位，基于视觉传感器、毫米波雷达、激光雷达、高精度地图等，提供亚米级到厘米级定位能力，通过卫星定位和特征定位两者互为冗余和补充来提供安全可靠的定位结果。

那为什么卫星定位和特征定位两者互为冗余和补充呢？因为无论是卫星定位还是特征定位，两者均有自己的弊端，前者可能信号被遮蔽或因多路径效应影响定位性能，而后者受恶劣天气影响或路段特征缺失影响定位性能。

在需要进行定位时，首先通过全球导航卫星系统（GNSS）+ 惯性测量单元（IMU）+ 实时动态（RTK）获得绝对定位，并从高精度地图中导入此位置的环境特征图层。通过激光或相机扫描识别的特征与高精度地图中记录的环境特征进行匹配融合，从而获取车辆在当前场景下更加准确的定

---

[1] 张敏．一场关于高精度地图 + 定位的深思［EB/OL］．（2019-08-15）［2022-07-15］．https://mp.weixin.qq.com/s/ZYARNx1TxD0Mq67I48zDdg.

位。通过这种融合，既可以精准定位，彼此冗余补充，纠偏校验，又可以在高速路等环境特征重复度高的地方，避免误匹配。

3.4.3 智能网联的专利布局

3.4.3.1 V2X 交互协同专利申请状况

3.4.3.1.1 全球申请态势

截至 2022 年 4 月 30 日，全球 V2X 交互协同领域专利申请共 74 206 件，合并专利组族 43 435 件。

从图 3–4–5 可以看出，得益于 5G 等通信技术的发展以及国家政策的支持，从 2015 年开始，V2X 交互协同年增长量迅速。最大年增幅出现在 2019 年，较 2018 年增加 1700 余件。

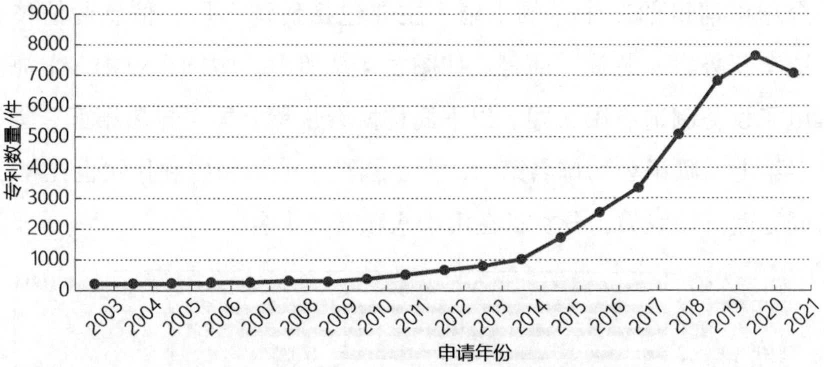

图 3–4–5 V2X 交互协同全球专利申请趋势

3.4.3.1.2 专利布局

在 V2X 交互协同相关申请中，如图 3–4–6 所示，G08G 交通控制系统方面的申请最多，占比超过 1/4，这体现在当前 V2X 的交互协同仍主要应用于交通控制场景中，如信号灯的控制等。其次，G06F 电数字数据处理方面的申请占比 22%，这说明在 V2X 协同交互中，车辆软件系统、交互界面等技术也是技术改进聚焦的重点，交互协同的落脚点也会体现在用户体验上。

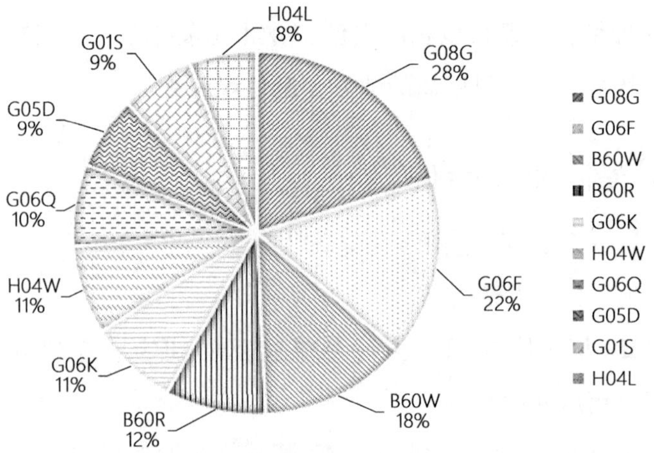

图 3-4-6　V2X 交互协同的专利布局

注：一份专利申请可能存在多个 IPC 分类，因此，本图中百分比之和大于 100%。

3.4.3.1.3　主要创新主体

全球申请量前二十名的申请人主要包括传统车厂、信息通信技术厂商、造车新势力、芯片厂商等。如图 3-4-7 所示，中国企业中，上海博泰悦臻电子设备制造有限公司（以下简称博泰悦臻公司）排名第五，华为公司排名第七，腾讯公司排名第十，而小鹏汽车公司和吉利集团也在 V2X 交互协同方面持续发力，分别排在第十八和第二十名。

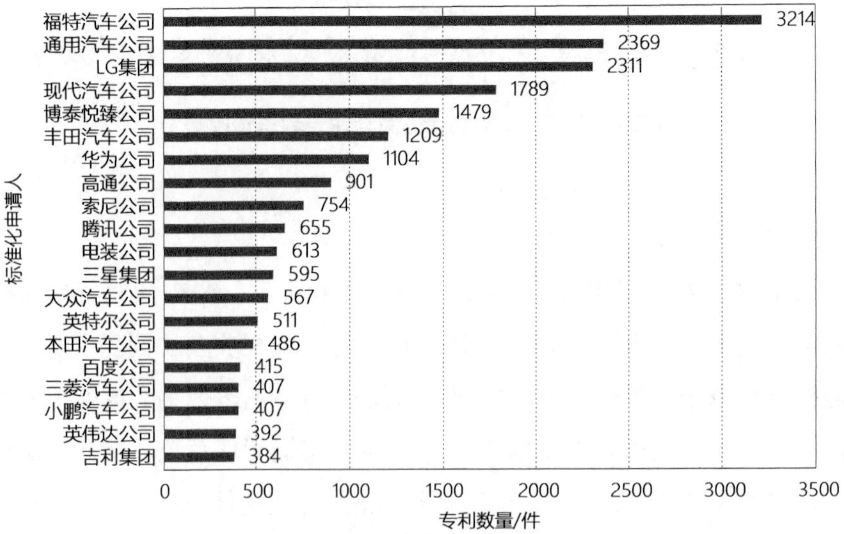

图 3-4-7　V2X 交互协同全球主要创新主体

国内申请量前二十名的申请人不仅包括车厂、信息通信技术厂商，还有多个大学上榜。清华大学以224件申请排名第九位，吉林大学、东南大学、长安大学、同济大学、江苏大学以及北京航空航天大学在第十一位至第二十位占有6席，这表明科研院所在V2X交互协同方面具有较强的研发实力，如果能使产学研相互促进，则会在很大程度上促进相关技术的发展。

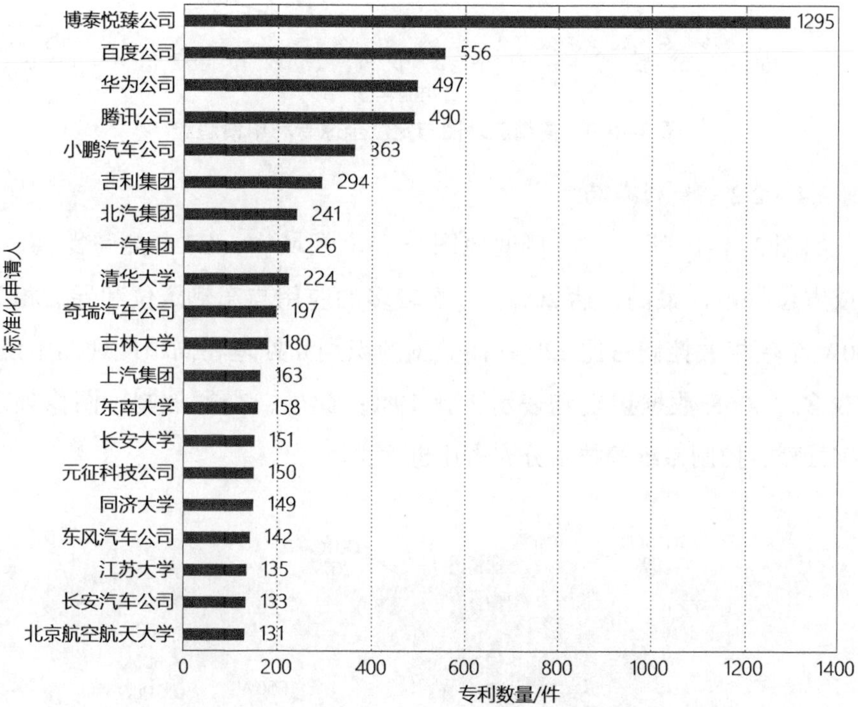

图3-4-8　V2X交互协同中国主要创新主体

3.4.3.2　高精度地图与定位

3.4.3.2.1　全球专利申请态势

截至2022年4月30日，高精度地图与定位相关申请专利为19 144件，合并同族为10 952件。随着计算力的显著提升，从2018年开始，高精度地图与定位相关专利年申请量快速增长，到2020年已达到2857件，如图 3-4-9 所示。

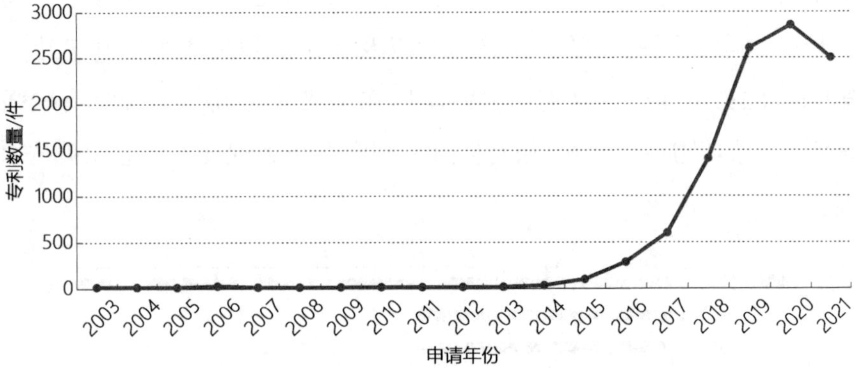

图 3-4-9　高精度地图与定位全球专利申请趋势

3.4.3.2.2　专利布局

如图 3-4-10 所示，高精度地图与定位领域中，G01C 测量距离、水准或方位等占比最高，达 26%；其次较多的应用与车辆定位和导航相关，B60W 车辆相关控制占比 22%；而数据的识别和处理在高精度地图中使用也较多，G06K 数据识别和表示占比 19%；此外，交通控制、图像处理、数字处理、控制系统等技术分支占比也不少。

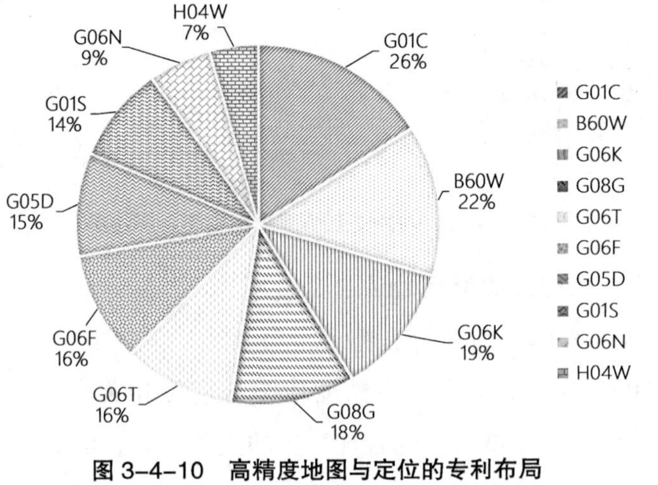

图 3-4-10　高精度地图与定位的专利布局

注：一份专利申请可能存在多个 IPC 分类，因此，本图中百分比之和大于 100%。

3.4.3.2.3　主要创新主体

出于安全考虑，各国对地图的使用都有相关要求。我国 2016 年出台的《国家测绘地理信息局关于加强自动驾驶地图生产测试与应用管理的通知》中，明确规定自动驾驶地图属于导航电子地图的新型种类和重要组成部分，数据采集、编辑加工等数据测绘及使用均应符合相关规定。此外，我国高精度地图的制作多以集中制图为主，这区别于国外的特斯拉公司和 Mobileye 公司采用众包制图。由此，我国申请人在全球高精度地图与定位领域具有较强的优势。在排名前二十位中占据十个位置，而百度公司以 515 件申请排名第一位，如图 3-4-11 所示。

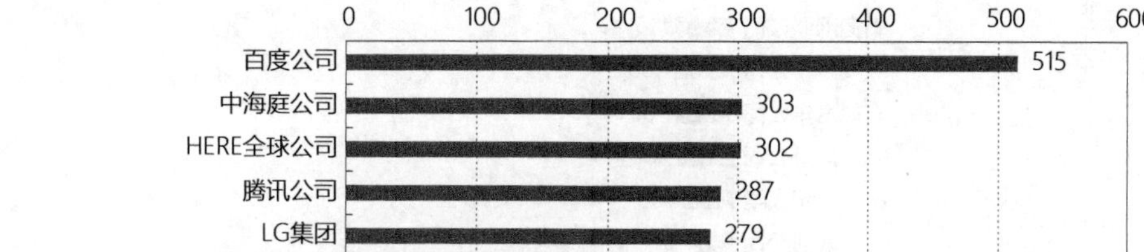

图 3-4-11　高精度地图与定位专利全球主要创新主体

再来看国内申请人，如图 3-4-12 所示，像长安汽车公司、东风汽车公司、清华大学、武汉光庭信息技术股份有限公司（以下简称光庭公司）

等都进入前二十名榜单。因为高精度地图与自动驾驶关联紧密，我国造车新势力也纷纷出现。

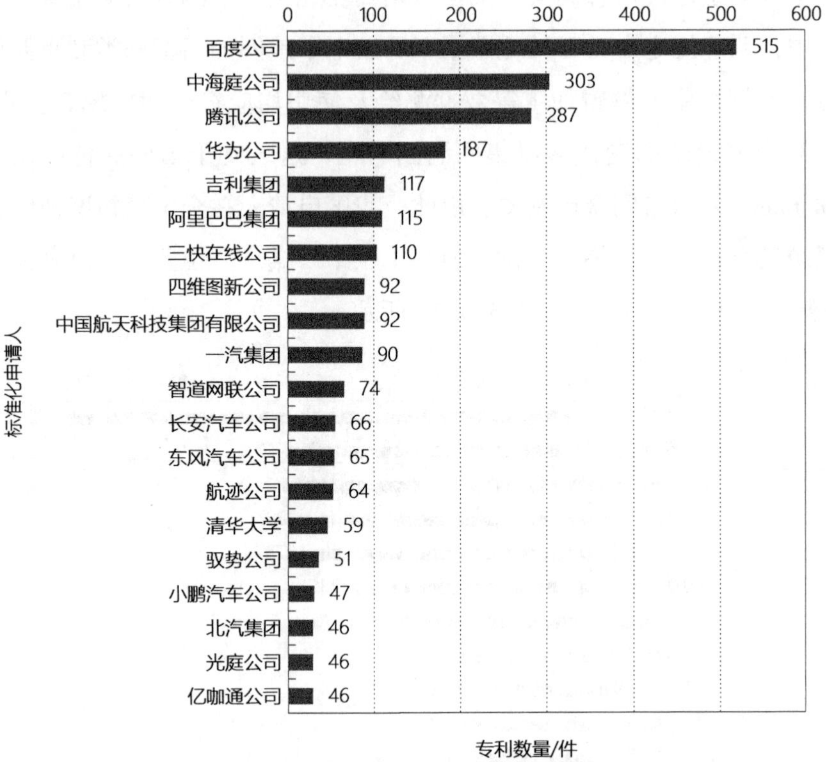

图 3-4-12　高精度地图与定位专利中国主要创新主体

3.4.3.3　典型企业及专利

3.4.3.3.1　华为公司

1. 技术布局情况

华为公司是国内通信设备的科技公司，总部位于深圳市。华为公司是信息与通信技术解决方案供应商，在电信运营商、企业、终端和云计算等领域构筑了端到端的解决方案优势。华为公司的产品和解决方案包括以下十方面：无线接入、固定接入、核心网、传送网、数据通信、能源与基础设施、业务与软件、运营支撑系统、安全存储以及华为终端。华为公司在5G的基础上，也开始布局自动驾驶。2019年，华为公司对外发布了《华为核心网自动驾驶网络白皮书》，率先提出了面向以5G核心网为中心的自动驾驶网络的理念、目标和构架，向布局自动驾驶网络迈出了坚实的一步。智能网联在公路交通领域，主要体现在车路协同。网联与智能的结合，智能的车与智慧的路的结合，构建立体的智能交通体系已成为业内共识。华为公司长期以来一直积极推动C-V2X车路协同，是C-V2X标准发起人之一，也是C-V2X产业全球推动组织5GAA的共同发起人，以及唯一一家拥有从芯—端—管—云端到端解决方案的C-V2X厂商。

2. 典型专利

① CN113439290A，发明名称为“基于车车通信的紧急呼叫”，该专利基于包括C-V2X网络层、LTE-V2X接入层、LTE-V2X介质访问控制层和LTE-V2X射频集成电路的车车通信单元，进行消息和数据的收发，使得紧急呼叫功能在传统的呼叫流程的基础上增加了利用LTE-V技术进行数据交互实现附近车辆的帮助紧急呼叫能力，从而提升了事故车辆紧急呼叫的救援效果。

② CN112543958B，发明名称为“车辆控制装置、方法、计算机可读存储介质及编队行驶系统”，该专利用于控制由多个成员车辆组成的车队，获取局部环境信息、生成全局环境信息，并制定决策。在局部环境信息获取步骤中，获取表示多个成员车辆中各个成员车辆的自身行驶环境的局部环境信息；在全局环境信息生成步骤中，根据局部环境信息生成表示车队的行驶环境的全局环境信息；在决策制定步骤中，根据全局环境信息制定针对车队的控制决策。各成员车辆之间保持一定的车间距离，并以一定的速度行驶。各成员车辆上搭载ADAS系统和V2X通信接口。由于采用了全局环境信息制定针对车队的决策，是在考虑了车队整体行驶环境的基础上作出判断，与领航车辆仅仅根据自身周围环境信息制定决策的情况相比，能够作出从车队整体来看更加适当的决策，可以减少后车不能跟随行驶造成脱离车队的情况，或者抑制车队行为对车队外的其他车辆造成的影响，进而能够提高行驶的安全性。

③ CN105849790B，发明名称为“一种路况信息获取方法”，该专利服务器接收第一终端发送的路况信息请求，所述路况信息请求携带路况关注位置；所述服务器根据所述路况关注位置确定第二终端，所述第二终端具备路况记录能力且所述第二终端与所述路况关注位置的距离小于预设阈值；所述服务器向所述第二终端发送路况分享请求，以使得所述第二终端根据所述路况关注位置进行路况分享。

④ CN111123933B，发明名称为“车辆轨迹规划的方法、装置、智能驾驶域控制器和智能车”，该专利以第一车辆的智能驾驶域控制器获取第一车辆的第一轨迹，并基于第一通信技术获取至少一辆车的轨迹；然后，根据第一轨迹和至少一辆车的轨迹确定第一车辆的轨迹规划。以此实现车辆利用不同规则预测车辆轨迹，进而更准确地规划自身车辆的行驶轨迹的目的，提高智能车行驶的安全性。

⑤ EP3964912A1，发明名称为“自动驾驶信息指示方法，自动驾驶信息获取方法，自动驾驶信息发送方法及装置”，当自动驾驶车辆在公共道路上行驶时，车辆通过车辆互联网或通信设备将与自身自动驾驶相关的信息或指示向周围交通参与者发送，特别是传统的人驾驶车辆、行人等，以引起周围的交通参与者的注意。

⑥ WO2021103912A1，发明名称为“一种鸣笛方法及车载设备”，该专利的车载设备通过对比其所在车辆的当前位置信息与接收到的其他车载设备发送的车辆互联网报文中的位置信息，确定出与其所在车辆行驶方向相同，且位于其所在车辆的前方的可能影响其正常行驶的车辆，针对性地向可能会影响车载设备所在车辆正常行驶的车辆发送车辆互联网报文，以请求这些车辆的车载设备鸣笛提示，而不是由车载设备所在车辆使用高频喇叭发出鸣笛。这样，可以减少对鸣笛车辆周围的人群产生噪声伤害，减少噪声污染。

3.4.3.3.2　博泰悦臻公司

1. 技术布局情况

博泰悦臻公司是一家从事智能化车载信息服务系统研发、制造并提供服务的新型技术型企业，主要从事车载智能终端和相关服务平台的研发和系统集成，以及产品与服务的销售。该公司致力于整合－发现－定位消费者需求到为消费者创造需求，是一家致力于打造整合车载、互联网、手机三个部分的以汽车生活服务为核心的跨平台体系。博泰悦臻公司车联网是百度公司阿波罗计划第一批战略合作伙伴与成员，与L3自动驾驶紧密合作。

2. 典型专利

① CN102288181B，发明名称为“导航信息服务器、导航信息系统及导航信息的提供方法”，该专利在用户发出服务请求后，同时获取用户的标识和当前位置，并将所述当前位置换算为统一坐标系下的坐标，从而根据所述用户标识和换算后的坐标进行搜索，确定当前位置附近相应的兴趣点，如餐馆、健身房、商场等，并将所述兴趣点的导航信息提供给用户，使得导航信息更有针对性，改善了用户体验。

② CN111145576B，发明名称为“寻车方法及相关设备”，该专利使车联网车辆通过位置传感器实时获取自身所在的位置，实现车辆定位以获取车辆位置信息；并将车辆位置信息与电子地图的道路数据进行匹配，获取道路状态；车联网车辆记录并存储车辆位置信息和对应的道路状态。当用户需要获取车辆网车辆所在的位置时，可以利用客户端向服务器发送寻车请求指令，服务器接收并根据寻车请求指令生成寻车响应信息后，将寻车响应信息下发给客户端，以使用户根据寻车响应信息可以完成车辆寻找。

③ CN110920388B，发明名称为“车辆、车机设备及基于环境因素的车机设备风格调节方法”，该专利通过判断当前是否启动显示车机设备的显示屏幕，若判断到启动，则获取当前所处的周边环境信息，根据所述周边环境信息提取其中的要素对象，根据所述要素对象生成与之相匹配的风

格图案；利用所述风格图案替换车机设备的显示屏幕中的系统背景和/或应用程序的现有图标，以使显示屏幕的显示风格与周边环境相融合。能够根据周边环境的不同对象设置显示图标，使其融入环境所处的氛围，改善用户体验，促进用户、机器及环境之间的和谐共处。

④ CN111873906A，发明名称为“车辆侧门开门角度预警方法、系统、介质及车载终端”，当车辆停止行驶时，获取车辆侧门到周边障碍物的距离信息；根据所述距离信息判断车辆侧门开门是否会发生碰撞；当判断会发生碰撞时，计算车辆侧门的防撞开门角度，并发出预警信息。例如，当所述防撞开门角度为 50 度时，所述车载终端发出语音“当前侧门的乘客请注意，当前侧门的最大开门角度为 50 度，小心发生碰撞”。或者，所述车载终端在当前侧门对应的显示屏上显示“当前侧门的乘客请注意，当前侧门的最大开门角度为 50 度，小心发生碰撞”。再或者，所述车载终端激活设置在当前侧门的蜂鸣器，提醒当前侧门的乘客开门时注意周边障碍物。通过预警避免了乘客在未知情况下开门撞到障碍物的情况发生，保证了车辆的安全，极大地提升了用户体验。

3.4.3.3.3 四维图新公司[1]

1. 技术布局情况

四维图新公司是中国领先的数字地图内容、车联网及动态交通信息服务、地理位置相关的商业智能解决方案提供商。作为全球第四大、中国最大的数字地图提供商，公司产品和服务充分满足了汽车导航、消费电子导航、互联网和移动互联网、政府及企业应用等各行所需。在全球市场中，四维图新品牌的数字地图、动态交通信息和车联网服务已经获得众多客户的广泛认可和行业的高度肯定。在数字地图领域，公司一直关注大数据时代地理信息数据的整合与发布，通过专注地理信息数据研发，建设地理信

[1] 阿宝 1990. 国内外高精度地图发展现状［EB/OL］.（2021-05-23）［2022-07-15］. https://mp.weixin.qq.com/s/GYguyc0fEdHnByzbTlM_Zg.

息数据云平台，持续深入挖掘数据背后的商业价值。四维图新数字地图已连续多年领航中国前装车载导航市场，获得宝马公司、大众汽车公司、梅塞德斯－奔驰集团、通用汽车公司、标致汽车公司等主流车厂的订单，汇聚了百度地图、搜狗地图等上千家网站地图和众多手机地图品牌。

2. 典型专利

① CN108286979B，发明名称为"一种获取高精度导航路径数据的方法和装置以及导航系统、驾驶系统"，该专利通过获取导航路径中高精度的形状点的几何数据和对应的低精度的路链数据，拟合得到每个形状点的曲率值，并根据对应的将路链集合进行有序聚类，从而得到每条道路的分段曲率值，保存在导航路径中对应的路径数据上，从而能够在车辆行驶时，辅助车辆行驶系统可以从导航路径的数据中获取相应坐标位置的曲率值，并在到达该位置之前，提前给出相应的提示或者在将要经过该位置时对车辆转弯的速度、车灯的方向进行控制，提高车辆驾驶的安全性。

② CN111337039B，发明名称为"拥堵路段的地图数据采集方法、装置、系统及存储介质"，该专利通过在第一时间段采集拥堵路段的图像和图像轨迹；在第二时间段采集拥堵路段的点云和点云轨迹；按照预设的规则，从所述点云轨迹中找到与所述图像相匹配的点云轨迹点作为目标轨迹点；根据所述目标轨迹点的记录时间，修改所述图像的时间，以及所述图像对应的图像轨迹点的时间，得到修改后的图像和修改后的图像轨迹。如此实现了在第一时间段采集拥堵路段的图像和图像轨迹，在第二时间段采集拥堵路段的点云和点云轨迹，并将两部分数据自动匹配融合得到满足精度要求的地图数据，解决了拥堵路段的点云数据遮挡造成的地图数据质量问题，提升了后续高精度地图制作的精度和效率。

③ CN111651547A，发明名称为"高精度地图数据的获取方法、装置及可读存储介质"，该专利通过获取第一地图数据以及第二地图数据，之后，获取目标物在第一地图数据以及第二地图数据中的特征，利用目标物分别在第一地图数据、第二地图数据中的特征，对第一地图数据进行校

正，且第二地图数据的精度通常不受环境因素影响，从而保证了校正后的第一地图数据的精确度，提高了高精度地图数据的处理效率。

3.4.3.3.4 HERE 全球公司

1. 技术布局情况

HERE 全球公司前身是 NAVTEQ 公司，成立于 1985 年，已成为一家为了支持万物互联、自动驾驶，把自动化和数字化融入生活和出行的平台化企业。2007 年，HERE 全球公司进入中国市场，主要是向国内市场引入标精度、高精度地图的技术标准、手段以及相关应用，也帮助那些进入中国市场的国际车厂为用户搭建无缝的导航驾驶体验。过去的 10 年中，HERE 全球公司完成从传统图商，到拥有地图制造商与服务平台提供者双重身份的转变。除了自有规格和产品的生产和发布，也合作发布全球统一规格的产品。

2. 典型专利

① US11280620B2，发明名称为“用于提供活动管理平台以更新地图数据的方法，装置和系统”，该专利通过活动管理平台接收地图更新请求以更新地理区域的数字地图数据。支持自动驾驶（或依赖于最新地图数据的其他驾驶使用情况）的地图绘制系统（如基于云的地图绘制平台）必须不断且近乎实时地检测、验证和更新世界正在发生的变化，并对实时地图的数字地图数据进行适当的更新。地图绘制平台获得这种及时性的一种方式是来自安装在车队和 / 或与车辆关联的移动设备上的传感器的众包数据，以适应和匹配不断变化的环境。换句话说，实时地图或其中存储的数字地图数据需要具有以下能力：通过为新发现的区域填补地图数据、验证现有区域中的地图数据和 / 或根据需要更新先前生成的地图数据来“自修复”。

② CN111351502A，发明名称为“用于从透视图生成环境的俯视图的方法，装置和计算机程序产品”，该专利从在环境中沿着路段行驶的第一车辆接收第一传感器数据，其中第一传感器数据包括环境的透视图像数据，并且其中第一传感器数据包括位置和前进方向；取得与位置和前进方

向相关联的卫星图像；应用深度神经网络以从透视图像数据复原鸟瞰图像；使用卫星图像作为生成对抗网络的目标来对所复原的鸟瞰图像应用对抗网络，以获得稳定的鸟瞰图像；获得传感器数据与已建立的鸟瞰图像之间的单应性矩阵的值；以及存储所获得的单应性矩阵的值。

③ CN111566664A，发明名称为“用于生成用于机器学习的合成图像数据的方法、设备和系统”，该专利由处理器确定用于指示一个或多个对象的动作的一组参数。所述动作是所述一个或多个对象在一段时间内通过地理空间的动态移动。所述方法还涉及处理所述一组参数以生成合成图像数据。所述合成图像数据包括在所述一段时间内在所述地理空间中执行所述动作的一个或多个对象的计算机生成的图像序列。所述方法进一步涉及利用表示所述动作、所述一组参数或其组合的至少一个标记来自动标记所述合成图像数据。所述方法进一步涉及提供标记的合成图像数据，用于训练或评估机器学习模型以检测所述动作。

④ CN111693056A，发明名称为“用于维护和更新自修复的高清晰度地图的小地图”，该专利车辆上的以及与车辆上的传感器通信的装置，被配置为接收识别请求区域的小地图请求；确定装置已进入请求区域；处理和融合由传感器的两个或更多传感器捕获的传感器数据，以生成多传感器数据流，该多传感器数据流包含多个与路网的一部分相对应的观测；根据多传感器数据流和小地图请求生成小地图，其中生成的小地图包括使用预定的数据模型对来自多传感器数据流的道路数据进行编码，该数据流对应于道路网络的至少一个环境元素；并提供小地图使网络装置接收到该小地图。所述网络装置配置为至少部分基于小地图验证或更新表示路网的数字地图的数据。

3.5 出行即服务

3.5.1 出行即服务的概念

出行即服务（mobility as a service，MaaS）是指将各种交通方式的出行服务进行整合，进而满足各种交通需求。出行即服务不是一个新的概念，而是人们的出行需求发展到一定阶段后的一种演化，强调交通系统的多模式、一站式、门到门、需求响应和未来可持续性。通过整合接入出租车公司、公共交通公司、共享单车服务商、共享汽车服务商所提供的服务，向出行用户提供一种低成本、方便快捷、绿色环保的出行方式。

得益于城市化、共享交通的发展、消费理念的变化、智能终端的普及以及电子支付等的快速发展，出行即服务得以迅速发展。

3.5.2 出行即服务的技术发展情况

3.5.2.1 技术发展

“出行即服务”一词最早是在2014年赫尔辛基召开的欧洲智能交通系统（ITS）大会上被提出的，而在更早的2013年，一家源于瑞典哥德堡的企业UbiGo就做了初步实践。2015年，在智能交通系统大会上成立了欧洲出行即服务联盟，联盟主要成员包括交通服务提供商、公共交通运行者、出行即服务运营者、集成商、信息技术系统提供商、用户、城市（地方、区域或国家）政府。同年12月，MaaS全球公司（MaaS Global）正式注册，并于2016年6月发布了一款“移动服务”App Whim。2018年，智能交通系统大会在哥本哈根召开，出行即服务全面开花。

出行即服务具有以下四个方面的特征：一是共享，要求数据全面整合和共享。共享的概念就是注重交通服务的提供而不是车辆的拥有，另外乘客也不只是交通服务的享受者，同时也是交通数据的提供者与分享者，然后通过数据来改变和优化整个出行服务。二是整合，各种交通模式高度整合，基于主动交通需求管理的思路调控交通需求，并实现支付体系一体化。三是服务，以人为本，提供无缝衔接、安全便捷和舒适的全链条出行服务。四是引导，扩大绿色出行比例，节能减排，减少私人机动车的出行。

在移动互联网技术背景下，我国的移动消费突飞猛进，移动支付已冠绝全球。在移动支付体系发展的基础上，新技术的发展也带来了整个交通模式的快速创新。

2019 年 7 月 25 日，交通运输部将出行即服务发展理念首次纳入《数字交通发展规划纲要》。推动“互联网 +”便捷交通发展，鼓励和规范发展定制公交、智能公交、智能停车、汽车维修、网约出租车、共享单车、小微型客车分时租赁等城市出行服务新业态。

2019 年 9 月 19 日，中共中央、国务院印发了《交通强国建设纲要》。纲要提出“大力发展共享交通，打造基于移动智能终端技术的服务系统，实现出行即服务”。

2019 年 11 月 4 日，北京市交通委员会与阿里巴巴旗下高德地图签订战略合作框架协议，共同启动了北京交通绿色出行一体化服务平台，依托高德地图应用程序，打造北京出行即服务平台。北京出行即服务平台整合了公交、地铁、市郊铁路、步行、骑行、网约车、航空、铁路、长途大巴、自驾等全品类的交通出行服务，能够为市民提供行前智慧决策、行中全程引导、行后绿色激励等全流程、一站式“门到门”的出行智能引导以及城际出行全过程规划服务，如图 3–5–1 所示。通过这一个平台基本可以解决市民的日常出行服务问题。

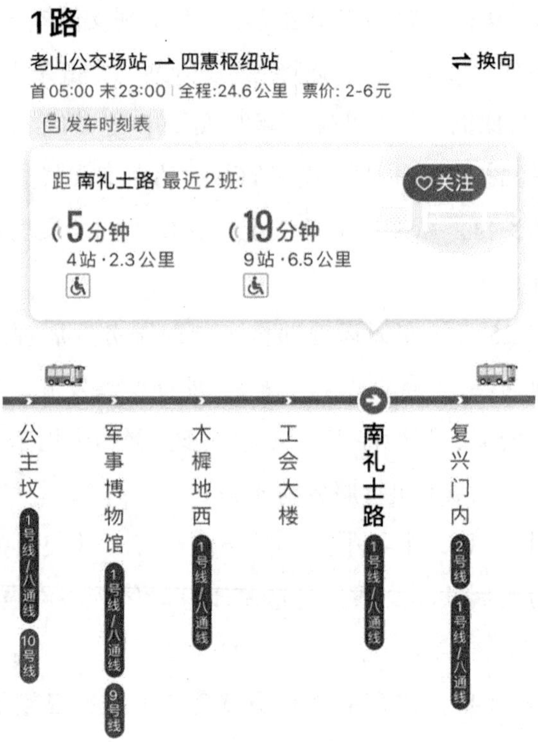

图 3-5-1　依托高德地图打造出行即服务平台

注：图中为公交信息。

3.5.2.2　典型场景

3.5.2.2.1　共享出行

共享出行指人们无须拥有车辆所有权，以共享和合乘方式与其他人共享车辆，按照自己的出行要求付出相应的使用费的一种新兴交通方式。服务提供“交通出行资源的使用权（非所有权）从空间上或时间上非独占式享用”的服务。在广义上，除了“共享单车”“网约车”等互联网共享出行服务之外，还应该包括公交车、地铁、火车、民航飞机等传统公共交通。共享出行服务包括以打车软件、共享单车为代表的一大批创新模式以及随之兴起的共享出行模式，特别是合乘、分时租赁、互联网租赁自行车、私人汽车共享、网约车等共享出行方式。

共享出行，一方面，满足了消费者“求而不得”的出行工具需求；另一方面，避免了车辆等闲置资源无法被有效利用带来的浪费，因此共享出行逐渐成为公众的出行选择。

随着互联网、大数据、人工智能等技术的发展，共享出行进化到智能共享出行阶段。智能共享出行使得人们能够根据其需求选择期望的出行方式，而出行方式提供商能够更高效地向用户提供出行服务，最终实现需求和供给的匹配。对于汽车，结合本章第3.2节、第3.4节所介绍的内容，通过驾驶自动化和智能网联技术，智能共享出行能够以智能汽车为载体，通过V2X交互协同为用户提供出行优质服务，完成出行需求与服务供给间的高效连接和高度匹配；对于单车，通过构建解决“公共交通+共享单车”的出行方式解决“最后一公里”的问题，实现用户便捷快速地完成到达目的地前的最后路程。

3.5.2.2.2　行程规划

行程规划是导航的前提，根据目的地、出发地以及路径策略设置，为用户量身设计出行方案。同时，可结合实时交通，帮助用户绕开拥堵路段，提供更贴心、更人性化的出行体验。行程规划主要包括：①出发地与目的地。在地图上点击（路线）选项，输入出发地与目的地，查询两地大概交通距离。②选择出行方式。按照出发与目的地交通距离，结合自己时间日期和经济能力安排出行方式。③即时及未来路况。根据出行的时间、路线，获知途经道路的路况信息，考虑是否需要调整行程规划，根据未来的路况信息，预先安排行程。④了解目的地实景。当要去往不熟悉的地点时，可以预先查看目标建筑物或街景，提前熟悉情况。

3.5.3　出行即服务的专利布局

3.5.3.1　共享出行

3.5.3.1.1　全球专利申请态势

截至2022年4月30日，全球共享出行领域专利申请共21 078条，合并专利组族 15 543 件。

共享出行领域申请趋势与出行即服务的发展趋势大致相同，如图 3-5-2 所示，从 2014 年开始增长逐渐加速，到 2017 年达到顶峰 3703 件，然后逐年降低。这也与共享汽车、共享单车、网约车的兴起和普及一致。由于共享出行依靠出行平台，而共享出行比较依赖服务模式、经营合规等方面，在冲顶后迅速回落也就不足为奇了。

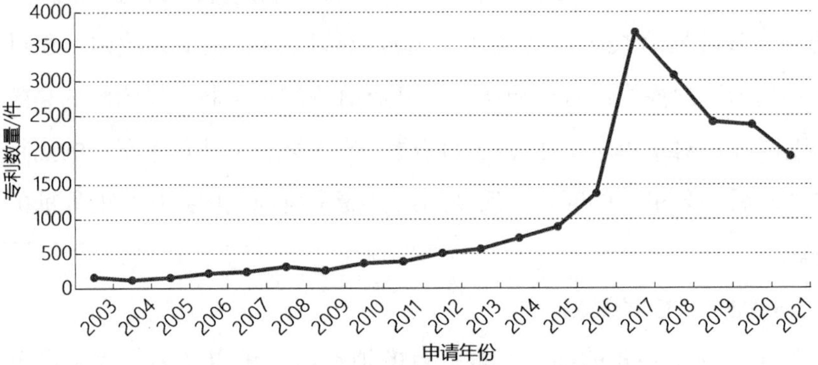

图 3-5-2 共享出行全球专利申请趋势

3.5.3.1.2 专利布局

如图 3-5-3 所示，在共享出行相关申请中，G06Q 专门适用于行政、商业、金融、管理、监督或预测目的的数据处理系统或方法方面的申请最多，占比 50%，这充分说明共享出行的创新更多地体现在商业模式、运行模式等方面。G08G 交通控制系统和管理、G01C 距离测量等也分别占 28% 和 21%，这说明在共享出行中，车辆控制、里程计算等是创新聚焦的重点。

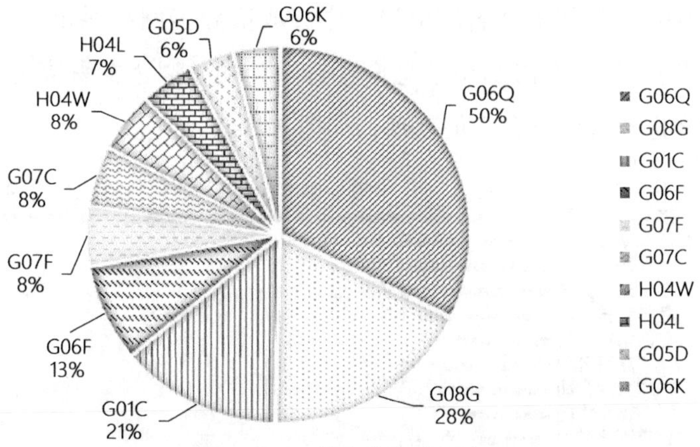

图 3-5-3 共享出行专利布局

注：一份专利申请可能存在多个 IPC 分类，因此，本图中百分比之和大于 100%。

3.5.3.1.3 主要创新主体

全球申请量前十九名的申请人主要包括传统车厂、互联网公司、科研院所等，如图 3-5-4 所示。滴滴公司作为中国网约车领先者，其专利申请量也排名第一，为 450 件。此外，百度公司、北京首汽智行科技有限公司（以下简称首汽智行公司）、摩拜公司等也有较多申请量。

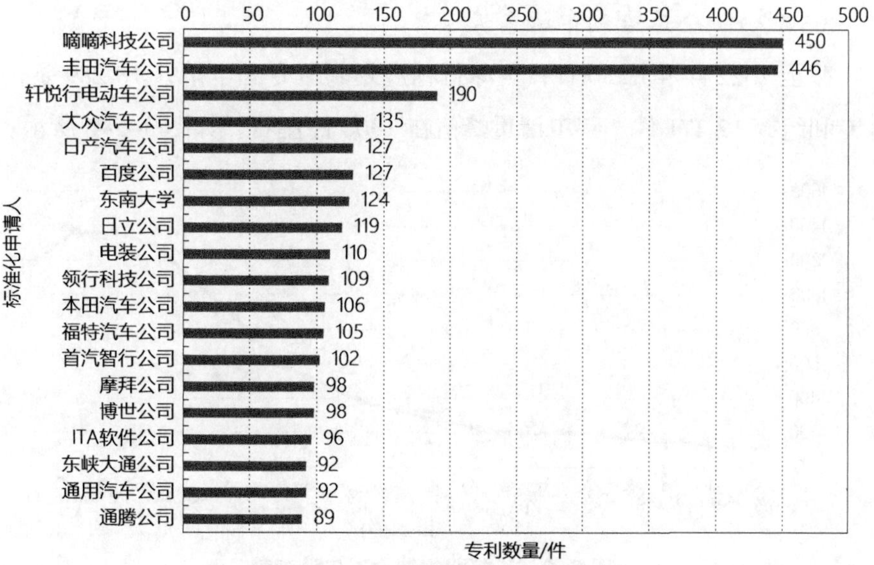

图 3-5-4 共享出行全球主要创新主体

在国内申请量前十九名的申请人中，成都异步网络科技有限公司（以下简称异步公司）、武汉高德信息产业有限公司（以下简称高德公司）、浙江工业大学的申请量也有不俗表现，如图 3–5–5 所示。

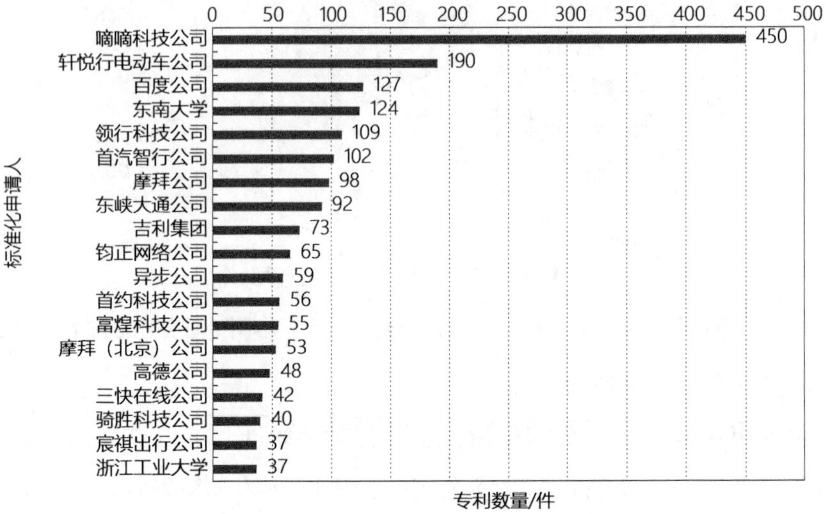

图 3–5–5 共享出行中国主要创新主体

3.5.3.2 行程规划

3.5.3.2.1 全球专利申请态势

截至 2022 年 4 月 30 日，全球行程规划领域专利申请共 18 289 条，合并专利组族 12 271 件。年申请量峰值在 1300 件左右，如图 3–5–6 所示。

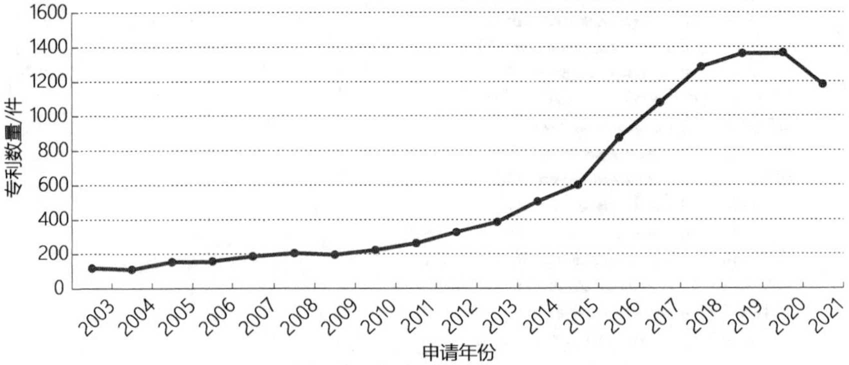

图 3–5–6 行程规划全球申请趋势

3.5.3.2.2　专利布局

在行程规划相关申请中，如图 3-5-7 所示，G06Q 专门适用于行政、商业、金融、管理、监督或预测目的的数据处理系统或方法方面的申请最多，占比 35%；其次是 G01C 测量距离、水准或方位等为 32%。这说明在行程规划中，里程计算等也是重要的考虑方面。另外，通过对比，共享出行与出行规划两者所关联的技术也比较相似。

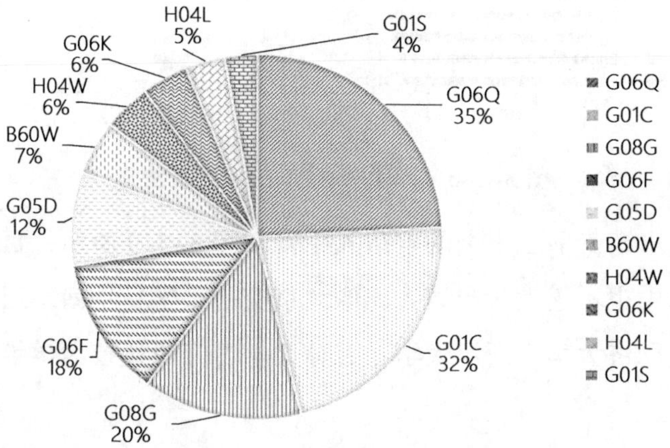

图 3-5-7　行程规划专利布局

注：一份专利申请可能存在多个 IPC 分类，因此，本图中百分比之和大于 100%。

3.5.3.2.3　主要创新主体

在全球申请量前二十名的申请人中，如图 3-5-8 所示，丰田汽车公司、百度公司和博世公司分别占据前三位，滴滴公司相对共享出行而言，在行程规划方面申请量则相对少一些，但也排在了第二十名。

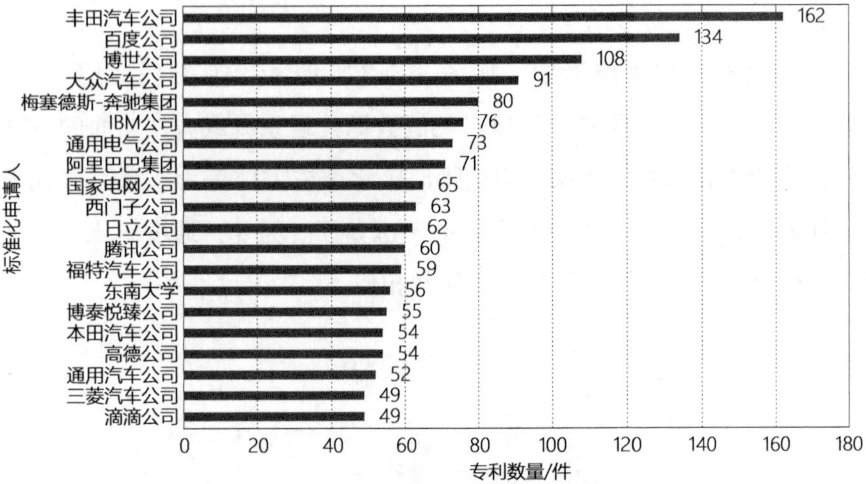

图 3-5-8　行程规划全球主要创新主体

在国内申请量前二十名的申请人中，如图 3-5-9 所示，百度公司高居榜首。榜单中也不乏大学申请人，像北京交通大学、华南理工大学、南京邮电大学、同济大学、浙江大学、吉林大学、广西科技大学等都具有一定申请量积累。

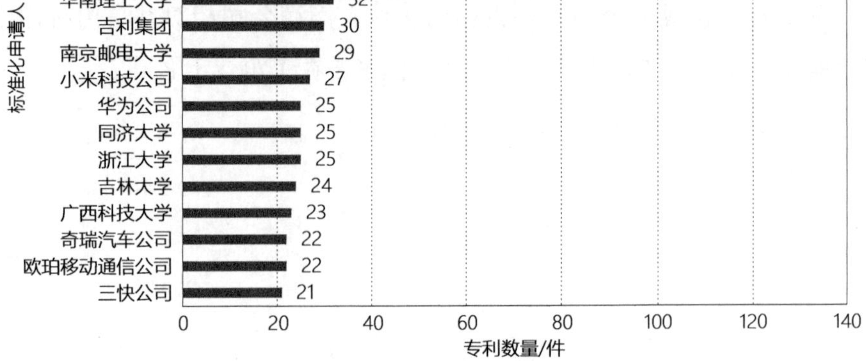

图 3-5-9　行程规划中国主要创新主体

相较驾驶自动化、智能座舱和智能网联，出行即服务作为服务提供方式，更需要政府、企业等的通力合作。只有管理者大力推动，出行即服务才能得到长足发展。目前，出行即服务相关创新百花齐放，各类应用模式和场景各具特点，尚未形成统一、标准的服务提供模式，因此，在此不再对典型企业及专利进行介绍。

3.6 本章小结

本章介绍了智能交通领域中驾驶自动化、智能座舱、智能网联、出行即服务等四个主要内容的技术发展现状和专利布局状况。

从专利申请的技术创新看，智能交通伴随人工智能、大数据、5G等新技术发展再次迎来快速发展，人工智能技术使得传统智能交通各子系统间相互独立，云计算、大数据等使得各智能交通子系统向纵深、智能化发展，并实现彼此交互融合。驾驶自动化使得智能汽车从L2向L4逐步演进，各类辅助驾驶系统、智能座舱系统愈发成熟，并进入量产前装领域，智能网联促进智能交通、智能终端以及城市管理服务平台融合发展，在人－车－路协同的方向上快速发展，出行即服务为出行者提供更加精细、准确、完善和智能的服务。

从专利申请的创新主体看，欧美日韩等地的传统汽车厂商在各领域具有多年的技术积累，这直接体现在较高的专利申请量上，而我国在人工智能、大数据的应用场景落地以及5G通信网联方面亦有不俗表现，涌现出一批汽车厂商、科技公司等，特别像百度公司、华为公司等都具有较强的科技实力和潜力，有望在未来智能交通中占有一席之地。

从本章所分析的智能交通的专利状况来看，对于我国的创新主体笔者有以下建议：①深耕人工智能、大数据以及新一代通信技术，保持领先的研发实力，并不断探索应用落地。相较汽车发动机等传统技术，我国在人工智能技术研发等方面都处于世界前列，应该把握优势，积极作为；我国也有广阔的市场空间，能够支撑汽车交通的稳步发展，为研发成果落地提供有力支撑。②加强产学研一体化合作，实现研发到产业的孵化落地，实现多方共赢。当前，国内较多大学研究机构等多具有很强的研发实力，具有一定量的技术申请，那么企业和科研院所的通力合作必将推动智能交通的技术研发和产业落地。③关注国家政策导向，融入交通强国建设大潮，顺势而为而有所为。2022 年 3 月 25 日，交通运输部、科学技术部印发的《交通领域科技创新中长期发展规划纲要（2021—2035 年）》[1] 指出，建设交通强国，要大力推动深度融合的智慧交通建设。未来，智能交通将随着技术、人口等增长快速发展，智能车辆、网联车辆与各类智能技术将与智能交通基础设施的建设和应用相伴发展。智能交通领域的参与者可充分依托政策红利，加快技术研发、产品落地及市场投放，可积极与各地政府合作，在交通监控调度、出行即服务等多个领域加大研发力度，为人们的安全便利出行保驾护航。

智能交通，让交通更智能安全、更高效便捷、更绿色环保！

---

[1] 科技司.《交通领域科技创新中长期发展规划纲要（2021—2035 年）》解读［R/OL］.（2022-01-24）［2022-07-15］. https://www.mot.gov.cn/2022zheng cejd/202203/t20220325_3647747.html.

第四章 人工智能教育

4.1 人工智能教育概述

教育是民族振兴和社会进步的重要基石。我国有近 2.9 亿在校学生，教育关系千家万户，是重大的民生工程、德政工程。而教育工作也是人民群众获得感、幸福感、安全感的“风向标”。随着人民物质生活水平的提高和社会文明的进步，教育日渐成为我们这个时代关注的焦点，无论是首都北京还是山区乡村的父母，都希望自己的孩子能够进入优质的学校，遇见优质的教师，享受优质的教育。

新时代我国教育的主要矛盾已经发生结构性变革，转变为人民对更美好、更优质教育的向往与不平衡、不充分教育发展之间的矛盾。[1] 在新发展阶段解决好教育的主要矛盾，关键在于教育的高质量发展。当前人工智能技术不仅正在加速第四次工业革命产业结构重组与经济社会转型，而且在促进人才培养和教育变革方面也拥有巨大潜力。人工智能技术赋能体现在颠覆传统教育服务结构、改变教育服务要素关系、影响教育服务数量级、创新教育教学服务体验等方面，从而为破解教育主要矛盾助力。

从本书第一章对人工智能技术的介绍可以看出，人工智能技术与教育变革需求之间存在众多契合点。首先，从内涵上说，人工智能是研究使计算

---

[1] 胡小勇，孙硕，杨文杰，等．人工智能赋能教育高质量发展：需求、愿景与路径［J］．现代教育技术，2022，32（1）：5–15.

机来模拟人的某些思维过程和智能行为（如学习、推理、思考、规划等）的学科，而教育科学是研究人的教育活动以及规律的社会科学。两者在更高的层次研究的是同一个问题，即人是如何认识事物的，因此，两者具备相同的目标内涵。[1] 而从人工智能的作用与教育改革的需求看，两者互相契合。高质量教育需要精准化、个性化，可以依托人工智能海量数据深度学习、学生“画像”等技术赋能；教育治理需要科学、高效，可以依托智能决策、数据挖掘等技术赋能；高质量教育需要教育公平，可以依托资源智能配置、人工智能辅助教学等技术赋能。从人工智能技术改进的动力与教育提供的资源看，两者也非常契合。教育领域丰富的大数据、广阔的应用场景、无限的市场潜力，会不断激发人工智能技术专家挑战新的问题，加快人工智能技术的更新，达到人工智能技术与教育领域之间的双向赋能。正因如此，人工智能教育也成为全球技术创新和专利保护的热点。

4.1.1 人工智能教育的概念

人工智能教育有双重含义：一是人工智能技术应用于教育领域，赋能教育，创造新的价值；二是培养人工智能人才。本书中的人工智能教育是指第一个含义，即依托人工智能、大数据等技术，以促进教育公平、提升教育质量和效率、实现教育个性化为目标，将人工智能相关技术与具体的教育场景进行深度融合，实现教育人工智能化。

人工智能教育并不仅是将人工智能技术简单且直接应用到教育领域中，而是人工智能技术与教育科学之间的深度交叉和融合。在融合过程中，人工智能技术和教育理论的外延都在扩大，人工智能技术除了算法本身、算力支持、教育大数据，还需要计算机基础技术、网络及移动通信等技术。而教育科学理论在面对计算机、人工智能时，除了发展与信息相关

---

[1] 亿欧智库．笃实前行，智胜未来：2021 全球人工智能教育应用落地研究报告［R/OL］．(2021–08)［2022–07–15］. http://www.iyiou.com/research/20210819897#pdf_tips.

的教育理念，也在不断突破和变革传统教育理念。

无论通过什么方式来融合和实现人工智能教育，其目的主要有三个：一是促进教育公平。对学区房、名师“一对一”的追捧体现了目前教育存在不平衡的问题，而经济发达地区的教育水平、教育资源更加丰富，教育均衡成为民生中的热点问题。人工智能教育有望解决这一问题，通过在线直播、虚拟课堂、人工智能教室、人工智能助教等技术可以让不同地区的学生享受相同的教育资源和环境，实现教育资源的均衡分配。二是提升教育质量和效率。人工智能教育依托深度学习等技术，提高了智能化程度，从而可以让学校、老师从复杂的事务、分析工作中解脱出来，让机器代替人去做，不仅准确而且节约时间，让老师和教育管理者有更多的时间与学生沟通，提高教育质量和效率。三是实现教育个性化。人工智能技术将沉睡的教育数据唤醒，挖掘其中的规律和智慧，借助先进的人机交互技术，迅速、及时且准确地了解学生的能力水平和认知短板，并给予更为恰当的教学方式和内容，使个性化学习成为可能，减轻学习压力，完成学习任务，丰富学习维度。

4.1.2　人工智能教育的技术发展情况

网络技术在教育行业的渗透分为四个阶段，即“互联网+教育”—“移动互联网+教育”—“社交网络+教育”—“AI+教育”，移动通信、人工智能技术的发展正在驱动整个教育行业快速发展。而伴随人工智能技术的发展和对“AI+教育”的不断探索，从人工智能与教育间的融合程度看，可分为三个层次：第一层是人工智能技术的简单应用层，其将单一的语音识别、图像识别等成熟的人工智能技术直接应用于教育的某一单一且简单的场景中，如口语评测、拍照搜题等教育产品，该实现过程中技术是主要因素，可以直接输出单一教育产品；第二层是深度融合应用层，将人工智能、大数据、云计算等技术应用于辅助教学/管理，提升效率，此时人工智能技术不再是单一方面的应用，不仅是各类技术之间深度融合，技术与教育场景之间也密切相关，落地效果受场景数据和参与要素的影响，如人工智能虚拟教室、人工智能助教、智能组卷等人工智能产品；第三层是教育创造层，虽然该层利用了人工智能技术，但是该层实现的产品教育数据、教育场景本身占主导作用，人工智能技术需要根据产品需求进行相应的革新，从而形成新的教学理念和方法、知识认知体系。

4.1.2.1　人工智能教育相关的政策分析

世界各国相继推出基于人工智能技术的教育改革战略，以使人工智能技术成为助推本国教育改革与创新发展的技术杠杆。

美国《国家教育技术计划》是美国教育技术发展最重要的政策性文件。早在1996年，美国教育部就制定了第一个国家教育技术计划。在之后的2000年、2005年、2010年、2016年又先后发布了四轮计划。从2017年起，美国教育部开始每年发布一轮国家教育技术计划，并采用局部更新的方式，以更好地适应教育技术领域的创新步伐。2018年5月，美国人工智能促进协会联合美国计算机科学教师协会和卡耐基梅隆大学计算机科学学院组成了联合工作组，启动了美国K12[1]人工智能教育行动（AI for K-12 initiative，AI4K12）。美国国防部2020年发布《人工智能教育战略》，通过引领人工智能、促进人工智能发展、开发人工智能工具、增进人工智能应用、提升劳动力人工智能素养等举措，促进人工智能的开发与应用，培养全球人工智能领军人才，从而保障国家安全，促进经济繁荣以及确保美国人工智能技术在国际上的领先地位。

为推动人工智能发展，日本政府在2019年出台《人工智能战略2019》，希望通过发展人工智能，推动社会制度改革，改善公民生活并提升日本的国际影响力。该战略将教育体系改革和研发体系重组放在首位，以奠定未来发展基础。按计划，在2025年前，日本将实现在高中、大学普及人工智能基础知识教学、培养能将人工智能知识用于其他领域的复合人才、为普通民众

---

[1] K12教育是指从幼儿园（kindergarten，通常是5～6岁）进入12年级（grade twelve，通常是17～18岁）的教育。

提供数据科学等继续教育机会等目标。在研发体系重组上，日本计划建立一个以人工智能为核心的研发网络，以促进不同研究机构间的合作。

2020 年 9 月，欧盟更新《数字教育行动计划（2021—2027）》，强调现代社会需要让更多的人掌握基本数字技能，同时也要让欧洲学生有机会接触最新的“高级数字技能”。2021 年 5 月，欧盟发布了《人工智能时代的人类与社会》报告，报告中指出：由于数字教育仅是人工智能时代人类所需教育的很小一部分，为了保持教育相关性，教育系统需要在目的、形式与内容上进行根本性的改变。

2020 年，韩国政府公布了《人工智能国家战略》，计划在 2030 年将韩国在人工智能领域的竞争力提升至世界前列。为此，韩国政府积极培养人工智能人才，将从明年起在高校增设人工智能专业，到 2022 年把软件和人工智能相关教育纳入中小学基本课程。

近年来，印度逐渐重视人工智能与教育教学的融合。2018 年印度国家转型研究院发布了《人工智能国家战略：全民人工智能》，在报告中把医疗保健、农业、教育、智能城市和智能移动确定为应用人工智能的优先领域。2021 年 3 月，印度人力资源开发部发布题为《印度政府为推进人工智能促进教育转型工作所采取的步骤》的文件，文件强调人工智能在教育领域的作用：人工智能可以提高教师的管理效率、实现个性化管理并简化管理任务；利用机器协助教师工作，可以为学生带来最佳的学习体验与学习成果。

中国从战略上也重视人工智能与教育的双向赋能，以期促进教育事业高质量发展。2017 年我国印发的《新一代人工智能发展规划》指出，要“利用智能技术加快推动人才培养模式、教学方法改革，构建包含智能学习、交互式学习的新型教育体系”。2019 年 2 月，我国发布了中国第一个以教育现代化为主题的中长期战略规划《中国教育现代化 2035》，其中任务之一是“加快信息化时代教育变革。建设智能化校园，统筹建设一体化智能化教学、管理与服务平台。利用现代技术加快推动人才培养模式改革，实现规模化教育与个性化培养的有机结合”。同年5月，国际人工智能与教育大会在北京召开。国家主席习近平向大会致贺信并指出：“中国高度重视人工智能对教育的深刻影响，积极推动人工智能和教育深度融合，促进教育变革创新，充分发挥人工智能优势，加快发展伴随每个人一生的教育、平等面向每个人的教育、适合每个人的教育、更加开放灵活的教育。”[1]

4.1.2.2 人工智能教育技术分析

随着人工智能技术从计算智能、感知智能到认知智能的演进，人工智能教育从功能上逐渐实现教育能存能算、能听能认、能理解能思考。目前，人工智能在教育领域的应用处于从教学辅助阶段向教育创造阶段的过渡时期，已在线下人工智能课堂、智能测评、智能题库、智能教学诊断、智能课堂质量评估、智能排课等场景实现落地应用并形成了一批可复制、可推广的解决方案。未来随着知识图谱、认知计算、自然语言处理等技术的不断发展，人工智能将覆盖教学流程的更多场景、接入更多教学核心环节。

4.1.2.2.1 全球和我国专利申请态势

专利的申请量和拥有量应当是一个国家或地区科技水平高低的重要指标，可以从侧面反映一个国家或地区的创新能力、科技水平和市场化程度，衡量该国家或地区的科技产出和知识创新。通过对人工智能教育的相关专利检索（截止日期为2022年5月2日），全球相关专利申请为41 020件，近二十年的专利申请态势如图4–1–1所示。2003年开始人工智能教育的数量不增反降，2007年降到最低点，随着2006年深度学习技术的提出，为人工智能带来第三次发展热潮，而人工智能教育应用滞后了2年，从2008年开始缓慢增长，到2013年增速明显提高，2016年的专利申请量开始直线增长，主要得益于各项促进人工智能技术发展政策的密集发布。增长态势一直保持至2020年，体现出人工智能技术日渐成熟，在教育领域的应用有持续的创新成果，但是全球2021年申请总量有所回落。

---

[1] 新华社．习近平向国际人工智能与教育大会致贺信［N］．光明日报，2019–05–17（1）．

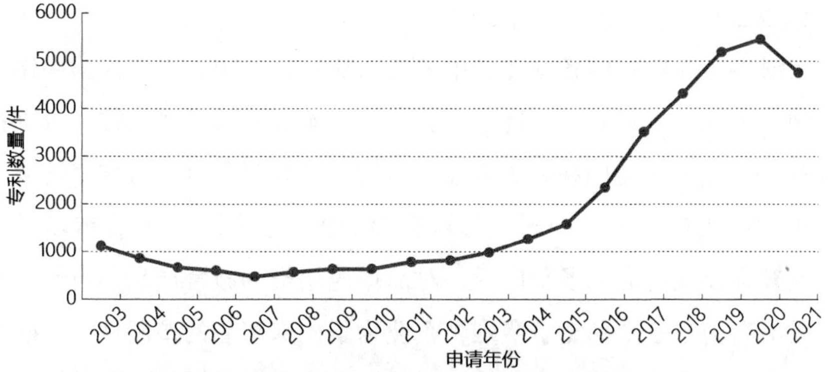

图 4-1-1　人工智能教育全球专利申请趋势

中国人工智能教育的相关发明专利申请为 19 990 件，申请总量在全球的占比将近一半，从图 4-1-2 可以看出，中国人工智能教育技术发展明显晚于全球，但是一直处于增长趋势，变化拐点与全球变化基本一致，2008 年开始增长，2016 年出现明显的增长，且自此对全球总量贡献了显著数量。2021 年 5 月，“减轻义务教育阶段学生作业负担和校外培训负担”政策（以下简称“双减”政策）的出台将矛头直指 K12 领域，各主营业务为 K12 的企业均纷纷将盈利点的未来规划转向其他业务线的布局。除去素质教育和职业教育外，高等教育、智能教育硬件、用于配合智能硬件的教育内容制作、智慧学堂及其他盈利点的延伸，成为破局之刃。因此，在全球申请量 2021 年有所回落的情况下，中国申请量依然保持向上的增长势头，也说明人工智能教育创新在中国仍然热度不减。

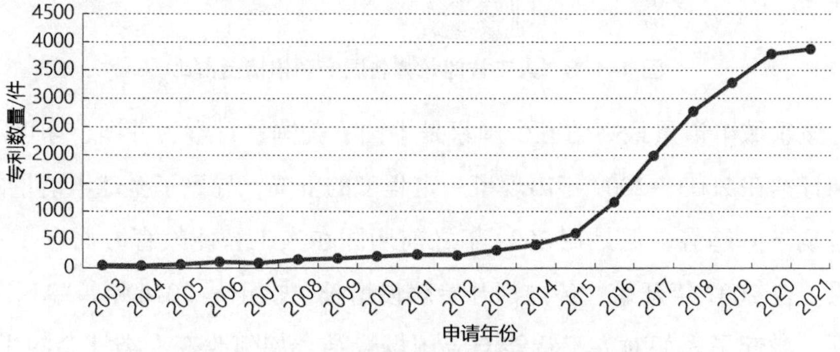

图 4-1-2　人工智能教育中国专利申请趋势

4.1.2.2.2 各国专利申请态势

从图 4-1-3 展示的各国专利申请量占比可以看出，申请人为中国的数量占到一半以上，具有绝对优势；美国和日本分列第二、三位，分别占到 20% 和 13%。虽然美国在人工智能技术上发展较早，且具有技术优势，但是由于中国人口众多、中国父母对教育的投入比例高，教育市场潜力巨大，且教育领域的应用场景广泛，对简单应用类的教育产品，虽然技术要求门槛不高，但是产品竞争激烈，企业为了确保产品的垄断性，不断对产品进行升级换代并进行专利布局。而美国和日本是传统的教育强国，有先进的教育理念和深厚的技术积累，美国对人工智能基础算法具有较强的技术实力，且是较早开发自适应学习的国家，而日本在教育机器人、教育游戏机、音乐类教育设备等方面具有研究优势。值得一提的是印度，该国对教育非常重视，因此有关人工智能教育的申请量位列第五。

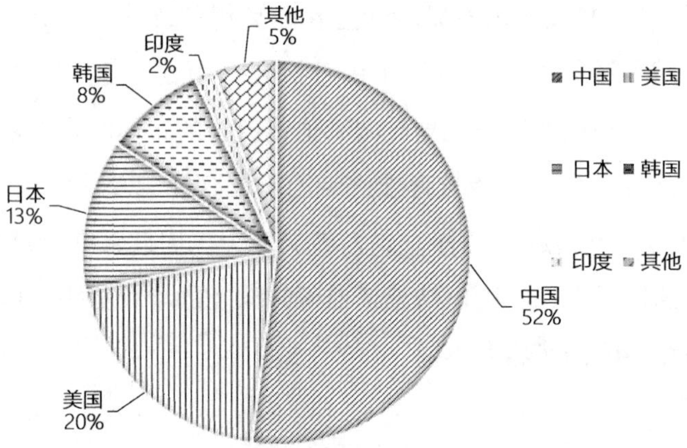

图 4-1-3 人工智能教育各国专利申请量占比

该领域申请量最高的五个国家是中国、美国、日本、韩国、印度。美国和日本在 2003—2009 年出现了一定程度的下降，导致了全球申请量的总体呈现下降趋势，但是在 2009 年之前两国在人工智能教育方面有了一定积累，自 2007 年开始，各国都开始缓慢增长，也正是 2016 年，“AI 围棋”出现，激起了人们对人工智能与应用场景结合如何改变人类社会的思考。

在2016年，中国的增幅明显高于其他四国，并在数量上逐渐开始占据领先地位，2019年后除了中国和印度，其他三国的申请量都有所下降。

4.1.2.2.3 主要创新主体

从全球的创新主体排名（前10名）来看，如图4–1–4所示，中国的老牌教育企业广东小天才科技有限公司（以下简称小天才科技公司）拔得头筹，而第二名是美国的教育巨头培生教育集团（Pearson Education），第三名、第六名是著名的跨国信息技术企业IBM公司和微软公司，第四名、第五名是知名的教育培训机构北京世纪好未来教育科技有限公司（以下简称好未来教育公司）以及新兴互联网教育公司上海乂学教育科技有限公司（以下简称乂学教育公司）及旗下子公司上海松鼠课堂人工智能科技有限公司（以下简称松鼠课堂公司）[1]。因为教育市场的潜力大，不论是出于销售市场的考虑，还是要实现科技改变教育的壮志，科技巨头们都纷纷角逐教育市场。IBM公司和微软公司具有领先的人工智能技术，通过自主研发和并购、与教育机构联手等多种形式抢占人工智能教育领域。前10名里有两家日本公司——富士通和日立公司，日本公司在音乐教育、游戏类教育产品中有技术优势和市场竞争力，华中师范大学也进入了前10名，说明在人工智能教育领域，产学研结合的优势明显，因为学校既有教育资源和数据资源优势、研究和技术创新能力，还有天然的落地实验场景。

[1] 为方便统计，两公司的申请量进行求和。

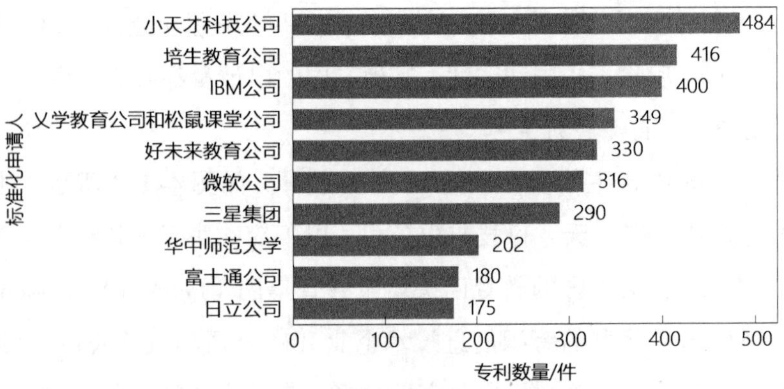

图 4-1-4　人工智能教育全球主要创新主体

前 10 名创新主体的研发侧重点各有不同，小天才科技公司的优势在于学习机、图文识别、问答等领域，IBM 公司和微软公司的问答系统研究较为成熟，好未来教育公司关注图文识别，培生教育公司重点在于智能自适应教育，华中师范大学的专利申请主要集中在教育管理方面。

全球申请量最高的前 10 名发明人中，涉及了乂学教育公司的崔炜、王鑫、樊星，华中师范大学的杨宗凯、刘三女牙，好未来教育公司的秦勇，林肯全球公司（Lincoln Global）的马修·韦恩·华莱士（Matthew Wayne Wallace），英业达股份有限公司（以下简称英业达公司）的邱全成，北京猿力教育科技有限公司（以下简称猿力教育公司）的郭常圳。从发明人数量中也可以看出对应的企业的实力和对于人工智能教育创新的重视程度。

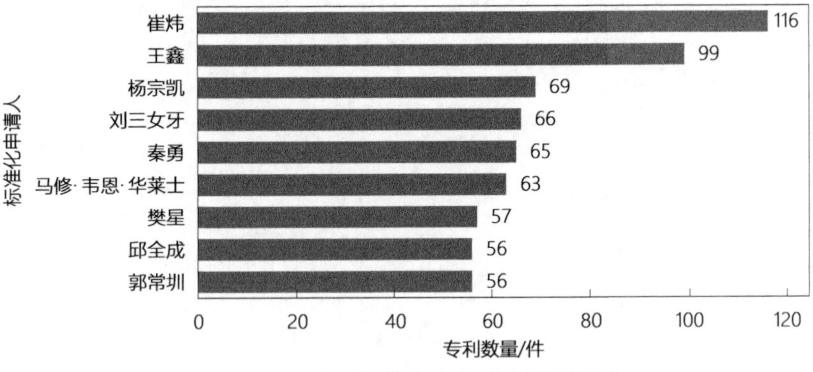

图 4-1-5　人工智能教育全球主要发明人

4.1.3　人工智能教育的主要应用场景

从教育阶段和内容上看，可以分为低幼教育、K12 教育、职业教育、素质教育等；而从教育过程看，可以将其拆解为教、学、考、评、管五个流程，五个流程可以覆盖所有课程类型，课程类型也一般包括这五个流程。教育人工智能的技术落地也可以从这五个流程进行分析。例如，在教学阶段，可以利用自适应技术实现学生的个性化教学；在课堂教学阶段，可利用虚拟现实技术、计算机视觉、模式识别、自然语言处理、数据挖掘等技术进行课堂学情分析、师生互动、辅助教学等；学生在家学习时，可以利用光学字符识别、图像识别、语音分析等技术，实现拍照搜题、自适应测试和学习等；在考试和评测阶段，考题可以自动组卷，评测不仅能够实现自动阅卷、主观题自动批改，还能实现口语测试自动化等；而在管理阶段，学校或教育部门可以借助大数据技术更好地了解学生学习现状、教师教学质量从而进行教育模式改革、科学规划教学等。为了结合技术发展和专利数据进行分析，本章将人工智能教育的应用场景细分为四大领域及若干分支，如图 4-1-6 所示。

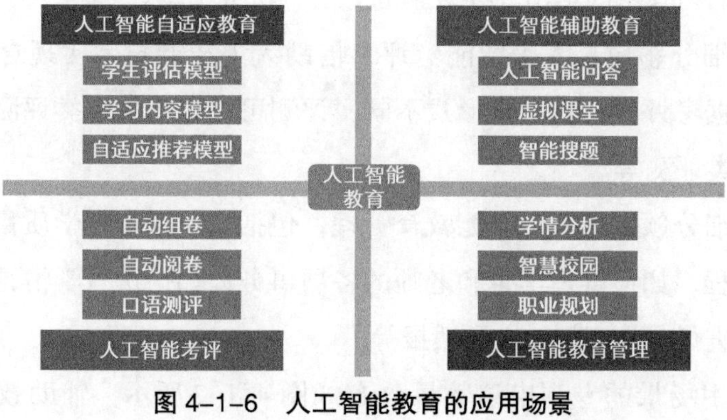

图 4-1-6　人工智能教育的应用场景

第一细分领域是人工智能自适应教学，虽然教和学在教育流程中是分开的，但是在人工智能教育中，教和学相关的技术实现紧密相关，往往在一篇专利文献中会提及教和学两个方面，尤其是自适应教学系统，因此不宜将该领域分别划分在教和学两个应用场景中成为两个技术分支。此外，该技术分支中的自适应教学不包括教或学中利用的一些辅助教具或是交互方式，因为这些技术与自适应教学可以独立实现，且不是自适应教学的内核技术。

自适应教学从实现逻辑上，又可以划分为学生评估模型、学习内容分类模型、自适应推荐模型三个方面，学生评估模型侧重于对学习能力的智能、动态评估，是个性化实现的分析对象，学习内容分类模型是将学习内容或学习方式进行拆解以对应不同的能力提升，而自适应推荐模型是用于实现最终的个性化教学的算法模型，其基于选取的能力动态地去匹配合适的教学模式和内容。

第二细分领域是人工智能辅助教学，属于一种特定的应用场景，辅助的对象既包括老师也包括学生，辅助方式基于不同的技术实现又可以细分为以下几个分支：人工智能课堂、问答系统、拍照搜题、语言学习、文体类学习等。人工智能课堂用于实现辅助教学交互和互动，问答系统用于智能辅导学生学习、搜题、帮助学生快速解答疑难，而语言学习和仿真教具针对学习的内容不同给出辅导教学的智能方法或工具。

第三细分领域是人工智能考评，借助人工智能技术实现自动组卷和评测，根据考评的学科考试形式不同，评测可以包括文本类评测、口语评测、素质类评测等。

第四细分领域是人工智能教育管理，包括如何评价教学质量，如何安排学校课程，如何管理学生和老师的各项事务，如何进行学情预测，如何帮助学生进行人生规划、志愿填报等。

各应用场景的专利申请数量分布如图 4-1-7 所示，辅助教学占比最高，因为辅助教学包含的细分场景更多，如问答、虚拟课堂、教育交互、语言学习、模拟仿真、智能搜题等。该场景中既有教育应用的传统行业与人工智能技术的结合，如模拟仿真装置、问答系统等，也有人工智能技术带来的新的教育应用场景，如智能搜题等。数量占比第二的是自适应教育，自适应教育是社会对人工智能技术赋能教学领域最期待的应用场景，因为传统的自适应教学产品并未完全被普及，效果也没有得到普遍认可，而由于人工智能技术本身的智能感知优势，加之自适应效果对教育质量带来的明显提升，自然引起对此领域的创新积极性。占比第三的是人工智能考评，考评自动化的智能效果更易被感受和评价，语音识别、传感器技术分析、图像识别技术因为深度学习技术的发展也实现了质的突破，为人工智能考评的技术落地助力。数量最少的是人工智能教育管理，人工智能教育管理目前还处于初级发展阶段，因为人工智能教育管理考虑的因素更加复杂，对于数据和算法的要求高，效果也具有未知性，在实施时会更加谨慎。

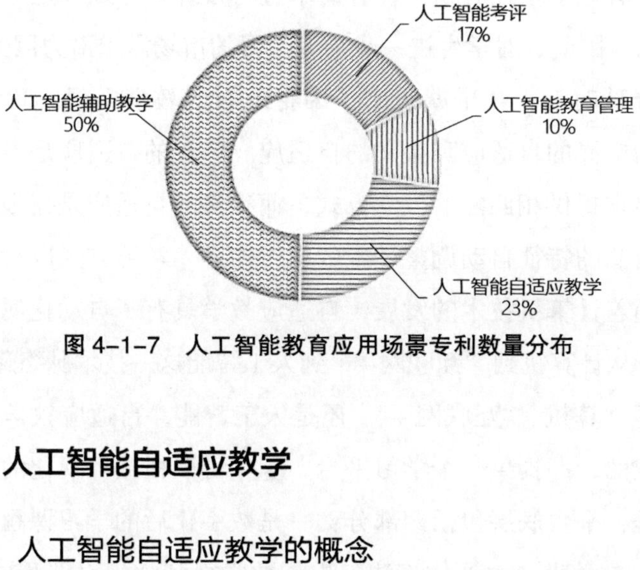

图 4-1-7 人工智能教育应用场景专利数量分布

4.2 人工智能自适应教学

4.2.1 人工智能自适应教学的概念

自适应，是计算机领域中常见的技术术语，是指处理和分析过程中，根据处理数据的特征自动调整处理方法、处理顺序、处理参数、边界条件或约束条件，使其与所处理数据的统计分布特征、结构特征相适应，以取得最佳的处理效果。自适应的关键是匹配。而匹配就意味着两方，即对象和自适应的动作之间的匹配。

培生教育集团在《解码自适应学习》的研究报告中将自适应学习定义为一种教育科技手段，它通过自主提供适合每位学生的独立帮助，在现实中与学生产生实时互动。

教育的实施对象是学生，教育的成果与学生自身的素质、学习态度、学习方式密不可分。以前学生在家进行预习、复习都是自发性的自我实施过程，方式也大多是根据老师的要求做作业或是自行做题，而课上的学习也都是大班教学，是统一的内容。有些孩子为了更好地提高学习成绩，大量购买教辅材料。名师、名校出版的辅导书、练习题是学生校外补充学习的重要工具。此外，校外辅导班也是最为常见的校外辅导方式，但是随着“双减”政策的实施，语文、数学、英语等主要学科的校外辅导也开始逐渐暂停，而有些学生还有精力、有需求进行校外学习以补足短板或是进一步提升自己。因此，对学生进一步指导学习的市场需求潜力巨大。

早在春秋时期，孔子就提出了因材施教的教学思想。教育上的自适应可以分为广义的自适应和狭义的自适应。广义的自适应是指根据学生的个人学习需求提供相匹配的教学方式，而狭义的自适应是指根据学生、环境、教育资源的特征自动调整学生的学习内容、学习方式以达到最佳的学习效果。随着计算机技术的发展，自适应教学具有了自动化属性，其技术内核也沿着从计算机到“互联网 +”到人工智能这一技术脉络逐步进化。

无论是计算机、“互联网 +”，还是人工智能，自适应教学的主体框架大致是一致的，即提供一个学习平台，学生可以根据可视化的学习平台学习相关课程，平台底层包括四部分：一是数字化后的学习课程资源，即学习内容；二是学生能力评估算法，根据数学得到学生对课程的掌握程度；三是推荐算法，根据评估结果为学生动态的推荐合适的学习路径和内容，以满足个性化的学习需求；四是专家知识库，是学习内容划分、评估和推荐算法的规则基础。自适应教育系统应用广泛，既可以应用于 K12 的数学、英语等学科、高等教育，也可以应用于 STEAM[1] 素质学科教育以及语言培训、企业培训等领域。

当人工智能技术赋能教育后，便会产生人工智能自适应教学系统，为了与传统的自适应相区别，有人也将其称之为“智适应”。人工智能自适应教学系统是指基于知识图谱、大数据挖掘、深度学习等人工智能技术构建知识体系，在此基础上判断学生的认知水平，并依据自适应算法为学生提供相应的学习内容并实施相应的教学方式。

人工智能自适应教学在通用的自适应教学模式的基础上改进了学习内容建立、评估算法、推荐算法的计算规则以及基础来源，不再仅依靠于当前学生对当前课程的掌握情况和提前建立好的专家规则库来执行评估算法和推荐算法，而是基于海量数据、知识图谱的建立，大数据挖掘技术、深度学习等人工智能算法，来建立学习内容的模型、学习者模型以及自适应模型，从而更加智能化地实现自适应教学。

4.2.2　人工智能自适应教学的技术发展情况

自适应教学系统起步于 20 世纪 90 年代，其技术核心主要在于课程教学的数字化，实现计算机系统平台的搭建，对学生能力评估算法大多是基于课后测试来确定，推荐算法也是基于一些专家规则来实现，课程资源也一般比较单一和独立。到了“互联网 +”的时代，课程资源进行了整合，学习系统平台实现了随时随地学习的功能，学习更加便利，内容更加丰富，但是学习模式和效果没有发生太大的变化。由于学习是一个复杂的过程，仅基于专家规则进行评估和推荐很难实现个性化的学习效果，人工智能技术的出现为自适应教学提供了更加智能化的分析方式，即人工智能自适应。智能导师系统（intelligent turoring system，ITS）这种借助人工智

[1] STEAM 代表科学（science）、技术（technology）、工程（engineering）、艺术（arts）、数学（mathematics）。STEAM 教育就是集科学、技术、工程、艺术、数学多领域融合的综合教育。

能实现的自适应教学系统随着认知科学理论及人工智能技术的发展而不断演进，成为研究的热点。系统不仅涉及计算机、信息技术、人工智能等学科，还涉及认知科学、教育心理学和语言学等软科学。

可以说，人工智能技术为自适应教学技术带来了更新换代的升级，可以将之前的自适应教学技术称为传统自适应教学技术，而人工智能自适应教学模式与传统自适应教学模式的区别主要体现在：①学习内容从“块”细化为“点”，传统的自适应教学大都是以某个课程模块为单位设计的，而人工智能自适应教学能以最小的学习单位设计，如一个知识点、一个题目等，因为传统的自适应教学基于专家的规则来评估和推荐，即规则的建立需要人工实现，规则建立后的编程也需要人工实现，如果以最小的学习单位设计规则，则会使工作量指数上升，人力成本和实现成本都太高，并且专家也可能无法全面、准确地确定基于最小学习单位的学习规则。②规则维度从单一到多面，传统自适应教学对于内容块之间的关联关系都采用“如果－则”模式，主要原因也是传统对于学习的认识基于专家规则，而专家规则分析的维度都是基于单一的联系组成整体的学习模式，人工智能的自适应基于大数据的学习，得到的规律不再是单一维度而是多维度的，因此，学习规则为一个立体、全面的形态。③调整逻辑更加丰富和个性化，也正是因为规则的复杂，会使自动调整的表现形式更加丰富、更加有针对性。

人工智能自适应教学系统关键的升级在于三大模型的建立，即学生评估模型、学习内容模型、自适应推荐模型。这三个模型的建立技术也属于自适应学习的关键技术。学生评估模型的目标是精确地对学生能力进行评测，形象地说就是“画像”；学习内容模型的目标是将学习内容属性，如学习的方式、适用的学生能力类型、内容本身的知识点等进行标记；自适应推荐模型的目标是建立能力与内容之间的关联规则。而目前的技术也是分别基于这三方面进行改进。自适应教学实际上是一个系统的过程，但当前人工智能自适应教学系统仅是将过程进行分解，一一实现每个子过程的智能化适应，因此也仅能是一个弱智能化的阶段。且在各个子过程中智能化产品数量也不同，大多集中在自适应测评、自适应练习。对于自适应教学、自适应内容开发方面还鲜有落地产品。此外，真正的强智能化自适应教学系统，应该是全流程的自适应教学系统，即各个过程统一协调的自适应，因此，人们距离强智能化自适应系统还有相当一段路要走。也许真正的强智能化自适应系统不能仅基于其中一个节点的智能化来实现，而是需要一种新的系统架构来颠覆目前的教育模式。

4.2.2.1　学生评估模型

评估学生的能力需要准确，但是传统的评估都是基于量化的数据和固定的公式来确定。而随着学习过程的推进，学生能力是变化的，此时学生的能力如何准确评估是难点。大数据、深度学习技术可以不用研究用何种数据公式来表示学生能力的变化曲线，而是通过对历史数据的学习和模型的训练，用数据拟合学生能力曲线。

在评估学生能力时需要考虑的因素很多，例如，学生目前的知识储备，学生的自身的智力水平和学习能力、习惯，学生的心理状况，外在学习环境等，因此，对于学生模型的创建，首先要考虑的是评估学生的哪个或哪些能力，即构建模型的目标是什么；然后考虑用哪些数据来评估学习能力，即模型或算法的输入，都包括哪些参数；随后考虑用什么模型或算法来实现，即模型的架构如何设计，同时还要考虑模型内部如何利用数据进行反馈调整模型参数，这也是影响模型评估效果好坏的关键技术之一。

比较经典和传统的能力评估理论有项目反应理论（item response theory，IRT）和知识空间理论（knowledge space theory，KST）。美国纽顿公司（Knewton）的自适应学习平台（纽顿平台）的学生评估模型就是基于项目反应理论，通过试题级别表现对学生的能力进行建模。其不是假设每个试题都有相同的贡献度来实现我们对学生能力的掌握，取而代之的是，项目反应理论对每个学生的每道试题都提供信息的细微差别的观察。它是在一个试题被正确回答的可能性是一个多参数的数学公式的前期下建立起来的，这些数学公式的参数包括一个人的潜在特性、能力和试题特征。

此外，纽顿平台还使用凝聚层次聚类（hierarchical agglomerative clustering）。层次聚类是一种分析方法，被用来构建类的层次或者结构。这个技术被用来检测大的分组内的潜在结构和建立如何决定学生应该怎样分组以及根据哪些特征将学生分组的算法。纽顿平台中的数学准备（knewton math readiness）包含一个这种技术的实现，它提供了一个分组面板，使得老师可以对使用相同教材的学生根据学生对概念理解的级别进行分组。

从专利数据上看，申请人改进的角度也是多种多样的，学生模型构建并没有固定的、基础的架构，可以说百家争鸣。例如，关于学生当前状态，包括知识水平、认知能力、学习习惯、学习状态、学习环境的情况，对这些因素进行数字化表示，便于后续计算。而对于评估模型本身，传统的技术是使用覆盖模型、偏差模型、贝叶斯网络模型，随着深度学习技术的发展，也开始逐渐使用卷积神经网络、模糊神经网络、基于数据挖掘的聚类、分类技术、全监督、半监督、无监督的学习技术、长短时记忆人工神经网络（LSTM）、决策树、逻辑回归等，这些算法有些是可以解释的，但有些是基于数据的学习进行的模型拟合评估，是无法解释的，因此对于无法解释的算法在使用场景下需要有一定的约束，如入学考试的学生能力评估，就不建议使用无法解释的算法，完全基于大数据的评估结果可能会存在教育偏见，但是对于一些自适应的教育平台，为了从多维度来评估学生的能力，基于大数据经验，为其提供更有利于提升学习效果的教育资源，也是一种比较优选的方案。

4.2.2.2 学习内容模型

学习内容模型是用来对教学内容进行分类聚合，确定在需要推荐学习内容时，能够找到相应的学习内容。实际上，教育公司最宝贵的资源是教学内容，如绘本、培训视频、可提供的可视化的教材等，但是随着知识爆炸性增长，如何组织这些教学内容更好地为自适应教学服务，也成为关键技术。教学内容往往是多种保存形式、多种呈现方式，不是单一的知识本身，其内在的关键点是体现的教学知识点，但是对应的呈现形式、教学方法也同样重要，如何将这些类型复杂、内涵丰富的教学内容进行分类、聚合、标引是最需要解决的问题。

学习内容模型需要考虑两个层次的模型。一个为知识模型，其关注的是特定领域下的基本单位，即知识点，以及基本单位之间的关联关系，知识图谱的应用非常广泛，不仅可以用于教育资源的分类，还可以用于问答系统，而知识图谱在学习内容模型中应用时，知识之间的关联关系还包括了前后学习顺序的关联，即学习路径。例如，纽顿平台中的课程通过知识图谱连接起来，一个“权威的”学术概念交叉学科图谱。在知识图谱内，因为通过课程定义了一个学生的学习路径，概念之间有先决条件的关系。将内容定义为“执导的”或者“评估”的特殊关系，决定了在任何给定的时间点应该给学生传送什么样的学习内容。

另一个为教学资源模型，该模型与知识图谱的构建不同。知识图谱主要是为了挖掘知识的内涵和联系，从而能针对问题给出匹配的答案，解答问题。而教学资源模型是为了将资源进行多维度的分级、分类，以适应于不同能力水平学生的教学，实现更加复杂、困难，其包含的内容是知识点的集合，同时包含了知识点之外的教育资源属性。教学资源模型是自适应教学中独有的模型，也是基础模型。那么在建立该模型时，需要确定如何表示这些教学内容，视频、音频、图像、文本等，如何构建分类目标，通过无监督的训练方式还是有监督的训练方式，即是否需要训练样本来训练模型，以及模型用哪些学习算法来实现。可以看出，教学资源模型的输入数据很丰富，且格式不统一，输出需要借助教育理论进行科学的制定，对于非单一类型的模型建立和训练也一直是深度学习的难点，因为一个网络模型往往只对某种特定格式的对象和任务有效，如长文本分类与 BigBird 模型，自然语言推理与基于变换器的双向解码表示（bidirection encoder representation from transformer，BERT）模型，语言翻译与变换器网络，视频等时序数据与长短时记忆人工神经网络（LSTM）等。因此，对于资源内容模型的建立仅靠单一模型实现是不切实际的。最优化的方式应该是针对不同的数据格式、学习内容的类型（如语文、数学等）构建不同的模型，同时能将这些模型有机地关联和调配。

正是因为教学内容类型和目标复杂多样，与学生能力评估模型一样，学习内容模型也没有一个特别通用的深度网络学习框架，仅能针对特定类型的资源可以采用与这资源相适应的网络模型。因此，在专利数据中，各个申请公司的教学内容模型也都各不相同，同时保护的详细程度也不一致。

4.2.2.3　自适应推荐模型

自适应推荐模型的目标是为特定能力的学生推荐适合该学生的学习内容，因此自适应推荐模型涉及的输入既包括当前学生对象的评估结果，也包括可以推荐的学习内容。实际上，自适应推荐模型是在模拟教师教学的过程，而模型的实现一般需要考虑相关的教学理论，如布鲁姆（Bloom）的掌握学习理论、格茨基（Vigotsky）的最近发展区理论、加涅（Gagne）的教学设计理论等。同时，有了人工智能技术，还可以通过大数据的学习发现学生能力与学习资源之间的匹配关系。其中，人工智能技术可以包括知识追踪、多模态学习感知、深度学习、协同过滤、遗传算法等。

纽顿平台应用概率图形模型（probabilistic graphical models，PGMs），即通过学生已知的掌握程度来了解他可能已经有能力学习的知识。例如，这样的模型能够帮助平台发现一个学生对于分数的什么样的掌握程度能够帮助学生掌握小数，以及对小数的什么样的掌握程度能够帮助学生掌握指数，从而决定对分数的掌握和对指数的掌握之间的联系。最终，这些联系的发现使得纽顿平台能够持续地提炼推荐结果。此外，纽顿平台的推荐内容是根据空间强化、记忆力、学习曲线的理念，使在教学过程中的新概念或技巧被吸收，同时学过的概念和技巧被强化。根据学生在何时以及如何接触内容等资料捕获学生知识增长和减少的方式，使得纽顿平台能够测试控制学生在课程中的发展流程的算法。由此可见，在自适应教学推荐时，教育科学与计算机、人工智能技术深度融合，也正因如此，给自适应推荐模型的建立造成更多困难。

4.2.3　人工智能自适应教学的专利布局

自适应教学在IPC分类体系有明确的分类号，即G09B7/08和G09B7/12，此外结合关键词，如自适应、智适应、推荐、画像、智能导学、针对性、个性化在人工智能教育专利范围内检索，截至2022年5月2日，共得到9718项专利文献。

4.2.3.1　全球和我国专利申请态势

由图4-2-1可以看出，2003—2013年人工智能自适应教学发明专利申请量变化不大，2014年增速首次明显提高，2017年迎来了爆发期，2021年全球申请量有所回落。虽然自适应教育的概念早在20世纪90年代就已经提出，但是由于自适应效果与各类算法、算力和数据密切相关，自2000年开始全球计算能力不断提升，到了2014年计算成本相对于2000年降低了99%，同时2000—2010年属于在线教育的萌发阶段还未商业化落地，直到2012年随着互联网通信技术的革新，在线教育开始商业化，为自适应教育提供了丰富的商业模式以及大量的教育数据。2012年AlexNet在ImageNet图像识别比赛夺得冠军，碾压了第二名支持向量机（SVM）的分类性能，自此深度学习算法的效果被广泛认可，因此基于人工智能技术的自适应教育相关的专利申请也开始迅速增长。

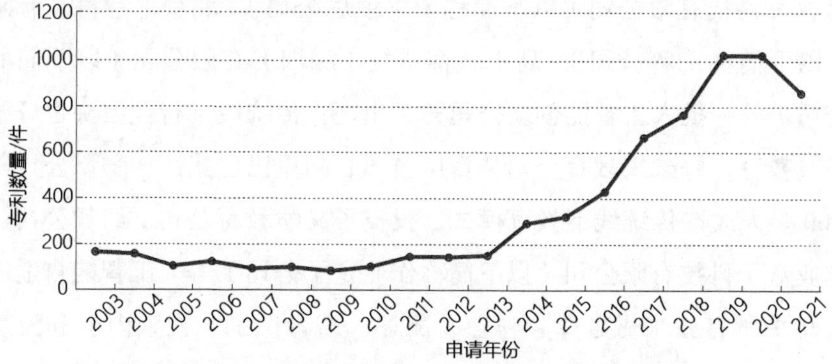

图4-2-1　人工智能自适应教育全球专利申请趋势

图 4-2-2 为中国人工智能自适应教育的专利申请趋势，对比可以看出，中国的专利申请在 2008 年之前积累有限，在 2014 年开始增长，爆发期与全球趋势基本一致，并具有更快的增长速度。与全球趋势一致的是，2021 年也呈现下滑趋势，但是同期中国整个人工智能教育领域的申请数量保持上涨，这说明中国人工智能自适应教育相对于其他领域的热度自 2021 年有所降低。

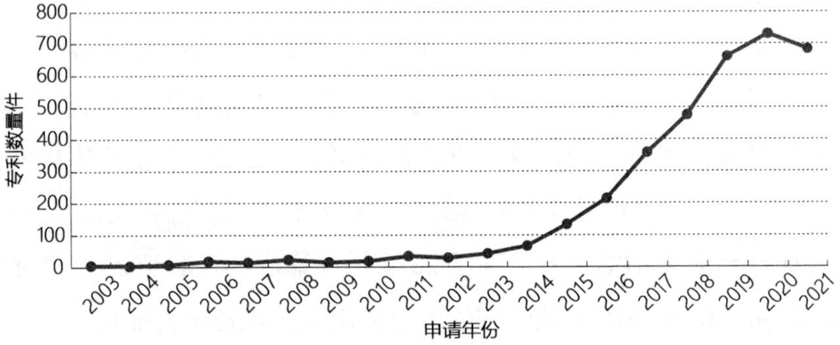

图 4-2-2　人工智能自适应教育中国专利申请趋势

4.2.3.2　各国专利申请态势

在人工智能自适应教育领域，各国占比与人工智能教育占比大体一致，如图 4-2-3 所示，中国数量最多，占比将近一半，从 2014 年底开始，中国迅猛地卷起了人工智能自适应教育的浪潮，乂学教育公司、北京博学慎思教育科技有限公司（以下简称博学慎思公司）、北京论答科技有限公司（以下简称论答公司）、高木教育科技（深圳）有限公司（以下简称高木公司）等一批人工智能创新公司开始出现；传统线下行业巨头也开始布局在线教育，好未来教育公司从百度公司、阿里巴巴集团、腾讯公司等挖来 700 多人改造传统线下教育模式，投资了乂学教育公司、纽顿公司、北京作业盒子科技有限公司（以下简称作业盒子公司）等人工智能自适应公司；几乎所有原来做题库、作业、测评、语音识别、视频内容和流量平台，甚至“一对一”直播的公司都纷纷宣布转型人工智能自适应，并且因为这个概念而纷纷获得了高额融资。“三通两平台”和教育信息化的实施，让学校具备了基本的网络设施和产品认知能力，中国在线教育经历了3年的高速发展后，也积累了大量的数据，由于自适应学习会根据大量的数据分析给出最适合的学习路径推荐，因而如果在线教育自身技术基础上继续研发自适应教育技术，将会增加学生对于平台的黏性，因此，人工智能自适应教育行业比一般的在线教育行业具有更明显的边际效益，使数据和算法形成良性循环。由此可见，整个环境都为中国人工智能自适应教育行业的发展提供了有利条件。美国最早于20世纪90年代提出自适应教育，且逐渐出现多家具有较强科技研发能力的自适应教育公司，如纽顿公司、ALEKS公司、RealizeIT公司、培生教育集团等。纽顿公司曾于2011年发布了其自适应学习的效果，如各科通过率的提高、学生学习兴趣的提高等。2017年，全球最著名的两家科技巨头创始人，比尔·盖茨和马克·扎克伯格联手投入1200万美元到个性化教育，将教育市场对智能个性化方向的关注推向一个高点。早期自适应学习的雏形“公文式学习法”甚至可以追溯到20世纪60年代的日本，它曾风靡一时并快速拓展到海外市场，成为北美地区很流行的补习方式。因此，日本较早就提倡自适应教育，加之其具有较多信息技术公司，从而申请量也较高。2018年，韩国数学自适应教学平台——克诺威（KnowRe）被韩国教育集团大教集团收购，大教集团是韩国市值最高的教育类上市企业，韩国教育部在2020年9月宣布，将在全国范围内16个县的34所学校试点一个名为数学探险的项目，这个项目的核心内容就是将游戏化的自适应教育系统引入公立学校数学教学体系，作为校内数学课堂教育的补充。在印度，个性化教学和智慧课堂的场景是教学应用场景占比最高的。作为印度自适应学习独角兽企业的BYJU’S，自2013年以来，经历了不下20轮次的融资。

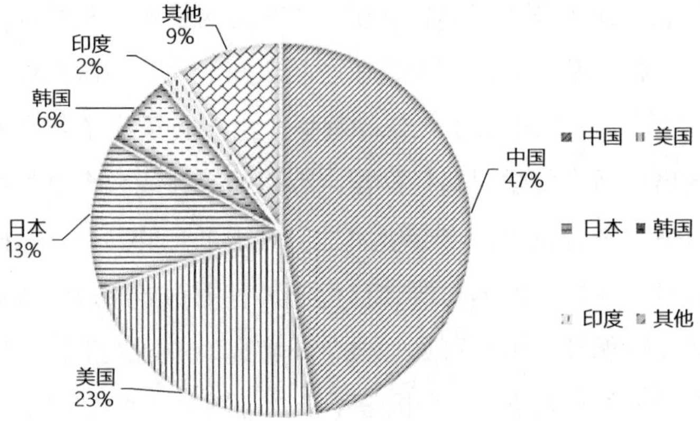

图 4-2-3 人工智能自适应教育各国申请量占比

该领域排名前五的国家是中国、美国、日本、韩国、印度。就逐年的申请量而言，美国和日本从 2003 年开始在人工智能自适应教育领域的申请便处于缓慢的下降趋势，但是其他三个国家都在逐渐增长，因此也说明美国和日本是最早进入人工智能自适应研究的国家且有了一定积累，但是在 2003—2008 年出现了发展瓶颈，而其他三个国家在这一阶段属于萌芽期，刚刚开始关注人工智能自适应教育。从 2009 年，所有国家的申请量开始增长，2008—2013 年增长速度缓慢，但是中国从 2011 年开始增长速度开始明显超过其他各国，从 2015 年开始申请数量超过美国。

4.2.3.3 主要创新主体

对人工智能自适应教育的专利申请进行申请人排名后，全球前 10 名的申请人如图 4-2-4 所示，其中培生教育集团、乂学教育公司和小天才科技公司属于专利申请的第一梯队，IBM 公司、华中师范大学等其他申请人数量相对减半。

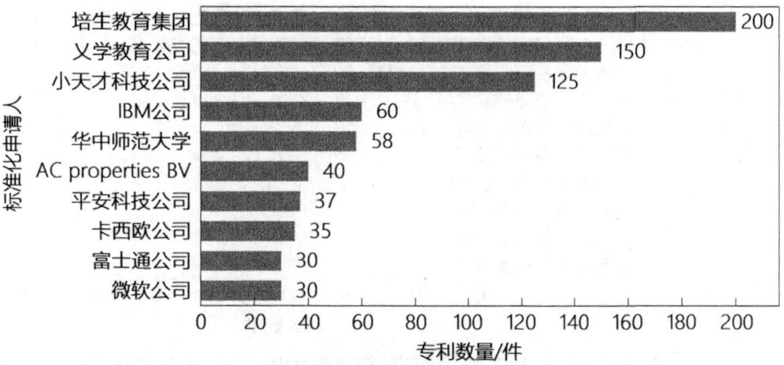

图 4-2-4　人工智能自适应教育全球主要创新主体

就排名前五的申请人的申请趋势而言，培生教育集团在自适应教育研究方面较早，从 2012 年开始专利布局，2017—2019 年保持较高申请数量；小天才科技公司自 2014 年开始进入该领域，2018—2019 年数量较多；乂学教育公司的布局最晚，2018 年才开始申请，但是数量增长最快，2019 年的申请量就超越了培生教育集团和小天才科技公司。而华中师范大学早在 2011 年就已经申请，这说明师范类高校对自适应学习的技术研究较早且专利布局意识较强，但是成果产出数量不如企业明显。

中国的申请人排名如图 4-2-5 所示，自适应教育的独角兽企业乂学教育公司专利申请数量最多，其次是传统教育企业小天才科技公司，而华中师范大学和北京航空航天大学作为高校申请人也进入了前 10 名，说明自适应教育也属于高校学术研究热点。受“双减”政策冲击的好未来教育公司，很早就已经在人工智能技术方面进行了投入，2019 年发布人工智能开放平台，构建智慧课堂“WISROOM”，其特点之一是在云端进行数据收集，教学内容储存在云端，随着教学不断进行，收集到的学习数据会越来越多，从而可以根据学生的个性化数据反馈，进行授课内容调整，进而适应每个学生。

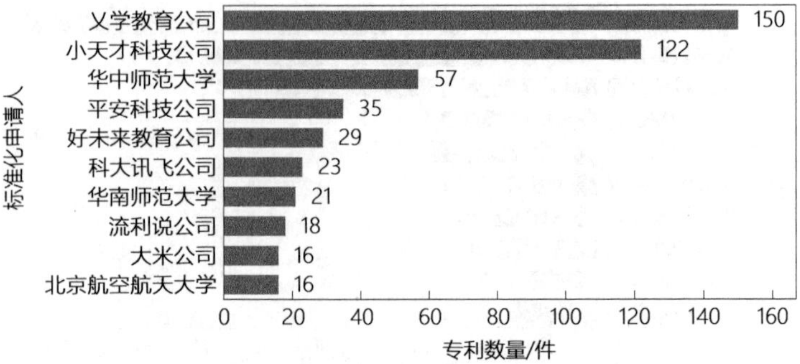

图 4-2-5　人工智能自适应教育中国主要创新主体

4.2.3.4　典型企业及专利

4.2.3.4.1　纽顿公司

1. 技术布局情况

美国自适应教育发展较早，竞争也非常激烈，纽顿公司却一直是该领域中的领头羊。2008 年，纽顿公司在美国纽约成立，2012 年，纽顿公司和全球最大的教育出版集团培生教育集团合作并发布了双方共同开发的基于培生“MyLab & Mastering”的自适应性学习产品。培生教育集团的课程材料在纽顿公司技术的支持下，开始适应性地满足每个学生的独特的学习需要。学生可以生成大量有价值的数据，纽顿公司可以分析这些数据，以此确保学生以最有效、最高效的方式学习。2017 年，培生教育集团终止了和纽顿公司的合作，并考虑研发自己的自适应学习技术。与此同时，在自适应学习逐渐得到包括出版商的教育企业认可之后，市场就变得非常火热。2019 年 5 月，美国知名出版集团约翰·威利父子出版公司宣布收购纽顿公司。

2015 年，纽顿公司发布的《自适应学习白皮书》对纽顿公司的关键技术进行了详细的介绍，从中可以看出纽顿公司平台使用了很多数学算法和教育理论，如项目反应理论、概率图模型、凝聚层次聚空间强化、记忆力和学习曲线等。

Alta 是纽顿公司最新的高等教育产品，是一种完全集成的自适应学习课件，包括基于文本和视频的教学、交互式学习内容、作业和复习材料。如果学生在最初的复习目标上遇到困难，Alta 将提供与该先决条件以及进一步实践相一致的教学材料。如果这不能缩小知识差距，Alta 可以为更遥远的先决条件提供进一步的补救措施。如果将每个步骤"远离"指定的学习目标视为知识图谱上的"跳跃"，那么复习课程可以包含最多 3 个学习目标"跳跃"的内容。Alta 拥有大量关于学生互动的强大数据，这些数据流为 Alta 提供自适应引擎，可以对学生自适应体验的趋势、结果和痛点进行滚动分析。但是，直接回答复习对特定学生的影响是一个非常困难的问题，Alta 则找到一个相同的"对照学生"来接受没有复习的作业，并将他们的结果与参与进修材料的"测试学生"进行比较。Alta 现在可用于数学、统计学、经济学和化学等多门课程。纽顿公司的网站声称全球有超过 4000 万学生使用纽顿公司的平台，而有 1500 万学生使用 Alta。

2. 专利申请情况

通过专利分析发现，该公司申请的专利数量并不多，仅 8 件，属于 3 个专利族，主题分别为：个性化内容推荐，用于基于计算机的学习的方法、介质和系统，基于聚合用户请求的反馈生成内容，都属于自适应学习领域，其中仅有 2 件授权，而且大部分专利已转让给约翰·威利父子出版公司，包括 1 件在审专利。

3. 典型专利

① US8672686B2，发明名称为"用于基于计算机的学习的方法、介质和系统"，该专利认为在学生简档里标识教学内容的一个类别在教导其他学生时更有效，如特定类型的教学内容学生使用的频率高、使用时长等，而当需要向当前学生教授该知识点时，基于简档中的标识，可以提供更适合学生学习的知识点类型，从而提高学生的学习效果。该专利的说明书详细介绍了需要如何建立学生简档，需要考虑哪些因素，怎么确定特定类型的教学内容更有效。

② US10216849B2，发明名称为"个性化内容推荐"，该专利能随着时

间的推移不断地改进和微调学生和内容的性质和属性。例如，传统的学习系统可以基于一组测试用户或单个学生的单个测试来预配置，而该系统可以接收或观察关于许多不同学生与内容的交互信息，其效果可以在许多用户和不同的相关内容片段之间组合。在一个示例中，内容推荐系统基于从学生－内容交互产生的结果，连续地细化关于内容的有效性和学生与该内容交互的熟练度的信息。

由上述两件专利可以看出，纽顿公司的专利属于目前主流的评估学生方法和内容推荐原则，而且权利要求限定的范围很宽，并不限定具体方法是通过什么人工智能算法实现的，只要涉及其他用户经验或是用户交互数据，就有可能落入到权利要求的保护范围内。

4.2.3.4.2 培生教育集团

1. 技术布局情况

培生教育集团是全球知名的教育集团，已有 150 多年的历史，主要提供各类教育内容、教育信息技术、测试及测评、职业认证等与教育相关的服务。培生教育集团已遍布全球 60 多个国家。2017 年，培生教育集团终止了和纽顿公司的合作，并考虑研发自己的自适应学习技术。

MyLab & Mastering 是培生教育集团研发的集在线家庭作业、教程和评估为一体的产品，其设计目的是提高所有高等教育学生的成绩，一次一个学生。MyLab & Mastering 每年为超过 1100 万学生用户提供意见，可创建个性化且持续自适应的学习体验。MyLab & Mastering 会根据学生的实际表现作出反应，提供数据驱动的指导，帮助他们更好地吸收课程材料并理解困难的概念。

培生教育集团的网站中以 MyLab Math 为例说明了影响其有效性的三个关键学习设计原则：第一个原则是通过脚手架（或鹰架）（scaffolding）支持教学。根据脚手架理论，新手学习和处理信息的方式与那些拥有更多专业知识的人截然不同。因此，当学生练习时，可以为其提供如何按需解决具有挑战性的问题的分步指导，随着学习者在课程中的进步，他们可能会开始要求更少的帮助，从而提供练习解决问题的技能的机会，这些技能越来越复杂。第二个原则是减少无关的认知负荷，通过将内容连贯地组织成主题和子主题，以可管理的块呈现，从而帮助学生学习的同时不会感到不知所措。第三个原则是支持知识保留，培生 MyLab Math 的评估架构为学生提供了许多机会，让他们应用自己正在学习的知识来解决各种问题。通过允许学生反复练习应用于各种问题的基本技能，有助于提高学生对关键程序和规则的理解和保留。

2. 专利申请情况

培生教育集团在全球的相关专利申请共计 416 项。从 2012 年起，培生教育集团开始申请人工智能教育相关的专利，也是同年其与纽顿公司进行合作，利用纽顿公司提供的自适应平台开展教学服务。通过对其申请的专利进行分析，可以发现该公司有 200 项专利涉及人工智能自适应教学，将近一半，由此可以看出自适应教学是培生教育技术创新的重点。

具体到人工智能自适应领域，如图 4-2-6 所示，培生教育集团在 2017 年后的申请量有了明显提升，而在 2018 年培生教育集团不再使用纽顿公司的自适应平台后，申请量为最多的一年。在这 200 项专利中，已有 78 件授权，43 件待审查。

图 4-2-6　培生教育集团人工智能自适应领域专利申请趋势

培生教育集团从不同角度对人工智能自适应教学技术进行专利布局，

因为培生教育集团最大的优势是它的教育资源，并且对如何将这些教育资源进行分类具有较深的研究实力，所以其学习内容模型相关的申请量最高，占比59%；其次，是学生评估模型，主要是从多方面对学生的能力进行准确且动态的评估，申请量相对少的是自适应推荐模型。

3. 典型专利

① US9406239B2，发明名称为“基于向量的学习路径”，该专利是一种用于基于学生和学习向量上下文学习路径推荐的方法、装置、系统。识别事件学习对象和目标学习对象。识别事件学习对象和目标学习对象之间的学习路径，每个学习路径包括多个学习对象和学习向量。为学习路径计算幅值，该幅值基于每个学习路径中的学习向量的幅值之和。比较所述学习路径的大小，并基于所述学习路径的比较来选择所述学习路径中的一个并提供给学生。该专利属于培生教育申请较早的专利申请，因此后续有20多件专利申请引用了该专利。

② US10290223B2，发明名称为“预测推荐引擎”，该专利基于用户配置信息，利用概率模型并使用挑战集难度等级、学生技能等级、所述多个挑战中的每一个来估计所述学生克服所述多个挑战中的每一个的概率，评估学生错误水平，根据贝叶斯方法更新所述学生属性数据以产生更新的属性数据，其中所述更新的属性数据更新所述分段高斯分布模型，整个评估过程需要大量的学生属性信息，同时引入了多个数学模型来进行分级分类，而且评估过程中产生多个子目标，并且还会基于当前的学习结果更新原来的属性信息，从而最终得到一个动态的结果用于评估学生是否能掌握相关知识。

该专利属于自适应学习中对学生进行评估的一种方法，基于学生的大数据和多个数据模型来动态评估学生的能力，属于评估学生模型里较为基础的技术，因此该专利被引证次数多达39次，其中29件来自自身的引证，5件来自IBM公司的引证，2件来自微软公司的引证，还有一些其他教育公司也引证了该专利。该专利在美国申请的同时还提交了PCT国际专利申请，并在中国和欧洲专利局进行了申请。

③ US10713225B2，发明名称为“内容数据库生成”，该专利通过应用第一内容结构来使多个数据分组相互关联并基于数据分组属性来细化相互关系来简化数据库中的数据结构的系统和方法。所述系统可以包括存储器，所述存储器包括结构数据库，所述结构数据库可以包括多个内容类别的内容结构和内容库数据库。内容库数据库可以包括多个数据分组。该系统可以包括服务器，该服务器可以接收多个数据分组，根据内容结构组织内容，并且基于那些数据分组的确定属性更新至少一些数据分组的组织。

该专利用于实现如何对内容进行分组以用于自适应学习时为用户匹配合适难度的内容。其引证次数也达 40 次，并在中国、欧洲申请了专利，也提交了 PCT 国际专利申请。

④ US10467552B2，发明名称为“用于自动内容提供的系统和方法”，该专利接收对内容的请求；向服务器发送包含内容请求的电信号；将包含硬件配置数据的电信号发送到服务器；接收第一数据分组；启动评估软件；使用所启动的评估软件评估接收到的响应数据；为所接收的响应数据的多个属性生成结果数据；自动递送在第二数据分组中接收的第二呈现数据。

该专利被引用 29 次，其中 23 次是被苹果公司引用，因为苹果公司也在自动推荐领域进行专利布局。

⑤ US9336483B1，发明名称为“内容分发网络的动态更新神经网络结构”，该专利现有技术中某些神经网络的性能可能会随着时间的推移而下降，从而导致其输出的结果准确性较低，但是不能对该神经网络进行灵活的改变。该发明专利提供了一种可以替换神经网络的方案。神经网络训练数据被存储在训练数据库，执行神经网络数据结构的初始训练过程。在内容分发网络部署和使用神经网络之后，可以接收与内容分发网络相关联的附加输入和输出数据，并将其用于连续或周期性地评估神经网络的性能水平。基于这样的评估，可以生成多个附加的神经网络数据结构，并将其训练为所部署的神经网络的替换候选者。

该专利属于神经网络结构的更新方法，属于人工智能技术较为底层的发明，因此被引证次数高达88次，引用的公司大多为科技创新公司。

通过上述分析可见，培生教育集团有关自适应教学的发明专利的布局比较全面，涉及所有细分领域，但是同族专利数量并不多，主要关注的地区是欧洲。不过，部分技术也提交了PCT国际专利申请，因此也有可能是培生教育集团视专利价值情况再决定是否进入其他国家进行专利申请。从技术内容上，既涉及人工智能算法模型，也涉及教育理论与信息处理结合，体现出该企业在人工智能自适应中强大的研发实力和专利保护意识。

4.2.3.4.3 乂学教育公司

1. 技术布局情况

乂学教育公司是国内较早布局教育人工智能软件即服务赛道的人工智能公司，其开发了国内较早以高级算法为核心的人工智能自适应学习引擎——松鼠Ai智适应学习系统，不但能实现以学生为中心的智能化、个性化教育，还能在学习、练习、测试、答疑等教学过程中应用人工智能技术，达到因材施教的效果。目前，松鼠Ai已经为超过6万家中小学校、4000家教育培训机构提供服务，仅2021年一季度使用松鼠Ai系统服务的学生就超过1000万。

松鼠Ai平台检测到学习的知识薄弱点，将学科中的知识点进行超纳米级知识点拆分，基于知识地图理论，同时对知识点、非关联性的知识点建立关联概率，使用错因重构知识地图，将每一道题标注不同种的错因，还对学习能力和学习方法进行拆分，利用对抗模型进行迭代。松鼠Ai可以检测出人的思维模式（model of thinking）、学习能力（capacity）、学习方法（method），因此称为MCM系统，通过检测学生们登录的时间、学习的时间、速度和结果，以及通过监测的模式抓取孩子的实时数据，来判断学生学习的集中度和专注度，从而判断出下个环节的学习内容。

松鼠Ai采用线上线下打通的商业模式，将人工智能核心技术打造出K12全科课外辅导智能系统对学生授课，线上线下，混合双师全方位教学。

线上人工智能老师加线下班主任老师。学生可以在家在线学习，也可以到线下学习中心学习接受人工智能教学系统和老师混合双师授课。

松鼠课堂公司是乂学教育公司的子公司，该子公司先后引进集结了三位全球领先的智适应学习技术专家包括崔炜、理查德·唐（Richard Tong）和丹·宾德曼（Dan Bindman）分别作为首席科学家、首席架构师和首席数据科学家。崔炜博士是乂学教育松鼠Ai的联合创始人、首席科学家，前RealizeIT公司的核心工程师，是人工智能智适应学习和大数据专家。理查德·唐为松鼠课堂公司首席架构师，2016年加入乂学教育松鼠课堂公司，曾担任纽顿公司亚太区方案实施总负责人，电气与电子工程师协会（IEEE）的智适应系统（adaptive instruction system，AIS）标准工作组成员，参与制定自适应教学全球标准。丹·宾德曼教授是松鼠课堂公司的首席数据科学家，是人工智能智适应教育算法和产品专家，自2005年起就领导创建了ALEKS的旗舰数学产品，并领导规划/实施了ALEKS整体的知识点和关联知识图谱（百万级别的图谱数据连接参数体系），2021年底加入松鼠课堂公司。

2. 专利申请情况

通过对乂学教育公司及其子公司松鼠课堂公司有关自适应学习相关领域的专利申请分析可以发现，其专利申请数量较多，但都是从2018年才开始的，大部分案件还没审查完成，授权数量仅为40件，因此授权数量与美国老牌企业，例如，与培生教育集团相比，还有一定差距，但是仍有75件待审查，数量高于培生教育集团。

从技术功效和分类号的分布看，松鼠课堂公司自适应的细分领域比较全面，既有涉及提高算法的准确率和效率的，也有涉及自适应程度的。但是在专利申请的撰写和布局上还不够系统化，例如，案件都是独立的，不存在其他的系列申请，属于单一布局。

3. 典型专利

① CN111737494B，发明名称为“智能学习系统的知识图谱生成方法”，该专利分析历史时长内用户对应的搜索内容，并从所述搜索内容中提取对应的知识内容和知识结构；根据提取的所述知识内容和知识结构，利用所述智能学习系统中的相关大数据分析模型，并利用自主学习匹配的方式，进行模型匹配；根据匹配结果，将提取的所述知识内容和知识结构作为输入，利用匹配的所述大数据分析模型，生成对应的知识图谱；提高了知识图谱的生成效率和准确率，也提高了知识图谱的实用性和广泛性。

② CN112131349B，发明名称为“对知识点掌握状态进行测量的方法”，该专利在评估学生能力时主要关注的是学生做题时的状态，如做题时间、对错等。利用神经网络等模型对这些状态值的权重进行计算得到学生对知识点的掌握状态。

由此可见，该方案体现的是松鼠 Ai 的可能知识状态（probabilistic knowledge state，PKS）模型，实际 PKS 模型由多层学生能力组构成，包含超过 20 000 个模型参数。模型可以准确判断学生个体和群体的实时学习情况并为他们量身定制适合每个学生的个性化学习内容。与现有的其他基于项目反应理论和知识空间理论等模型相比，PKS 模型可以简单快速地根据学生在学习过程中的题目回答情况，真正了解每个学生的实时学情和知识掌握情况，无须像其他的模型需要大量的阶段测试来掌握学生的学习水平。PKS 模型的另一个优势是与现今的其他模型相比可以获取更海量的数据。

因为乂学教育公司属于新成立的在线教育独角兽企业，教育本身受地域文化影响较大，所以在专利布局上该公司还未考虑到全球布局，仅在中国进行了专利申请，但是由于该公司主导研发成员分别来自全球三大人工智能智适应教育机构纽顿公司、RealizeIT 公司、ALEKS 公司，因而其专利申请质量较高。

4.3　人工智能辅助教学

4.3.1　人工智能辅助教学的概念

教育的环节可以分为“教、学、考、评、管”，其中“教”又可以分为前中后三个阶段，即教前的备课、教的过程、教后的总结反馈；而“学”也可以分为三个阶段，即学前的预习、学习的过程、学后的复习。无论是教还是学，都可以借助其他辅助工具来提高效率，在前面介绍的自适应教学实际上应为教和学的过程阶段中涉及教学内容的部分，而对其他阶段以及教学过程中其他场景，如何利用人工智能技术来提高教和学的质量，为学生的学习、老师的教学、家长的辅导提供便利，丰富学习场景以及降低对教学场景的时间和空间限制就属于人工智能辅助教学要解决的问题。目前，基于人工智能技术的辅助教育应用场景主要包括人工智能问答、人工智能搜题、虚拟课堂、人工智能交互、人工智能语言学习、人工智能模拟教具等。

4.3.2　人工智能辅助教学的技术发展情况

智慧课堂、学习机、语言学习软件很早就走进了大众视野，这些产品或应用都属于辅助教学类。人工智能、大数据等技术的广泛应用推动人工智能技术在教育领域的落地沉淀，并汲取在线教育的优势，辅助线下教育往数字化新生态方向发展，实现教学工具、内容、管理等多方面的升级。各类智能辅助教育产品让人应接不暇，例如，覆盖从幼教到K12各学科的知识点的备课神器，包含名师教案、学习单、试题试卷、全景式教学视频、章节及专题微课等。支持跨平台的无线投影软件，通过一键投影可以实现不同屏幕之间投影在教学上使用的需要，促使教师的课堂互动更精彩。完成作业功能的软件，学生能够在这些软件上做作业，学习课程；家长能接收老师布置的作业，看到孩子的完成情况；老师则能布置作业、口语打分、教学评估、批改作业等；思维导图软件，让思维可视化；搜题软件，什么不会搜什么；智能台灯，除了照明，还能纠正姿势，拍照答题，回答问题等。

不同的辅助工具使用的人工智能技术可能不同，而有的辅助工具融合了多种人工智能技术，本节从中选出应用较为广泛且有成熟落地产品的四个关键技术的发展进行介绍。

4.3.2.1 问答系统

学生常常需要教师或家长解惑答疑，而老师不可能随时出现在学生身边，家长也不会什么问题都知道，互联网的搜索功能一定程度也充当了老师或家长的作用。与此同时，教育企业也开发出学习机这种我们耳熟能详的教育辅助产品，通过向学习机提问学习相关的问题，获得比互联网搜索更加直接、专业、方便的解答，这就是问答系统在教育中的应用。问答系统的实现主要包括三个步骤：知识库的建立、问句语义理解、获得答案。

早期的问答系统都是针对某个领域设计的，因为知识库是由该领域专家手动建立起来的，建立过程费时费力且具有很强的领域特性。问句的语义理解由两种方式来实现：一是进行自然语言理解，也就是自然语言处理，即采用计算机的处理方式将输入的自然语言解释为机器可以理解和处理的内容；二是通过检索的方式实现，即不需要理解句子本身的含义，而是直接去知识库中去搜索与该问句匹配的问句，这种方法的弊端是答案中必须包含问句中的一个词或字，所以不如语义解析的方法精确。在获得答案阶段，比较关键的技术是知识推理，因为不可能所有的问题都有答案，有些可以通过常识从已有的知识库中推理得到，而这就需要建立完备的常识库和推理规则，早期也都是通过人工建立的。

2011 年，IBM 公司的沃森人工智能在著名的智力竞赛节目“危险边缘（jeopardy）”中击败了这一节目的两位冠军选手，成功赢取了 100 万美元的大奖。沃森代表着 IBM 公司在人工智能领域最核心的技术，能迅速回答涉及双关语和文字游戏等复杂问题。

问答系统的关键是高质量的知识来源和精确的问题理解。之所以现在的问答系统越来越准确，得益于深度学习、知识图谱技术的发展。知识图谱简单说是将知识点用事实描述，知识点之间使用关系连接，形成知识网络，此时知识不再是单纯的字符串。科学工作者一般以维基百科作为构建知识数据库的来源，因为维基百科集合了群体的智慧，数据质量高且会实时更新。基于知识的问答任务的最简单形式是回答在三元组中询问一个缺失论点的事实类问题。2012 年谷歌公司在其发布的产品中用到了知识图谱，其专门用于自然语言处理。

同时，知识图谱的建立也离不开基于深度学习技术的自然语言处理。在双向解码表示（BERT）被提出以前，自然语言处理最常用的技术是卷积神经网络（CNN）、循环神经网络（RNN）、编码－解码（encoder-decoder）。2018 年，谷歌公司的基于变换器的双向解码表示技术横空出世，显著地提高了自然语言处理能力。而问答系统成为自然语言处理应用中效果最好的领域之一。

在问答系统中应用双向解码表示是指将其用于斯坦福大学问答数据集（SQuAD），SQuAD 基准（benchmark）给出的问答任务是指定一个问题和一个包含回答的文本片段，双向解码表示需要将相应的答案文本的范围用高亮表示。变换器是特征抽取器，与卷积神经网络、循环神经网络并列用于特征抽取的一种深层级网络结构，而双向解码表示可视为一种两阶段的处理流程，这个流程使用的框架便是变换器，可以理解为双向解码表示利用变换器学会如何编码、存储信息知识。相对于传统的卷积神经网络、循环神经网络，双向解码表示学到了更多、更长的上下文特征，因此基于双向解码表示的上下文嵌入和变换器架构的问答模型实现了更高的准确性。

4.3.2.2　虚拟现实

涉及最早的虚拟现实的发明是美国摄影师莫顿·海利希（Morton Heilig）提交的有关虚拟现实（VR）设备的发明，该设备非常庞大，拥有 3D 立体声、3D 显示、震动座椅、风扇（模拟风吹）以及气味生成器。随后他又提交了一个关于虚拟现实眼镜的发明专利，这个眼镜跟现代虚拟现实眼镜非常相像。但是，它只拥有立体显示功能，并没有姿态追踪功能。也就是说当人们戴着眼镜向左右看时，眼镜里的景象不会发生变化。而在 1965 年，被称为虚拟现实之父的伊凡·苏泽兰（Ivan Sutherland）在国际信息处理联合会中发表的《终极的显示》的论文中首次提出了虚拟现实技术概念。到了 20 世纪 90 年代，随着市场的热捧，虚拟现实眼镜迎来了第一次热潮，虚拟现实产品纷纷上市，但是性能很差，被玩家诟病，制造者们也纷纷偃旗息鼓。2012 年 4 月，帕尔默·洛基（Palmer Luckey）公布了“Oculus Rift”的计划，并在美国最大的众筹平台发起了众筹，最终筹集了 240 万美元的资金，用来研发“Oculus Rift”，同年，谷歌公司发布了谷歌眼镜，该眼镜属于一款“拓展现实”的眼镜。2014 年 3 月，扎克伯格斥资 30 亿美金收购了 Oculus，并就此掀起了虚拟现实产业的新一波浪潮，同年，谷歌公司发布了 Cardboard。2015 年，宏达国际电子股份有限公司（以下简称宏达电公司）与维尔福集团（Valve）发布虚拟现实头戴式显示器“HTC vive”。次年，索尼公司公布游戏站 VR（Playstation VR，PSVR）。随后大量的厂家开始研发自己的虚拟现实设备，而 2016 年被称为虚拟现实新元年。2016 年 3 月 17 日，全国人民代表大会和人民政治协商会议授权发布的《中华人民共和国国民经济和社会发展第十三个五年规划纲要》指出：“大力推进先进半导体、机器人、增材制造、智能系统、新一代航空装备、空间技术综合服务系统、智能交通、精准医疗、高效储能与分布式能源系统、智能材料、高效节能环保、虚拟现实与互动影视等新兴前沿领域创新和产业化，形成一批新增长点。”“虚拟现实”位列其中，这标志着我国政府对虚拟现实技术发展的关注和重视。2018 年，脸书公司（Facebook）推出了“Oculus Go”一体机，2021 年脸书公司更名为元（Meta），“Meta”是“元宇宙（meta verse）”一词的前缀，扎克伯格将公司押注于元宇宙的发展上面，而元宇宙本质上是对现实世界的虚拟化、数字化过程，其中关键的技术就是扩展现实（extended reality，XR）技术。扩展现实，是指通过计算机将真实与虚拟相结合，打造一个可人机交互的虚拟环境，通过将增强现实、虚拟现实、混合现实的视觉交互技术相融合，为体验者带来虚拟世界与现实世界之间无缝转换的“沉浸感”。

教育领域是虚拟现实的第二大场景应用（第一大场景应用为游戏），被称为虚拟教学，且已经被多次验证能对学生的教育产生创新性的改变。虚拟教学将利用虚拟空间进行教学，加上虚拟现实技术的支持，构造出虚拟的教学环境，学生通过视听感官对虚拟空间内传递的信息进行接收与思考，极高的沉浸式体验与交互式体验结合自身的想象空间能够在短时间内达到传统教学所不能达到的效果。虚拟教学的沉浸式特点可以弥补院校硬件设施不足的问题，打破传统的教学模式，同时虚拟教学的互动性和创造性特点可以提高学生上课积极性。虚拟现实教学从场景上可以分为很多种类型，如虚拟场景体验、语言沉浸、技能培训、哲学/数学理论虚拟展示、模型设计、特殊教育、远程学习、协作学习等。

虚拟教学在实现时需要以下技术：虚拟环境建模技术，即通过扫描三维环境信息获取与环境相关的信息数据，然后根据具体需要，建立虚拟环境模型，具体到教育场景，往往是构建一个虚拟课堂场景，除了课堂中的桌椅板凳、黑板等教学用具，还应该虚拟所有的老师、学生等人物；声像显示技术，获取环境中对象的声音、体型、动作等信息进行合成后立体显示，即课堂中的每个人和物都与真实世界一样，能发音、能运动；交互技术，虚拟环境中对象既可以直接参与到环境的互动中，且在参与过程中获得实时的反馈，如远程在黑板上写字，能够体会到黑板反馈的应力以及黑板上显示的信息。而人工智能对虚拟现实关键技术的推动体现在：虚拟对象的智能化，感知交互的智能化以及渲染处理智能化，虚拟化对象方面包括基于人工智能的虚拟人以及模拟人的智能行为；在感知交互方面，基于人工智能的场景分割识别及定位重建已成为科技巨头的重点布局领域；在渲染处理方面，基于深度学习的渲染技术能够大幅度提高画质、降低渲染时间。

4.3.2.3 图文识别

作业解答是学生、家长最容易想到的教学辅助场景之一。早期是通过在线题库来解决这个问题，但是中小学的教材版本众多，试题考点、考试标准不同，建立一个完整的线上题库仍然很困难，而如今随着大数据在行业中得到应用，产品类型越来越多，建立一个大而全的在线题库已经不再困难。再加上深度学习对于计算机视觉、语音识别、自然语言处理的准确度的提升，自 2013 年起，拍照搜题成为多家教育机构纷纷推出的人工智能辅助教育工具。学霸君、猿辅导、作业帮等应用程序也成为该细分赛道的头部选手。

拍照搜题的基础是题库的建立，技术实现依靠光学字符识别（OCR）和深度学习技术。最早的拍照搜题是以图搜图，即题是以图片的方式存储在题库中，通过在题库中搜索与当前拍摄的图片相同或相似的图来完成搜题过程。这种方式存在的问题是，图片存储占用空间大，搜索效率和准确率都不高且灵活性差。正因如此，目前主流的实现技术都改为以图搜文，即题目或答案都是以文本方式存储，先通过结合深度学习的光学字符识别技术进行图文识别，准确识别出图文中的信息，并按照原始图文的显示顺序合成识别出的文本，最后再在题库中搜索。

光学字符识别是指电子设备（如扫描仪或数码相机）检查纸上的字符，通过检测暗、亮的模式确定其形状，而后利用字符识别方法将形状翻译成计算机文字描述的过程。其一般分为两个步骤：字符定位和字符识别，字符定位中的水平文字定位与物体检测类似，不同在于识别时会存在不规则文本的情况，如倾斜的文字，此时需要对文本进行矫正后分割，再对每行文字进行定位；在字符识别时就可以借助深度学习模型来实现，如使用文字识别的神经网络分类模型，常见的如由“CNN+RNN+CTC”组成的识别框架、Tesserocr[1]、快速定向文本发现（fast oriented text spotting,

[1] Python 的一个光学字符识别库.

FOTS）等。光学字符识别的准确率与创建的训练样本集大小和丰富度、扫描场景的通用性或特殊性有很大关系，因此在辅助教学场景中，搜题的对象复杂与否直接关系着搜题的效果，这也是技术改进的方向。从专利文献分析可以看出，搜题领域涉及了许多对特殊格式题目的搜索类的发明专利，如公式等。

4.3.2.4　语音识别

语音识别，通常称为自动语音识别（automatic speech recognition，ASR），主要是将人类语音中的词汇内容转换为计算机可读的输入，一般都是可以理解的文本内容，也有可能是二进制编码或者字符序列。1993—2009 年，语音识别一直处于高斯混合模型和隐马尔可夫模型（GMM-HMM）时代，语音识别率提升缓慢，尤其是 2000—2009 年语音识别率基本处于停滞状态；2009 年随着深度学习技术，特别是深度神经网络（DNN）的兴起，语音识别框架变为 DNN-HMM，语音识别进入了 DNN 时代，语音识别精准率得到了显著提升；2015 年以后，由于“端到端”技术兴起，语音识别进入了百花齐放时代，语音界都在训练更深、更复杂的网络，同时利用“端到端”技术大幅提升了语音识别的性能。[1]

计算机语音识别过程与人对语音的识别处理过程基本上一致。目前主流的语音识别技术是基于统计模式识别的基本理论。一个完整的语音识别系统大致可分为三部分：①语音特征提取。目的是从语音波形中提取随时间变化的语音特征序列。②声学模型与模式匹配（识别算法）。声学模型是识别系统的底层模型，并且是语音识别系统中最关键的一部分。声学模型通常由获取的语音特征通过训练产生，目的是为每个发音建立发音模板。在识别时将未知的语音特征同声学模型（模式）进行匹配与比较，计算未知语音的特征矢量序列和每个发音模板之间的距离。声学模型的设计

---

[1] 佚名．语音识别发展史［EB/OR］．（2019－08－22）［2022－07－15］．http://ai.qianjia.com/html/2019－08/22_347750.html.

和语言发音特点密切相关。声学模型单元大小（字发音模型、半音节模型或音素模型）对语音训练数据量大小、系统识别率，以及灵活性有较大影响。③语义理解。计算机对识别结果进行语法、语义分析。明白语言的意义以便作出相应的反应。这通常是通过语言模型来实现。随着各种深度神经网络以及“端到端”技术的兴起，声学模型是近几年非常热门的方向，业界都纷纷发布自己新的声学模型结构，刷新各个数据库的识别记录。由于中文语音识别的复杂性，国内在声学模型的研究进展更快一些，主流方向是更深、更复杂的神经网络技术融合“端到端”技术。

语音识别技术在辅助教育中应用非常广泛。课堂教学中，在线语音识别技术可以将老师的讲课内容，从语音转为文字，非常简单方便，准确度高；通过语音合成 + 虚拟现实技术，打造虚拟的名师形象，通过亲切的语音 / 动作文字等方式与学生互动。课后学习时，学习机器人通过语义识别技术识别学生的问题，给出相应答案或学习指导。各类语言学习类的应用程序通过语音识别技术进行跟读、评测、纠正错误等。

4.3.3　人工智能辅助教学的专利布局

通过对全球专利库中有关人工智能和辅助教学相关的主题进行检索（截至 2022 年 5 月 2 日），共得到 21 316 项发明专利申请。

4.3.3.1　全球和我国专利申请态势

从图 4–3–1 可以看出，人工智能辅助教学的专利申请与全球人工智能教育的趋势有所不同，2003—2007 年的降低趋势不明显，也充分说明了在辅助教学包含的类别比较多的情况下，某一两个领域的变化对整体影响不大。其次，2016 年的增幅明显但不如总体增幅高，这是因为该应用领域中包含了许多技术较为成熟的细分领域，虽然人工智能技术对该领域也带来了技术革新，但是不如自适应以及人工智能教育整体显著。与总体趋势相同的是，其专利申请量也是在 2016 年后开始明显增长，2020 年的增长率有所回落，2021 的专利申请量有所下降，但仍然维持高位。

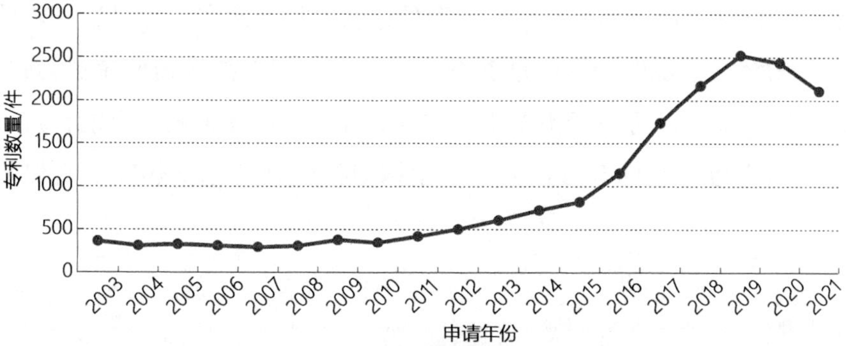

图 4-3-1 人工智能辅助教学全球专利申请趋势

图 4-3-2 展示了人工智能辅助教学各细分场景下的专利申请量占比，其中人工智能问答系统数量最高，原因之一是问答系统属于很早与教育结合的技术，同时问答技术与教学之间的融合度高，可以作为软件植入各类学习机器人或是在线学习平台，应用广泛，可以帮助学生答疑解惑。虚拟课堂属于较新的技术，但是由于教育是虚拟现实技术第二大落地场景，所以申请量也较高。

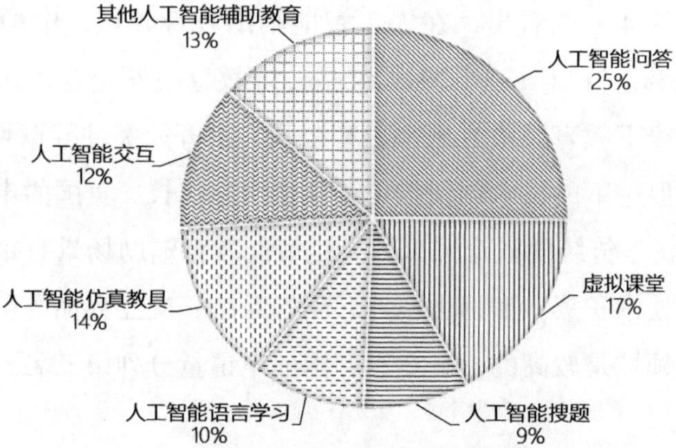

图 4-3-2 人工智能辅助教学各类专利申请量占比

图 4-3-3 为中国人工智能辅助教育的专利申请趋势，中国的专利申请量在 2007 年仅有全球数据的 10%，从 2007 年开始缓慢增长，2016 年的增长明显高于全球，直线上升趋势一致持续到 2018 年。与全球申请态势不同

的是，中国在2020年和2021年依旧处于快速增长阶段，只是速度较前几年有所放缓，这说明中国辅助教育市场对人工智能技术的反应更为强烈，从人工智能辅助教育市场不断推出的新产品，如小猿搜题、智能台灯、各类在线语言教育软件等可以看出，中国对该领域的创新热度一直保持在高位。

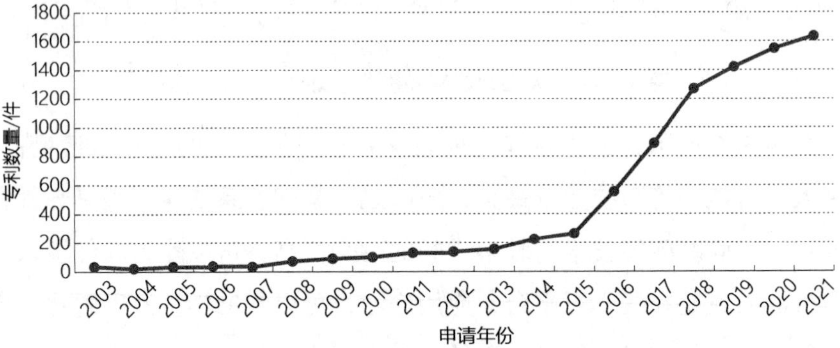

图4-3-3 人工智能辅助教学中国专利申请趋势

4.3.3.2 各国专利申请态势

由图4-3-4可以看出，在人工智能辅助教育领域，中国的申请量最高，占到40%，自2016年以来无论是传统教育硬件企业，如小天才科技公司，还是线下教育巨头好未来教育公司，都开始关注互联网+、人工智能技术共同促进下的技术创新，申请量也明显增长。美国的申请量占比为24%，美国属于传统的教育强国，人工智能教育辅助场景有很多细分场景需要长期的技术积累，如语言学习、问答系统、交互界面等，因此，美国的占比在该领域是较高的。日本和韩国的申请量分列第三名、第四名，但是占比不高。

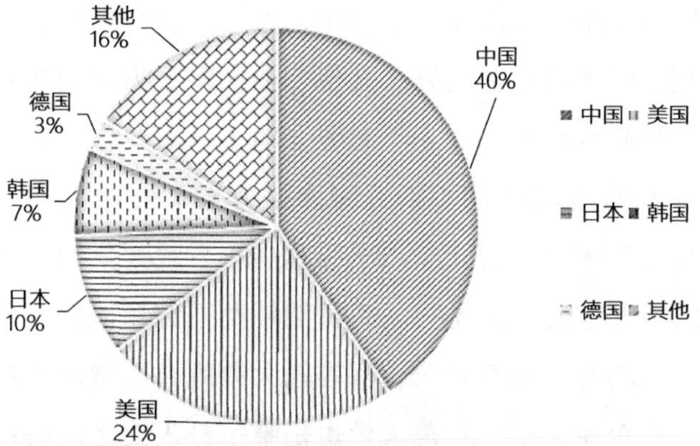

图 4-3-4　人工智能辅助教学各国专利申请量占比

4.3.3.3　主要创新主体

对人工智能辅助教学的标准化申请人排名后，前 10 名的申请人如图 4-3-5 所示，中国的两个企业排名前两名，分别是好未来教育公司和小天才科技公司，而 IBM 公司排名第三，这三家企业属于第一梯队，数量均在 200 件以上。微软公司、索尼公司和林肯电气公司分列第四至六名，数量在 100 ~ 150 件，林肯电气公司的发明主要涉及虚拟现实和仿真技术，用于职业培训。第三梯队有两家日本企业，分别是三菱电机株式会社和松下集团；两家美国企业，分别是伊利诺伊工具产品公司和苹果公司。从企业类型差异也可以看出该应用场景中的产品类型多样。

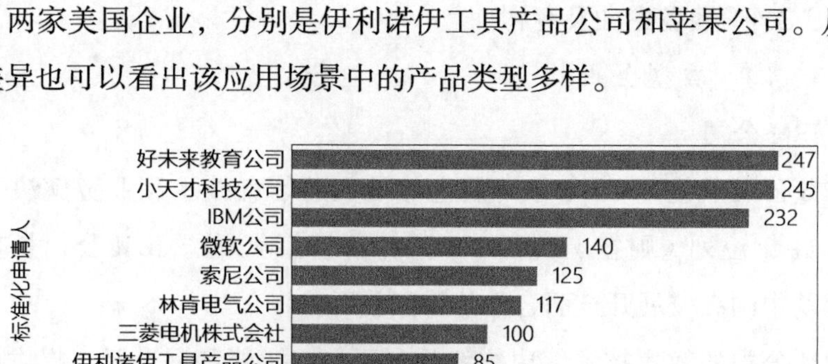

图 4-3-5　人工智能辅助教学全球主要创新主体

中国的申请人排名如图 4–3–6 所示，除了之前全球排名前两名的好未来教育公司和小天才科技公司外，其他企业大多数为中国知名的在线教育企业，如作业帮教育科技（北京）有限公司（以下简称作业帮教育公司）、北京猿力未来科技有限公司（以下简称猿力未来公司）、松鼠课堂公司，新东方教育科技集团有限公司（以下简称新东方教育集团）虽然属于在线下教育领域的行业翘楚，但是在人工智能辅助教育领域仅排名第九，与同为线下教育巨头的好未来教育公司存在较大差距，而腾讯公司是唯一进入前十的信息技术企业，华中师范大学也是唯一进入前十的高校，国家电网公司的产品主要是职业技术培训仿真系统或设备。

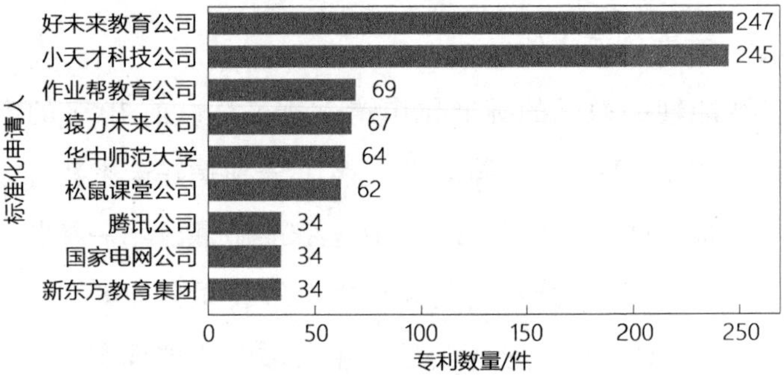

图 4–3–6　人工智能辅助教学中国主要创新主体

4.3.3.4　典型企业及专利

4.3.3.4.1　典型企业

1. IBM 公司

IBM 公司成立于 1911 年，是全球最大的信息技术和业务解决方案公司，2021 年位列《财富》美国 500 强排行榜第 42 位。IBM 公司是首个与教育部及中国高校展开全面合作的跨国公司。

IBM 公司的教育技术解决方案是利用人工智能和混合云，提供更出色的学习成果和教学效果，同时改善运营。2016 年，IBM 公司研发的人工智能程序沃森宣布进军教育界，推出一款 iPad 教育应用“教育元素”，这款应用通过人工智能服务于学习管理。为了弥补老师专业性上的问题，IBM

公司利用沃森解析自然语言方面的能力，研制出了一个智能搜索引擎，教师可以通过检索的方式，找到他们所需要的内容。当教师搜索特定的概念，如分数或位值时，他们将获得有针对性的课程、相关标准，以及教学活动和教学策略的参考。在搜索的过程中，他们也可以调整关键词，如年级，还可以保持搜索项目相同，以此帮助教师为不同学习能力的学生提供合适的教学内容。

在人工智能教育辅助领域，IBM 公司申请共计 232 件，从 2012 年开始迅速增长，可以认为在此之前 IBM 公司的信息技术还未明确融合到人工智能辅助教育领域，而在 2015 年，其申请量高达 32 件，属于第一个申请高峰期，2018 年高达 42 件，是第二个高峰期，如图 4-3-7 所示。这两次高峰期申请的相关技术明显不同，2015 年是以问答系统为主的申请，而 2018 年是以虚拟现实、感知技术为主，从而看出该企业在人工智能辅助教育方面的研究领域发生了明显变化。

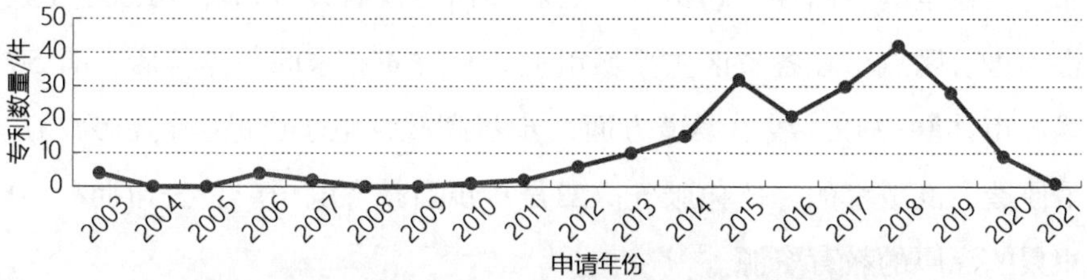

图 4-3-7 IBM 公司人工智能辅助教学专利申请趋势

在人工智能辅助教育的细分领域分布中，一半为人工智能问答系统，这也是 IBM 公司最成熟的技术，28% 是虚拟课堂。实际上，2006 年 IBM 公司就最先提出了元宇宙的概念，但是耗费巨资，业绩平平。随着技术的不断进步，2021 年元宇宙又成为焦点，而 IBM 公司在该领域早有专利布局，如 2010 年提出的专利申请“在虚拟世界中推广产品”。2018 年 1 月，IBM 公司的一位主管创建了一个名为“IBM 和元宇宙”的平台，展示了如何在虚拟世界中工作、学习和娱乐。实际上，IBM 公司还将虚拟现实与其王牌产品沃森进行了完美的融合，IBM 公司的沃森聊天机器人，将 IBM 沃森语音到文本（Watson speech-to-text）和对话（conversation）服务添加到一个流行的 3D 开发平台中构建虚拟现实环境。

IBM 公司在人工智能辅助教育申请的布局市场主要还是在美国，占 85%，申请的 PCT 国际专利以及在其他国家和地区布局的数量也不多，可见教育领域的创新具有很强的地域性。

2. 小天才科技公司

小天才科技公司是步步高教育电子产品有限公司（以下简称步步高教育电子产品公司）的子公司，是一家专注于儿童产品和教育的公司。小天才科技公司和步步高教育电子产品公司先后推出复读机、电子词典、学习电脑、点读机、学习机、家教机、词典笔、儿童电话手表、早教平板电脑等多个品类的产品。在辅助教学产品领域，步步高教育电子产品公司基本处于一枝独秀的地位。步步高教育电子产品公司能够独占鳌头，有其几大优势：一是具有完善的线上线下渠道。根据其官网显示，步步高教育电子产品公司在全国各商场、超市、书店和通信专营店设有超过 18 000 个线下销售和售后网点，在各省区主要城市设有超过 400 家服务体验店，有 50 家一线城市体验中心。线上渠道方面，步步高教育电子产品公司也为用户打造了便捷、高效率的一体化服务。二是步步高教育电子产品公司拥有 20 多年积累的深厚的教育资源。

在人工智能教育辅助领域的专利布局，如图 4-3-8 所示，小天才科技公司自 2011 年才开始申请专利，直到 2015 年专利申请量开始增长，2016 年一年就将申请量翻了 4 倍，2018 年申请量又翻倍，2019 年继续保持增长，但在 2020 年明显下降，总量为 245 件，其中有效专利 82 件，约 1/3，另有 104 件专利在审，占比 43% 左右。

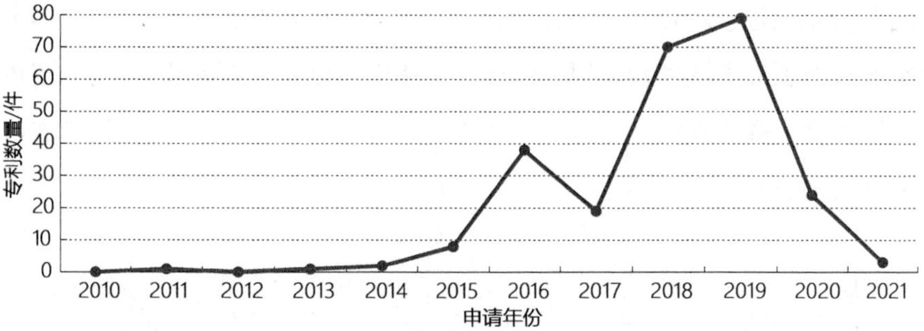

图 4–3–8 小天才科技公司人工智能辅助教学专利申请趋势

2014 年小天才科技公司开始申请与图文识别相关的专利，2015 年此类申请开始增多，且明确是搜题类发明。在 2016 年的 38 件申请中，36 件涉及搜题技术，而实际上 2013 年拍照搜题技术已经被提出，多家教育机构也都开始纷纷推出相应应用工具，但是小天才科技公司在 2015 年开始着手，2016 年进行集中布局，且 2015 年的一些申请均未被授权，说明该公司不是该技术的创新引领者，但是一直在该领域重点布局，从而具备了一定的竞争力。2018 年的申请有一半也涉及搜题技术，另外一半主要涉及语音控制和交互相关的技术，可以说小天才科技公司已经开始关注其他方向的技术布局，2019 年搜题相关的申请已不足 10 项，主要涉及的技术为人工智能辅导学习和智能交互方面。小天才科技公司所有的专利都在中国申请，未在海外布局。小天才电话手表中的拍照搜题功能也是其产品的亮点，虽然小天才科技公司不是拍照搜题的热门企业，但是其在搜题领域的专利申请量高达 175 件，可见该领域属于该公司的研究重点。

4.3.3.4.2 典型专利

1. 人工智能教育问答系统

如图 4–3–9 所示，人工智能教育问答系统在 2011 年之前就已经有一定数量的技术积累，从 2012 年起专利申请量开始明显增长，在整个人工智能教育领域属于增速较早的分支，缘于 2011 年 IBM 公司的沃森人工智能在著名的智力竞赛节目“危险边缘”中击败两位冠军选手，使问答系统的智能性受到关注。2015 年人工智能教育问答系统又开始了第二次快速增长，此次增长与其他场景增长的原因类似，基于深度学习的效果得到明显的提高，该增长一直在持续，只是在 2021 年出现小幅度降低，说明这个领域的技术创新一直处于活跃期。

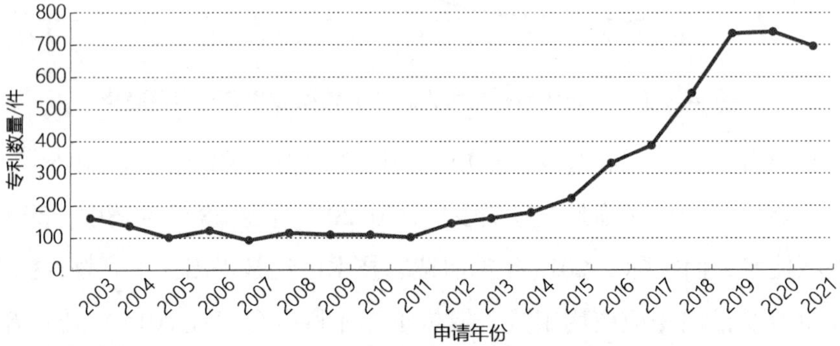

图 4-3-9 人工智能教育问答系统领域专利申请趋势

如图 4-3-10 所示，虽然中国相关主体在该领域的申请量是最高的，占 41%，美国仍为第二名，占 30%，但是明显看出中美两国的申请比率明显低于人工智能教育整体上的中美比率以及人工智能自适应领域，这说明美国的前期积累优势更加明显，而且增长趋势上中国也没有特别突出。前五名的其他三个国家分别为日本、韩国和印度。

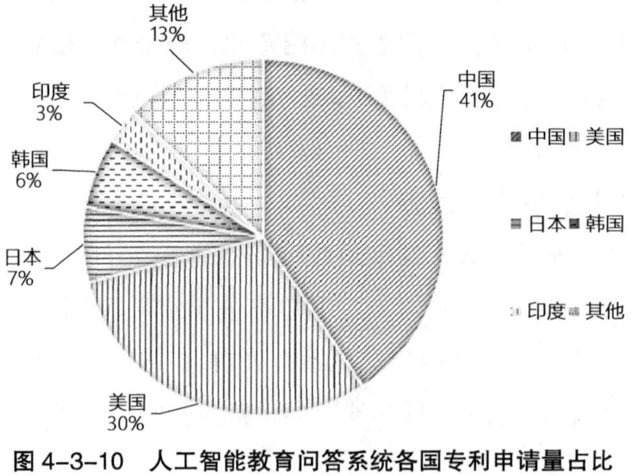

图 4-3-10 人工智能教育问答系统各国专利申请量占比

申请人排名上，如图 4-3-11 所示，小天才科技公司和 IBM 公司在第一梯队，多于 100 件，小天才科技公司所在的步步高教育电子产品公司开发有步步高复读机、电子词典、点读机等众多经典产品；IBM 公司一直进行问答系统的研究，具有问答系统的王牌产品沃森，沃森通过领域需求可以进行适应性调整从而较为容易地转用到各种领域，包括教育领域、企业客服等。好未来教育公司和美国教育考试服务中心（ETS）属于第二梯队，都是提供教育服务的大型企业，作业帮教育公司和松鼠课堂公司属于新兴的线上教育企业，问答系统也属于常见内嵌于线上教育的软件工具。飞利浦公司、微软公司、索尼公司属于知名的信息技术公司，2014 年 5 月微软公司正式推出第一代产品问答系统小冰，目前已经更新换代到第九代小冰。华中师范大学属于唯一进入前十名的科研院所。

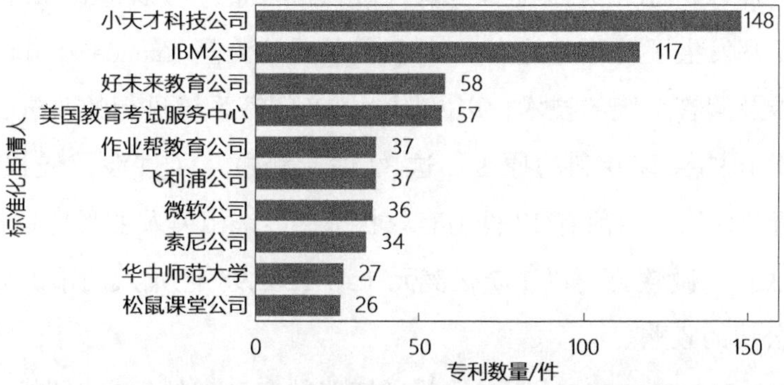

图 4-3-11　人工智能教育问答系统主要创新主体

在具体的技术方面，本部分选取专利有效且被引证次数较多的专利进行介绍。

① US8229734B2，发明名称为“用户查询的语义解码”，该专利是一种用于处理基于语音查询的智能查询系统，其使用基于语义的处理来通过理解用户话语的意义来识别用户提出的问题。基于识别话语的意义，系统选择最匹配用户查询的单个问题。然后检索与此单个问题成对的答案，并将其呈现给用户。系统接受由用户选择的环境变量，并且可缩放以提供对用

户发起的各种问题和数量的查询的答案。解决现有的问答系统对语音问答效率不高、准确率不高的问题。

该专利并未在美国外的其他国家或地区布局，但是被347项专利所引证，其中主要是被苹果公司的专利引证，达到252项，因为苹果公司的Siri也有类似的语音助理的技术，说明这件专利属于业界较为基础的专利之一。

此外，这件专利的原始申请人是伊恩·贝内特（Ian Bennett），授权时的受让人是凤凰方案公司（Phoenix Solutions），而该专利在2013年7月被转让给Nuance公司。Nuance公司是最大的专门从事语音识别软件、图像处理软件及输入法软件研发、销售的公司。世界语音技术市场有超过8%的语音识别采用Nuance公司的识别引擎技术，其名下有超过1000个专利技术。而以伊恩·贝内特为申请人做入口检索，可以得到32件专利申请，但是都发生了转让，其中31件目前的受让人是Nuance公司。32件专利都是涉及问答系统的技术，以及围绕语音问答系统进行的改进，这也是Nuance公司购买该专利的原因。这32件专利中，11件涉及侵权诉讼、3件涉及行政诉讼，目前有17件为有效状态，诉讼相关人主要是微软公司。2022年3月，微软公司以197亿美元（约1248.98亿元人民币）完成了对Nuance公司的收购。

② US11151899B2，发明名称为“智能数字助理的用户培训”，该专利从用户接收以第一语言说出的第一语音输入；至少基于所述第一语言的所述第一语音输入推断用户意图；基于所推断的用户意图，生成所述第一语言的所述第一语音输入的一个或多个替换表达式；以及向所述用户提供反馈，所述反馈引入所述替换表达式作为比由所述用户提供的所述第一语音输入更优选的输入，以表达推断的用户意图。从而帮助用户输入最符合其意图的查询语句。该专利的关键手段是：基于用户当前语音中关键词位置的变化来推断当前用户的意图，并结合其他用户的语音输入给出可选的替换表达方式。

该专利有10个同族，涉及美国、澳大利亚、中国、韩国、欧洲，除一件中国同族和一件美国同族在审外，一件PCT国际同族专利和其他七件都处于专利权有效状态。

该专利被引证次数高达193次，其中110次为苹果公司的引证，而其次是微软公司的27次引证以及三星集团、IBM公司、谷歌公司的8～10次引证，另外还涉及多家知名信息公司的引证，足以说明该专利的重要性。

2. 教育虚拟现实

由图4-3-12可以看出，虚拟现实、增强现实技术相关的专利申请从2012年开始增多，该年正是“Oculus Rift”计划问世和谷歌眼镜发布的那一年，而2016年也被称为虚拟现实元年，这一年的专利申请增速明显提高，增长趋势维持到2019年，2020年开始虚拟现实的热度下降，进入了冷静期。

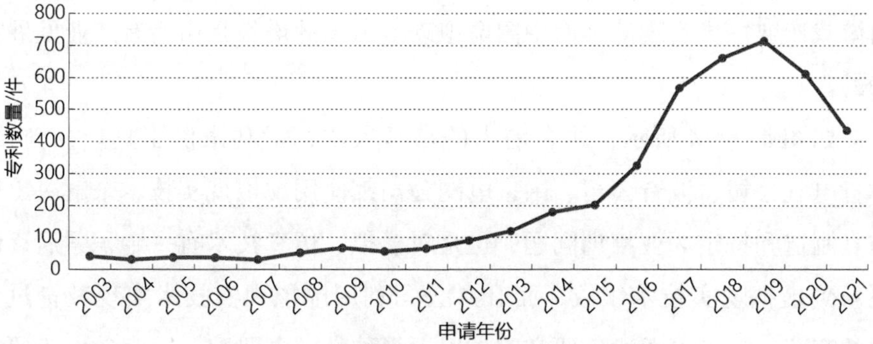

图4-3-12　教育虚拟现实领域专利申请趋势

与问答系统类似，在虚拟现实领域，如图4-3-13所示，中美专利申请数量上的占比较其他领域要低，而第三名韩国明显高于日本，说明韩国对该领域的研究热度更高。

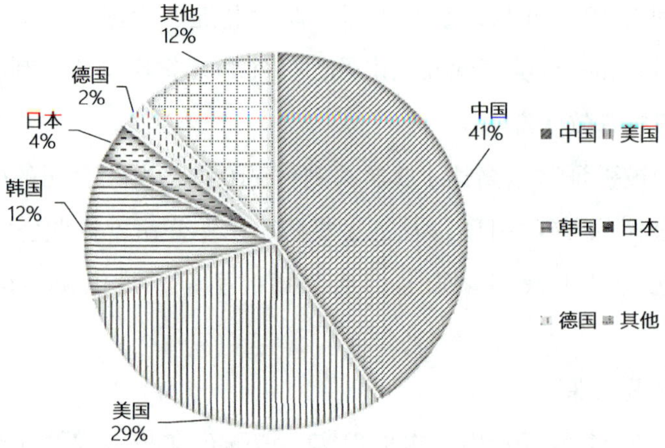

图 4-3-13 教育虚拟现实领域各国专利申请量占比

就申请趋势而言，美国在此领域积累已久，与此同时韩国的增长速度与美国基本一致，而中国在 2015 年以前申请数量低于美国，从 2016 年开始持续高速增长，数量超过美国，并且没有明显的下降趋势，而美国和韩国的下降趋势明显。据韩国媒体称，韩国虚拟现实市场的增长大部分都是由游戏产业主导实现的，而中国虚拟现实市场的增长是由所有产业发展拉动的。

如图 4-3-14 所示，排名前十的申请人中，伊利诺伊工具产品公司、林肯电气公司、波音公司、国家电网公司都使用虚拟现实技术来解决工业仿真制造和特定职业培训问题，也是对模拟、仿真技术有一定积累后逐渐更新到虚拟现实技术领域，而 IBM 公司利用虚拟现实技术实现教育过程中的交互，韩国电子通信研究院（以下简称韩国电研院）一直致力于研究实感型学习系统，该系统正式利用了虚拟现实技术。2015 年 1 月，微软公司首次发布了“HoloLens”头戴显示器，2019 年“HoloLens 2”上市，在 2021 举办的“微软点燃（Microsoft Ignite）”大会上声称“虚拟现实就是计算的未来”。同时，其发布了自己斥重金、花费多年努力打造的混合现实协作平台——“Microsoft Mesh”。深圳市掌网科技股份有限公司（以下简称掌网科技公司）主营虚拟现实设备和 3D 电子产品，是一直深耕于虚拟现实领域的中国企业，2018 年，掌网科技公司推出了面向 5G 智能终端虚拟现实的娱乐应用项目，使用面向 5G 技术升级的“星轮 VIULUX-VR”头盔让人们享受更流畅的虚拟现实体验。2014 年，索尼公司宣布推出用于 PlayStation 4 的虚拟现实设备“Project Morpheus”，2019 年售出 400 多万部 PSVR 眼镜，2016 年推出了 PlayStation VR（PSVR）。根据苹果公司的专利申请情况可知，该公司在虚拟现实以及增强现实领域已经探索十多年，并正在研究将虚拟现实和增强现实应用到未来 iOS 设备或新硬件产品中的多种方式，而在教育相关的申请中，苹果公司的申请主要涉及沉浸式显示。

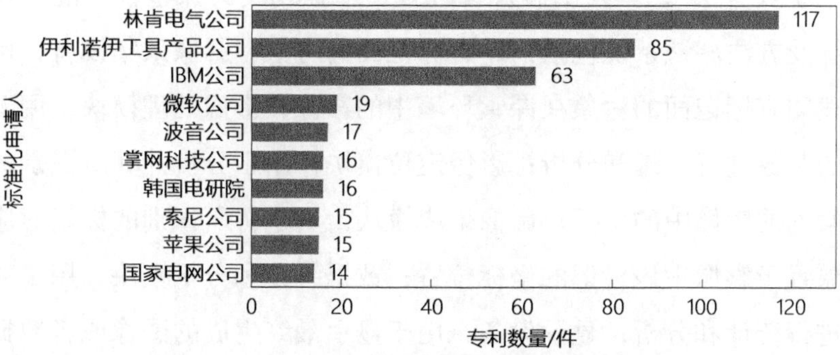

图 4-3-14 教育虚拟现实领域主要创新主体

下面从被引证较多的专利中选择了 3 项专利进行详细介绍。

① US8657605B2，发明名称为“虚拟焊件的虚拟试验和检验”，该专利可为培训提供虚拟破坏性和非破坏性试验和虚拟焊接检验的弧焊模拟。可以在使用虚拟现实焊接模拟器系统［例如，虚拟现实弧焊（VRAW）系统］创建的虚拟焊接件上执行虚拟测试仿真。虚拟检验模拟可以在“预先封装的”（即预定义的）虚拟焊接件上执行，或者使用虚拟现实焊接模拟器系统创建的虚拟焊接件来执行。通常，可以使用虚拟现实焊接模拟器系统［例如，虚拟现实弧焊（VRAW）系统］来执行虚拟测试，并且可以使用独立的虚拟焊接件检查（VWI）系统或使用虚拟现实焊接模拟器系统［例如，虚拟现实弧焊（VRAW）系统］来执行虚拟检查。在一个实施例中，可以使用虚拟现实弧焊（VRAW）系统来执行虚拟检查。然而，根据本发明的

某些增强实施例，也可以在独立的 VWI 系统上执行虚拟测试。

该专利简单同族有 9 项，扩展同族高达 321 项，几乎在全球都有布局。被引证次数高达 255 项，其中 127 项被自身引证，而 62 项被伊利诺伊工具产品公司引证，另外还被多家制造公司引用。其实，无论是林肯电气公司还是伊利诺伊工具产品公司的专利，其引用率在人工智能辅助教育的专利中都较高，因为这两家公司在虚拟现实实现焊接等工业培训方面是领域中的翘楚，具有行业标签实力。

② CN102411854B，发明名称为“基于增强现实的课堂教学混合技术应用系统及方法”，本发明涉及一种基于增强现实的课堂教学混合技术应用系统及方法。该系统包括：印有标记面的对象；影像采集设备，用于采集所述印有标记面的对象在课堂环境中的影像；影像处理模块，用于对采集到的影像进行处理和分析；影像定位模块，用于分析计算所识别的标记在采集到的影像中的坐标；影像生成模块，用于将所识别的标记对应的虚拟对象置于影像中该标记的坐标位置；数据统计和分析模块，用于对答案内容进行统计和分析；显示设备，用于显示最终生成的图像或者数据统计分析结果。本发明可以实现教学中的多种互动方式，其实现成本和所需经费与现有的课堂互动反馈系统相比明显降低，但使用的灵活性显著提高。

该专利权人之一苏州梦想人软件科技有限公司（以下简称梦想人软件公司）由新加坡国立大学教授周志颖于 2004 年创立于新加坡。周志颖于 2010 年带领核心团队归国创业，并入选 AR 行业观察媒体增强现实中国（AR in China）发布的 2021 年中国 AR 年度荣誉榜。梦想人软件公司在技能培训、工业制造、智慧医疗、科创文旅、融合出版都有所布局，提供基于 AR 技术的“企业数智平台”，应用于企业数字化职业技能培训、数字化工艺指导和装配指导、数字化设备维护和远程协助、数字化产品展示及虚拟展厅等场景。周志颖曾担任国家新闻出版行业标准《出版业 AR 技术应用规范》起草组副组长，是世界科技网络“终身会士”（教育类）。

该专利属于虚拟课堂类专利中被引证次数较多的专利，达到 42 次，引证专利涉及的公司较多，不乏著名企业，如微软公司、索尼公司等，说明该专利属于 AR 课堂领域较为基础的专利。

③ CN103035135B，发明名称为“基于增强现实技术的儿童认知系统及认知方法”，该专利是基于增强现实技术的儿童认知系统及认知方法，包括图像信息录入模块、图像信息匹配模块、绘制模型模块以及语音识别模块。该专利是基于 ARToolkit 增强现实开发包、Microsoft Speech SDK 语音识别引擎、3D max 建模工具等接口开发出一套识别标识来触发事件，通过语音识别与计算机中虚拟场景进行简单交互的儿童认知平台。通过 OpenGL 图像处理技术和 3D 建模技术来实现模型的移动、放大、缩小等操作。本发明具有开发周期短、可维护性好、移植性好以及易修改性的优点，此外，用户通过使用本发明编写识字手册达到更好的学习效果，为儿童使用增强现实应用系统提供了一种交互性强的认知平台。

深光科技公司成立于 2019 年，是一家研发人机交互产品的互联网公司，依托毫米级精度的投影精度触控技术、人工智能识别技术和 5G 通信技术，发明全新一代桌面投影计算机。其服务产品包括智慧教室，可以实现板书实时投影、智能互动、多设备协同交互、老师实时管控、多端远程快捷批改、快速共享桌面、一键教学辅助。

该专利在认知学习中引入虚拟现实技术，从而达到更好的学习效果。该专利被引证次数为 43 次，原始申请人是北京航空航天大学，后被深光科技公司购买，体现出当前科研院所的研究成果也逐渐被市场发现和肯定。

3. 智能搜题

从图 4–3–15 可以看出，智能搜题的申请在 2013 年前并不多，人工智能智能搜题进入大众视野是在 2013 年 2 月，猿题库应用程序发布，8 月学霸君应用程序进军市场，也是从题库类学习工具切入，随后魔方格、作业帮、学习宝、阿凡题等应用程序上线，小猿搜题应用程序于 2014 年上线，且该领域的融资活跃。在 2016 年的搜题大战中，学霸君应用程序通过提供拍照答疑、老师实时答疑及题库，将原来产品中的人工答疑功能独立做成了一个新的应用程序，学生拍照将题目上传至云端，在线老师抢单解答。通过这样的方式，学霸君应用程序是早期的胜利者之一。但是到了 2018 年下半年后，只剩小猿搜题应用程序和作业帮应用程序仍受资本青睐。2020 年新型冠状肺炎疫情让在线教育迎来了用户井喷，也让拍照搜题迎来了融资与估值的暴涨。小猿搜题应用程序和作业帮应用程序各自背靠腾讯公司、阿里巴巴集团，成为资本的宠儿。在 2021 年 1 月，学霸君应用程序由于经营不善宣布破产，黯然退场。随着学霸君应用程序退出市场，作业帮应用程序等迅速占据市场份额。好未来教育公司旗下的“题拍拍”也开始奋起直追，在 2021 年 3 月上线基于人工智能算法识别能力的学习工具“海边搜题”。随后，夸克应用程序升级学习频道，上线拍照搜题、智能错题本等功能；掌门教育公司推出“掌门搜题”加速入局。除了在线教育企业，互联网巨头也开始布局市场。此前，北京字节跳动科技有限公司（以下简称字节跳动公司）推出“闪电搜题”，但并非所有答案都附有解析，体验过程中有发现部分错误答案。百度公司更是在 2021 年 3 月推出专为学习设计的智能屏“小度智能学习平板”，支持拍照搜题功能。同年，中共中央办公厅、国务院办公厅正式发布《关于进一步减轻义务教育阶段学生作业负担和校外培训负担的意见》，明确线上培训机构不得提供和传播“拍照搜题”等惰化学生思维能力、影响学生独立思考、违背教育教学规律的不良学习方法。预期该意见的发布在一定程度上会影响智能搜题后期的相关专利申请数量。

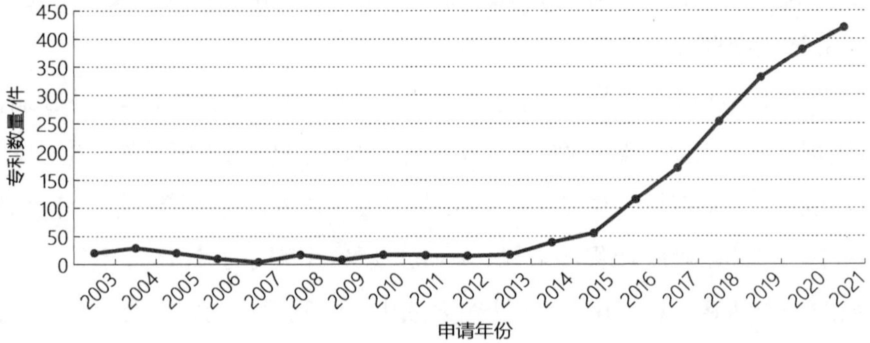

图 4-3-15　智能搜题领域全球专利申请趋势

而从主要创新主体申请量占比来看，如图 4–3–16 所示，中国的数据占绝对优势，由此可见，中国在该领域的产品竞争也更加激烈。其次是美国和韩国。

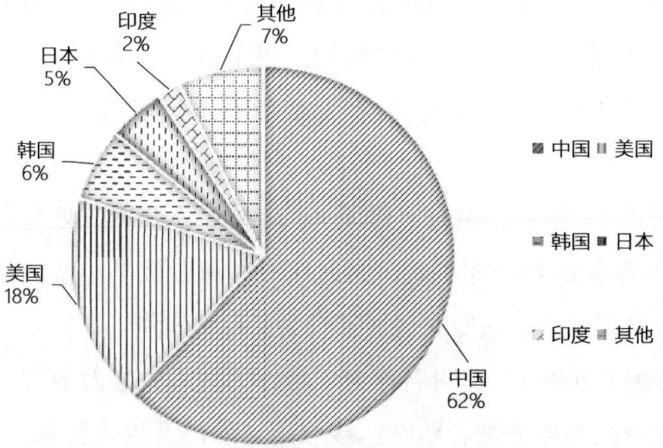

图 4–3–16 智能搜题领域各国专利申请量占比

从申请人排名也可以看出，全是中国企业，并且小天才科技公司和好未来教育公司的数量遥遥领先，如图 4–3–17 所示。由此可以看出智能搜题在中国的热度。

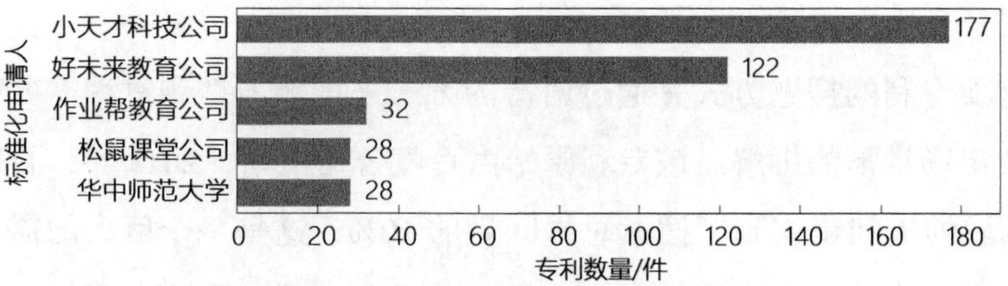

图 4–3–17 智能搜题领域全球主要创新主体

下面选择引用率较高的专利进行详细介绍。

① CN103050025B，发明名称为“一种移动终端的学习方法及其学习系统”，本发明公开了一种移动终端的学习方法及学习系统，所述方法包括以下步骤：通过移动终端的摄像头捕捉课本图像，并对图像上的信息类型进行识别，所述的信息类型包括文字信息类型和图片信息类型，移动

终端将该图像传送给服务器；服务器对图像信息进行识别，提取图像上的文字或/和图片信息；根据识别的文字或/和图片信息调出服务器数据库内与之对应的学习资料信息；将学习资料信息发送至移动终端，并将学习资料信息与摄像头捕捉的课本原始图像进行叠加后显示在移动终端显示界面上。本发明通过建立服务器与移动终端的连接，获取互联网的信息给用户，为用户提供简单实用、内容丰富形象的学习方式，且能实时进行更新。

该专利被51件专利引证，涉及40家左右的公司，该专利2012年申请，而2013年智能搜题才兴起，因此该专利属于较早申请的搜题类专利，根据引证情况可以看出该专利也属于较为基础的专利。

② CN104573099B，发明名称为“题目的搜索方法及装置”，本发明公开了一种题目的搜索方法，包括：接收用户的语音输入信息；将用户的语音输入信息转换为文字信息；提取文字信息中的主体关键词、运算关键词和符号关键词；以及根据主体关键词、运算关键词和符号关键词生成检索词，并根据检索词搜索到对应的题目。本发明实施例的方法提升了用户的口语化输入题目导致的检索结果不准，提高了题目检索结果输出的概率，从而提升了用户体验。

这项专利的搜题方式是通过语音的方式来搜题，搜题过程需要对题目进行特定场景下的拆解。该专利原始由百度公司申请，2013年，百度发现K12领域的提问量占到了搜索总提问量的10%，这是一个巨大的需求，可以支撑起一个独立的应用程序。于是，2014年1月，百度公司推出了一款支持Android和iOS平台的K12在线教育类型的应用程序“作业帮”。2014年，K12正处于题库创业高峰期，猿题库、学霸君等应用程序在题库的基础上，根据用户的需求开始推出拍照搜题功能。拍照搜题准确率提升的关键在于题库的积累以及成熟的光学字符识别技术。在这两方面，百度公司都有一定优势。2015年6月，作业帮教育公司从百度公司正式分拆出来。该专利从流行的拍照搜题转移到语音搜题，专门解决语音搜题中理解不准确的问题。该专利被 13 件专利引证，包括腾讯公司和小天才科技公司所申请的专利。

4.4　人工智能考评

4.4.1　人工智能考评的概念

教育领域有关考评的术语较多，如测试、考试、测评、评估，此章节的考评限制在对学生个体的量化测试，即通过多种考试形式对学生的某项能力、知识水平进行测试的方法。而人工智能考评指的是利用人工智能技术实现的自动化考评。

量化测试的形式多为问答的方式，通过一组题目，让学生进行作答，题目和作答形式与考试的内容和目的有关，如 K12 中的语文和数学测评，可以通过试卷考试，考试题目的类型包括了选择题、填空题、判断题、简答题、作文等，英语或是语言类会有口语测评，通过跟读、交互对话等方式来测评。而体育类考试除了现场的计数（跳绳）、距离测量（投掷）、时间测量（跑步）等，还会由人工来评测动作的标准性（体操等）。同时，考评的两个关键步骤是出卷（考题）与阅卷。

4.4.2　人工智能考评的技术发展情况

考评技术随着计算机技术的发展也在不断进步，最早是人工出题、人工阅卷，后来通过计算机信息化的方式形成了题库，并将题库进行人工分类，出题时采用“人工指定 + 随机”的方式组成试卷，即计算机辅助测试，使用计算机来进行软件的测试，提高测试效率，而在阅卷时，通过标准答题卡的方式实现了客观题的计算机阅卷，但是对于主观题、需要人工参与的口语测评或是音乐、体育、实验类考试还需要老师耗费大量的时间来完成。下面就几类人工智能考评的关键技术的发展做具体的介绍。

4.4.2.1　人工智能组卷

智能组卷系统是通过计算机技术和智能算法进行试题科学组卷的。运用智能组卷系统可以减轻教师命题组卷的工作量，同时较之于其他组卷方式，利用组卷系统采用智能搜索、匹配试题策略能够最大限度生成满足命题老师要求的试卷，在实现对考生的科学评估的同时保证测试的公平性。传统教育测量的支持理论是经典测验模型（classical test theory，CTT），因为该理论具有很大的局限性，如平行测验实操难度大，信度估计精度不高，参数估计过度依赖样本，测试分数应用限制大，只能比较同一测验，试卷难度量表与学术能力量表的关系不一致等，进而产生了项目反应理论。该理论将学生能力与试卷题目的情况（难度、区分度等）综合进行考虑，而不是单独的两个计算准确率的过程。

智能组卷最早是20世纪60年开始伴随计算机辅助测试发展而来的，其中著名的有美国思而文学习系统有限公司（Sylvan Learning Systems Inc.）。美国的托福（TOEFL）、GRE和GMAT等考试也均采用了计算机考试系统，国内也对自动组卷有相关的研究成果，如南京大学计算机科学与技术系研制了PASCAL题库系统，教育部高等教育司的重点项目基于知识点的成卷系统。智能组卷问题实质上是满足某些约束条件下的多目标参数寻优问题，最优的组卷应该满足：随机性、科学性、合理性。一般来说，用户在自动组卷时会对试卷的质量提出多方面的要求，如总题量、平均难度、题型比例、章节比例、重点章节比例、知识点的交叉与综合等，自动组卷就应最大限度地满足用户的要求。传统采用随机选取和回溯试探法的组卷抽提算法因其抽题时间长，占用的空间复杂度太大，容易陷入死循环而被各种智能抽提算法所代替，如蚁群算法、遗传算法、粒子群（PSO）算法等。

4.4.2.2　人工智能语文阅卷

非确定性答案试题的阅卷，如语文阅读理解的主观题、语文作文等，是老师教学工作中重要但又耗时费力的一环。如果机器能够替代或辅助老师对考试和作业进行评分，将极大减轻老师负担。早期，自动语文阅卷主要是通过人工的方法来提取相关特征来表征答案或作文，并使用分类、回归或排序、领域自适应方式对试卷进行评测。2006 年，阿里尼奥蒂斯（Alikaniotis）等人扩展了基于上下文的语言模型，提出一种兼顾语言模型和打分信息的词汇分数区分词嵌入（score-specific word embeddings，SSWEs），并将获得的嵌入式信息输入 LSTM 对文章进行编码。为获得词汇分数区分词嵌入，在训练获得词汇时，不仅考虑了正确句子和被替换过某个词汇的句子的得分差异，同时考虑了句子本身的分数信息（用作文分数替代）。2016—2018 年，学者们陆续提出了将 RNN 和 CNN、CNN-LSTM 的双层神经网络、两段深度神经网络（two-stage deep neural network，TDNN）、两个 CNN-RNN-Attention 的网络模块等应用于作文评分的方法，且效果显著超过了基于手工特征的方法。2019 年，BERT、XLNET 等技术也开始应用于作文评分中，但是效果并不明显。2020 年提出的领域自适应的打分框架，充分利用了其他题目的数据，采用两个自监督学习的任务和一种领域对抗训练的方法，获得较好的效果。[1]

4.4.2.3　口语评测技术

近些年来，我国的英语考试政策发生较大转变，学校以及不同校外教育培训机构逐渐加大了英语口语化学习，许多地方早已把英语口语考试列入考试的范围。口语自动评估技术又称语音评测技术、口语评测技术，该技术属于人工智能辅助语言学习和测试领域中重要的技术之一。通俗来说，口语自动评估技术就是利用计算机对口语进行自动化打分的一种技术手段。口语自动评估技术主要涉及语音识别、发音评测、自然语言处理等技术。口语测评一般分为三类题型：第一类是封闭式试题，如跟读一段文本；第二类是半开发式题型，如听一段材料后，回答问题；第三类是开放式题型，如听一段材料后复述内容。以上三种需要的语音评估技术是不同

---

[1] 过好当下，希冀未来 . 自动作文评分算法概述［EB/OR］（2022-01-03）［2022-07-15］. https://blog.csdn.net/m0_60450214/article/details/122146052.

的，朗读评测主要是评测发音质量，而开放式试题需要评估是否回答了关键词、是否符合语言语法要求等，因此还需要语言理解技术。由此可见，自动评估需要根据语音信号的生理特征（如发音准确度、声调、重音、连读、同化、失去爆破、语调、韵律等）和行为特征（如词汇、语法和句法等）语言层次上的运用进行自动化的评估和诊断。

而在口语测评中声学模型和语言学模型是语音识别的关键。美国教育考试服务中心（Educational Testing Service，ETS）“SpeechRater”引擎是英语口语测评方面应用最广泛的测评引擎之一。其测评任务并不限定范围和对象，开放性是其最大特点。该引擎可以用于提高发音可靠性、语法熟练度和交际的流利程度。“SpeechRater ”引擎使用自动语音识别系统处理每个响应，基于该系统的输出，使用自然语言处理和语音处理算法来计算在许多语言维度上定义语音的一组特征，包括流利性、发音、词汇使用、语法复杂性和韵律。然后将这些功能的模型应用于英语口语测评，最终得出分数并提供反馈建议。[1]

4.4.2.4 文体类素质教育评测

文体类素质评测已经纳入中小学生综合素质评价体系以及教育现代化和教育质量评估体系，并将评测结果记入学生成长档案，作为学生中考和高考录取的参考依据。文体类评测技术随着文体教育市场的繁荣也逐渐发展，尤其是在疫情的影响下，线上学习 / 线上考试成为被迫之选，也对文体类素质教育评测带来了技术革新。例如，体育考试，传统的往往是由老师通过人工监考的方式对学生成绩进行判断，从而得出学生成绩，并记录下来上报至教委，弊端是加重了体育老师和裁判的工作负担；抑或是通过传统的电子红外设备对学生成绩进行研判，从而得出学生的测试成绩，缺点在于设备过于笨重，运输、调试、布置考场费时、费力、费人工，且测

---

[1] 梁迎丽，刘陈. 人工智能教育应用的现状分析、典型特征与发展趋势［J］. 中国电化教育，2018，374（3）：24-30.

试过程无法通过视频方式追溯，而且无法实现在家考试。中国电信股份有限公司上海分公司 2021 年发布了其基于人工智能技术研发的中国电信青少年运动技能等级人工智能测试智慧体育机器人、智慧体育小站两款软硬件高度集成的智慧体育测试产品。产品融合了视觉传感、影像采集、人工智能计算及 5G 传输技术。支持人脸、人形、物体的识别、分析及跟踪，支持高速运动分析、多人测试场景。通过分析人体关节模型和运动轨迹，提供更为智能、高效、便捷、透明的测试手段，将物理体育运动动作转换为运动结果数据，自动识别不同运动项目的运动数量、时长、距离等。[1] 在音乐领域，乐器陪练、弹奏评分等软件也相继出现，也都利用了人工智能技术，如对弹奏的钢琴曲进行实时评价打分，就是利用语音识别技术从钢琴弹奏音频中恢复出弹奏者的按键过程（包括时间、敲击力量等），然后与标准弹奏动作进行对齐，最后基于偏差计算分数。

4.4.3　人工智能考评的专利布局

4.4.3.1　全球和我国专利申请态势

从图 4–4–1 可以看出，关于人工智能考评的专利申请 2003 年将近 200 件，而在 2004—2011 年数量一直维持在 100 件左右，不温不火，2012 年开始缓慢增长，2014 年达到第一次高峰值，在 2016 年开始快速增长，增长势头持续到 2020 年，2021 年的申请稍有下降。整个增长节点与人工智能全球数据一致，说明人工智能考评的技术创新受人工智能技术影响较大，考评属于教育中常规的环节，人工智能考评本身与商业模式的关系属于松耦合，因此影响人工智能考评专利申请量的主要因素还是技术，虽然说测评自动化受国家政策影响，会给人工智能考评领域带来政策红利，但是由于考试关系到学生的利益，一般来讲考试都会采用成熟的技术，因而

---

[1] 佚名 . AI+5G 助力体育素养测试　上海电信研发智慧体育系统［EB/OL］.（2021–01–05）［2022–07–15］. http://union.china.com.cn/jdnews/txt/2021-01/05/content_41416927.html.

人工智能考评整体申请趋势与图文识别、语音识别等人工智能技术发展有关，而且会滞后一段时间。

图 4-4-1 人工智能考评全球专利申请趋势

从图 4-4-2 可以看出，人工智能考评在中国申请趋势与全球不同在于中国起步较晚，2003—2012 年每年仅为 10 ~ 30 件，数量较少，但是 2013 年开始迅速增长，说明中国在人工智能考评领域具有很强的技术创新需求以及市场活力。

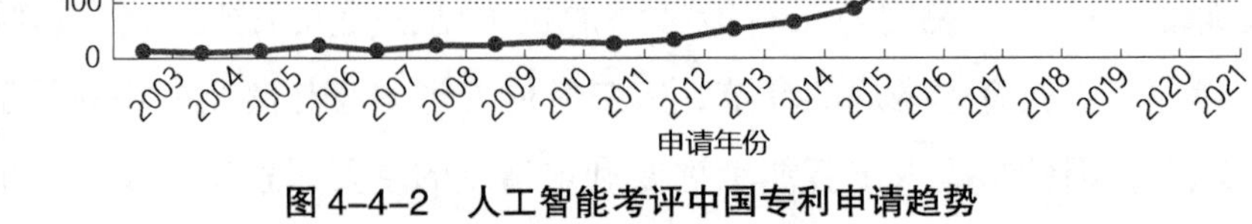

图 4-4-2 人工智能考评中国专利申请趋势

4.4.3.2 各国专利申请态势

在人工智能考评领域，如图 4-4-3 所示，中国的申请量最高，占全球总数的 45%，随着英语口语计算机测评的普及，以及对素质教育的重视，各类基于人工智能技术的开发引起了中国互联网公司的关注。同时，人工智能考评的基础技术——图像识别和语音识别、传感器控制等，中国也有一定的积累并具有技术竞争实力的企业，如百度公司、腾讯公司、科大讯飞公司等，加之在线教育/自适应教育在K12上的发展，人工智能考评也成为该领域中的重要的必不可少的教育环节。美国的申请量占比为23%，美国是最早应用计算机考评的国家，而且作为全球最大的考试中心——美国教育考试服务中心，很早就推出了在线考试和机器测评服务。日本和韩国的申请量分列第三名、第四名，日本占10%，韩国占8%，属于第二梯队。

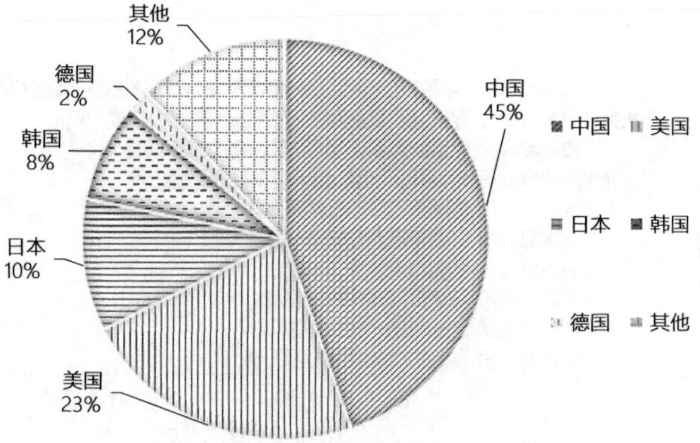

图 4-4-3　人工智能考评各国专利申请量占比

就各国申请趋势而言，美国在2015年以前具有领先优势，日本的数量逐年变化不大，中国前期积累较少，但是自2006年起开始缓慢增长，在2016年后开始迅速增长，当前数量超过美国，且一直到2021年未有下降趋势，而其他各国都在2021年有所下降，韩国在2017年到2020年有一段高速发展期，其中抢眼的是韩国信息技术通信（ITC）教育公司关于语音评估的申请，2012年申请了8件，但是2021年其申请量下降得最为明显。

4.4.3.3　主要创新主体

从图4-4-4可以看出，在人工智能考评领域，IBM公司的申请数量最多，因为其本身具有成熟的问答系统技术，对于答案匹配和搜索已经有研究基础，而人工智能考评中涉及考生答案和正确答案的匹配度评估，所以IBM公司部分专利涉及这些技术。美国教育考试服务中心也在与时俱进地对能力评估工具进行创新研发。雅马哈公司和卡西欧公司的专利申请主要集中在音乐类的评估方法上，两个企业分列第三、第十名，小天才科技公司、好未来教育公司、松鼠课堂公司属于人工智能教育申请量较高的公司，因此也进入了前十名。科大讯飞公司语音识别相关的口语测评上具有较强的实力，位列第八，华中师范大学在人工智能技术与教育融合方面走在各个科研院所的前列，因此也进入人工智能考评领域专利申请量的前十名。

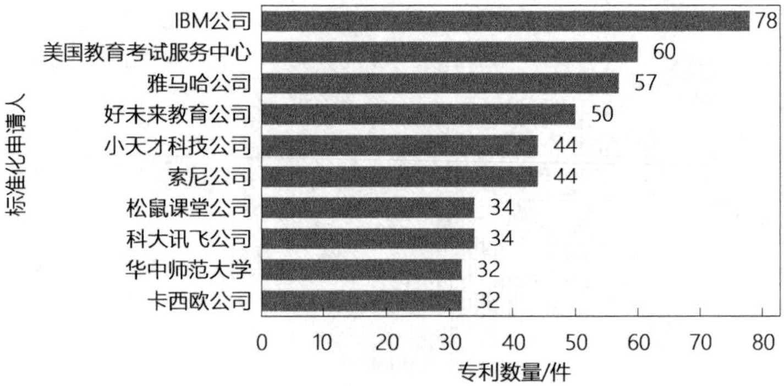

图 4-4-4　人工智能考评全球主要创新主体

人工智能考评在中国申请数量排名前十的创新主体，除了之前出现在全球前十的企业外，还包括了上海流利说信息技术有限公司（以下简称流利说公司）、作业帮公司、西安华众电子科技有限公司（以下简称华众电子公司）、北京大米科技有限公司（以下简称大米科技公司）和腾讯公司。流利说公司于2012年9月创立，其自主研发的人工智能英语老师，基于深度学习技术，能够为每一位用户提供个性化、自适应的学习课程，而在此过程中也涉及人工智能考评技术。作业帮应用程序中包括了对学生的评测功能，其专利申请涉及的人工智能考评主要是图像文本类的自动批改。华众电子公司的考评领域主要是汽车驾驶技能的测试。大米科技公司旗下教育产品“VIPKID”，是一个少儿英语学习及教育品牌，主打个性化美国小学课程“一对一”在线辅导服务，其中提供了入门定级测试和随堂效果测试服务，因此，其专利申请中涉及的大多是口语、语言类相关的测试。腾讯公司的专利申请涉及场景比较多，但都是 1 ～ 2 个申请，没有形成规模。

4.4.3.4　典型企业及专利

4.4.3.4.1　美国教育考试服务中心

美国教育考试服务中心（Educational Testing Service，ETS），成立于 1947 年，是非盈利教育考试评估机构。该组织为近 200 个国家的个人、教育机构和政府部门提供服务，并在全球范围内开展、管理着每年 1200 多万人次的考试，其中包括我们所熟悉的 GRE、托福考试等。美国教育考试服务中心在考试测评领域设计和开发的工作包括：创建测试问题和任务，进行所需的心理测量和统计分析，以产生量表上的分数，在评估时研究支持当前评估的心理测量方法，例如，差异项目功能、项目响应理论模型，以及用于检测欺诈性应试行为的统计取证，利用增值模型和统计因果建模技术改进或扩展社会科学和政策相关研究，研究如何使用过程和时间数据来增强评估结果的分析和报告，并开发和改进用于评分、扩展和报告复杂评估的方法，包括具有交互式或基于模拟的数字任务的方法。基于研究成果，美国教育考试服务中心提供了丰富的考评工具，如用于 K12 的读写能力评估，电子评分员评分引擎，利用人工智能技术对论文进行打分等多达数十项考评工具，涉及多个学科和知识层级。

美国教育考试服务中心涉及人工智能考评的专利有 60 件，其中一半左右涉及语言考评，1/4 涉及口语测评，1/4 涉及组卷和整体的考评模型设计。美国教育考试服务中心的考试对象涉及全球各个国家，因此其申请的 PCT 国际专利数量占比较高，达到 26%，如图 4-4-5 所示，但是主要公开国还是美国，其他国家以英语系为主，因为其语言类考试或是其他考试类型多涉及英语。查看各国申请的分类可以发现，对于考试系统类的发明，如分布式考试系统，美国教育考试服务中心布局了全球多个国家，这也与美国教育考试服务中心今年开始推出在线或在家考试有关。

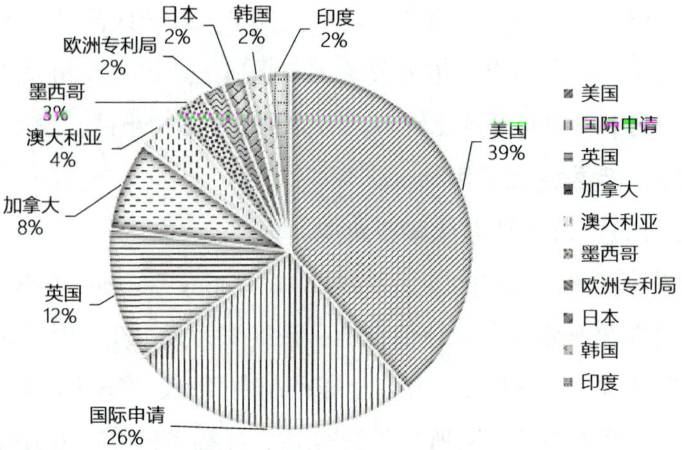

图 4-4-5　美国教育考试服务中心人工智能考评各国家、地区、组织专利申请量占比

下面介绍几项美国教育考试服务中心的典型专利。

① US7088949B2，发明名称为“自动文章评价”，该专利为了自动评估文章，将该文章置于多个特征模型来确定多个特征得分。这些特征中的每个都是从相应的特征模型中产生的。另外，基于所述多个特征得分确定得分。

这项专利是美国教育考试服务中心被引证最多的有关作文自动评分的专利，达 78 项，并有 2 件同族专利，分别是澳大利亚申请（公开号 AU2003297084A1）和 PCT 国际专利申请（公开号 WO2004061593A2）。引证该专利的申请涉及多个申请人。

② US7392187B2，发明名称为“用于自动生成用于对高熵语音评分的语音特征的方法和系统”，该专利响应于提示接收一个或多个训练语音样本。为每个训练语音样本确定一个或多个语音特征。然后，基于所述语音特征生成计分模型。所述训练语音样本中的至少一个可以是高熵语音样本。接收评估语音样本，并使用评分模型将分数分配给评估语音样本。所述评估语音样本可以是高熵语音样本。

该专利是美国教育考试服务中心有关语音考评中被引证次数最高的授权专利，该专利利用训练语音模型来评估当前语音的得分，属于典型的样本训练方法。该专利被引证次数为 71 次，同族仅有一件 PCT 国际专利申请（公开号 WO2006034200A2）。

③ US10332416B2，发明名称为“自动测试项目生成系统和方法”，该专利使用自然语言生成器来自动生成评估项目的方法和系统。所述自然语言生成器包括文档结构生成器，所述文档结构生成器基于用户输入生成定义评估项的结构的抽象文档规范。抽象文档规范被输入逻辑模式发生器，该逻辑模式发生器产生逻辑模式规范，该逻辑模式规范为评估项创建更详细的规范。最后，语句生成器接收逻辑模式规范，并基于在逻辑模式规范中定义的变量为评估项创建自然语言。

该专利是一种涉及人工智能组卷的技术，被引证次数为 38 次，没有同族专利，但是引证该专利的申请人较多。

4.4.3.4.2 科大讯飞公司

科大讯飞公司成立于 1999 年，是一家专业从事智能语音及语言技术、人工智能技术研究和软硬件产品应用开发的企业，核心技术有语音识别、语音合成、机器翻译、图文识别、图像理解、阅读理解、机器推理等。2010 年，科大讯飞公司发布以智能语音和人机交互为核心的人工智能开放平台——讯飞开放平台，在平台基础上，科大讯飞公司将业务拓展到消费、智慧教育、智慧城市、智慧司法、智能服务、智能汽车、智慧医疗、运营商等多个行业，并推出丰富的智能产品及服务。

讯飞智慧教育业务覆盖教、学、考、管四大主场景，分别对应精确教学、自主学习、智慧考试、高效管理四大解决方案，主打产品包括智慧课堂（讯飞智慧窗、智能学习机两大硬件和班级超脑能力）、智学网（讯飞学习机、个性化学习手册）、智慧考试解决方案（智能阅卷、英语听说、汉语考试、标准化考场）、智慧校园（一体化教学教务、教师综合管理、学生学习成长、校园全方位办公服务）、区域教育云平台。科大讯飞公司的业务重点关注 K12 教育阶段。

其中，智慧考试在语音评测、智能评分、图像识别、语义理解、认知智能和讯飞超脑深度神经网络算法（DNN）、递归神经网络（RNN）算法等一系列核心技术的支持下，实现了在全国普通话等级考试、中高考英语听说考试、考试安全、智能阅卷题库等方面的全面应用。

科大讯飞公司还于2014年成立了北京科大讯飞教育科技有限公司（以下简称科大讯飞教育公司），依托讯飞人工智能及大数据等核心技术，推出讯飞高教产品，该产品包括智慧教学和智慧评测，面向本科高校和职业院校提供涵盖课堂教学、在线学习、考试评价、教学管理的软硬件产品、技术和服务，全面覆盖教、学、考、评、管等应用场景，为广大院校提供智慧教学整体解决方案。

科大讯飞公司目前的专利申请总量为2687件（合并同族后），其从2001年开始申请专利，但仅为涉及语音技术的实用新型和外观专利，2002年申请了第一件发明专利，涉及分布式语音合成技术，2006年开始申请人工智能教育领域的发明专利，但人工智能教育申请增长速度远不及其整个公司专利申请的增长速度。主要原因是，科大讯飞公司的主要技术还是语音识别技术，而人工智能教育仅是其关注的其中一个赋能应用场景。

科大讯飞公司涉及人工智能教育的发明专利申请共计131件，其中有85件涉及考评场景，考评中语音识别技术是基础，而该公司在语音识别领域具备一定技术实力。在口语测评领域，科大讯飞公司的专利申请目前授权的有13件，其中有5件的原始申请人是中国科学院自动化研究所，即属于科大讯飞公司通过专利权利转让获得的，体现出科大讯飞公司与中国科学院的关系紧密。13件专利解决了口语测评多方面的问题，如丰富了口语测评内容、提高了口语测评准确性、实现了口语自动化测评模型、提高了测评效率和防止了测试作弊等。

4.5 人工智能教育管理

4.5.1 人工智能教育管理的概念

教育管理就是管理者通过组织协调教育队伍，充分发挥教育人力、财力、物力等信息的作用，利用教育内部各种有利条件，高效率地实现教育管理目标的活动过程。它指国家对教育系统进行组织协调控制的一系列活动，分为教育行政管理和学校管理。而人工智能教育管理指的是借助人工智能技术高效率地实现教育管理目标的活动过程。

4.5.2 人工智能教育管理的技术发展情况

世界各国都在基于人工智能技术进行管理技术革新，实现更加科学的管理和治理。教育科学管理也是各国家以及地区发力的重点。

人工智能教育管理中最基础的技术就是大数据分析技术。维克托·迈尔－舍恩伯格（Viktor Mayer-Schonberger）和肯尼思·库克耶（Kenneth Cukier）在《大数据时代》一书中指明："大数据是指不用随机分析法这样的捷径，而采用所有数据的方法。"[1] 即全数据模式，样本 = 总体。大数据要求人们改变对精确性的苛求，转而追求混杂性；从对因果关系的串联思维转变成对相关关系的并联思维，这种思维的转变将是革命性的。

教育大数据是大数据在教育领域的具体表现形式。与传统教育数据比较，教育大数据的采集具有更强的实时性、连续性、全面性和自然性，其分析处理更加复杂和多样，应用也更加深入、多元和个性化。在实现基于大数据的人工智能教学管理时需要关注两个方面的问题：大数据的处理系统和大数据分析方法。为了降低成本，提高能效，大数据系统需要摆脱传

---

[1] 维克托·迈尔－舍恩伯格，肯尼民·库克耶. 大数据时代 [M]. 盛杨燕，周涛，译. 杭州：浙江人民出版社，2013：39.

统的通用体系，趋向专用化架构技术，为此，国内外的互联网龙头企业都在基于开源系统开发面向典型应用的大规模、高通量、低成本、强扩展的专用化系统；自 2008 年以来克隆了谷歌公司的分布式文件系统（GFS）和映射归约（MapReduce）的 Apache Hadoop 逐渐被互联网企业所广泛接纳，并成为大数据处理领域的事实标准。但在全面兼容 Hadoop 的基础上，Spark 通过更多地利用内存处理，大幅提高系统性能。在大数据分析方面，传统的数据表达模型和方法通常是简单的浅层模型学习，效果不尽如人意。深度学习可以对人类难以理解的底层数据特征进行层层抽象，凝练具有实际意义的特征，从而提高数据学习的精度。因此，深度学习是大数据分析的核心技术。

利用大数据技术，再结合其他人工智能技术就可以将传统的数字化教育管理进行智能化改造，形成基于人工智能的智能化教育管理模式。例如，可以基于人工智能技术建立标准化的课堂质量评价体系，可以构建智慧校园，打通数据采集、数据治理、数据存储、数据计算的全流程，挖掘全校各部门有价值的数据，让有价值的数据在校园管理中流动起来。

4.5.3 人工智能教育管理的专利布局

4.5.3.1 全球和我国专利申请态势

从图 4-5-1 可以看出，2003—2011 年人工智能教育管理的全球申请量并不高，在 40 ~ 50 件徘徊，因为此时无论是从数据、算力还是算法上都还无法满足教育管理革新的需要，而从 2012 年开始，迎来了第一次增长，但是增长速度并不是很快，每年数量超过了 100 件，该阶段属于技术探索阶段，虽然有了一定的技术成果，但是在教育管理上只是初步的试探，还未形成大规模的产业落地。从 2016 年开始进入迅速增长期，此时深度学习算法的效果的提高得到了各个领域的关注，各个国家也开始密集发布支持人工智能与教育融合的各项政策。而在 2021 年该增长势头开始回落。

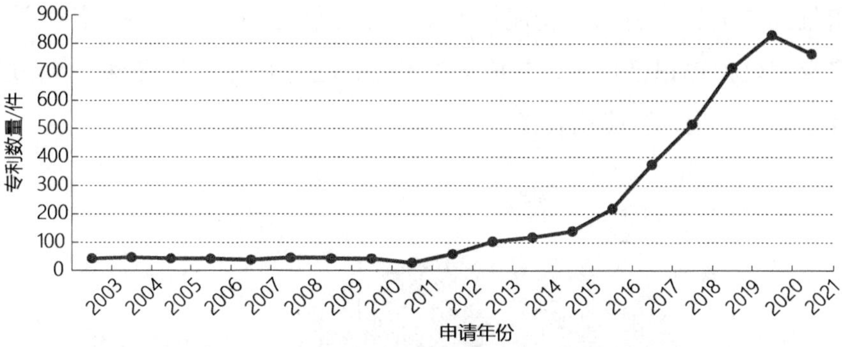

图 4-5-1　人工智能教育管理全球专利申请趋势

中国专利申请趋势与全球基本一致，但是在 2011 年之前的数量仅是零星的个位数，说明中国在人工智能教育管理领域起步较晚，但是从 2011 年开始，中国的申请量构成了全球总数的重要组成部分，从而主导了全球的增长趋势，并且 2021 年也未有下降趋势，中国成为全球最大的人工智能教育管理创新阵地。

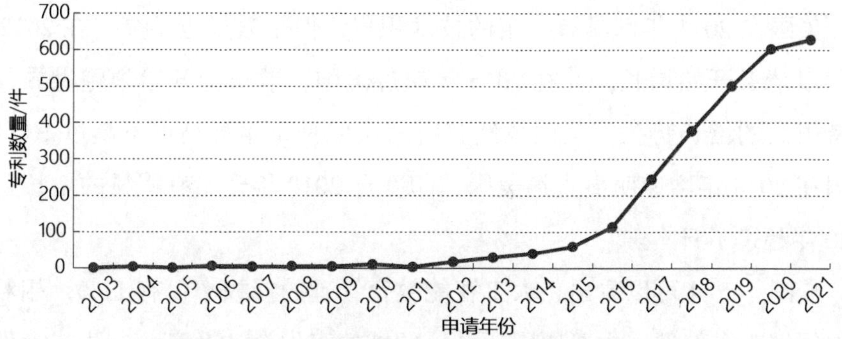

图 4-5-2　人工智能教育管理中国专利申请趋势

4.5.3.2　各国专利申请态势

从图 4-5-3 可以看出，在人工智能教育管理领域，中国的申请量最高，占到 59%，美国第二，占到 20%，其次是韩国、日本、印度，从占比可以明显看出中国在此领域的申请量有非常明显的优势，而且相对于人工智能教育其他领域，其优势也是最明显的，这得益于中国政府自 2017 年以来密集发布的各类将人工智能技术融入教育管理的政策文件，各个学校、国家管理机构也积极响应，与信息技术公司合作搭建智慧校园平台，进行教育管理信息化、智能化升级。

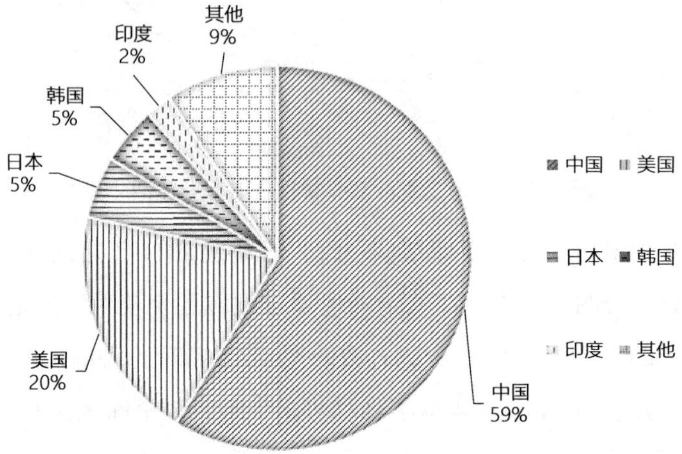

图 4-5-3 人工智能教育管理各国专利申请量占比

美国在 2011 年前具有一定的技术积累，但是数量也不高，在 2012 年中国申请量开始增长，并在 2015 年超过美国，数量上开始领跑世界，并保持很高的增长势头，美国虽然有所增长但是每年最高也不超过 100 件，韩国在 2018 年增速明显直逼美国，印度自 2019 年开始有明显的增长且在 2020 年超过了日本。

从图 4-5-4 可以看出，人工智能教育管理的授权率仅有 12%，相对于其他领域来讲偏低，主要原因还是该领域的案件会涉及商业方法或管理方法，会因为方案不属于传统专利法保护的客体而不予授权，另外该领域最核心的创新往往不是技术本身，而是对数据利用和管理模式的创新，技术贡献度不高的申请很容易被认为不具备专利法规定的创造性。

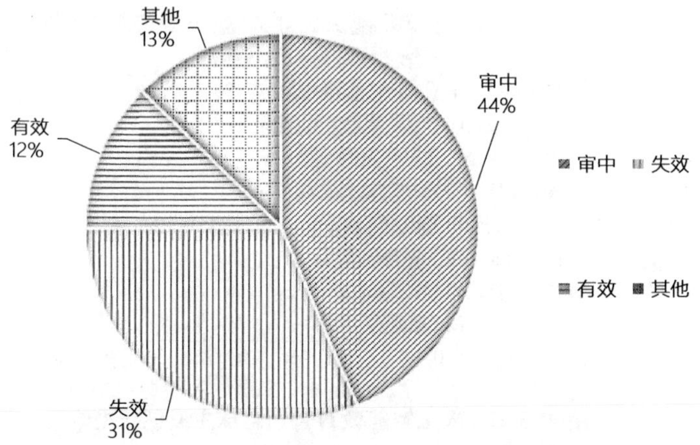

图 4-5-4　人工智能教育管理专利申请法律状态

4.5.3.3　主要创新主体

从图 4-5-5 可以看出，IBM 公司在人工智能教育管理方面的数量最多，因为 IBM 公司积累了非常成熟的信息化管理产品，这些产品经过教育领域的改进就可以应用于教育管理中。同样，微软公司在数据流管理和商业模式技术支持方面也具有先进的技术。而华中师范大学在人工智能教育各个领域都有所涉足，作为师范类高校在教务管理方面具有更强的研究背景和研究数据，因此排名提高到了第三，其申请涉及学情分析和管理。通过排名前十的申请主体申请数量也可以看出，人工智能教育管理领域的创新主体比较分散，并没有集中在少数几个公司，主要还是因为人工智能教务管理涉及的方面、创新点比较分散，往往一个项目需要多方面的技术支持和数据支持，也需要相关的学校配合，具体到专利申请中就很难体现出明显的技术优势，因此企业也很难在人工智能教育管理中一枝独秀。平安科技公司的申请主要涉及培训管理，松鼠课堂公司的申请涉及基于大数据分析的学员学情管理。

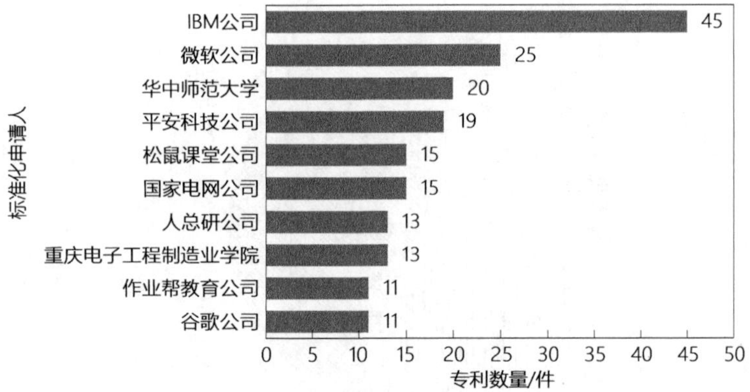

图 4-5-5 人工智能教育管理全球主要创新主体

除了在全球进入前十排名的中国申请人外，在中国申请数量排名前十的申请人还有三盟科技股份有限公司（以下简称三盟科技公司）、东南大学、中国联合网络通信集团有限公司（以下简称中国联通集团）和浪潮集团有限公司（以下简称浪潮集团）。但是数量都在 10 件以下，申请涉及的技术也比较分散。

4.5.3.4 典型企业及专利

4.5.3.4.1 典型企业

华中师范大学于 2017 年成功获批建设教育大数据应用技术国家工程实验室，成为国家大数据战略在教育中布局的唯一一个国家工程实验室。2020 年 5 月 30 日，该校在全国高校中率先成立人工智能教育学部，致力于建设“人工智能 + 教育”领域国家技术创新中心。华中师范大学重视学产研结合，在人工智能教育学部的网站上展示了十余项该部研发的教育产品，包括特教学习平台、学情分析系统、培训平台及服务、StarC 云端教学平台、云课堂平台、师大微课、幼教学习平台、数字化校园系统等。

通过本章其他领域中的主要创新主体分析的内容也可以看出，华中师范大学几乎在每个细分领域都能排入中国申请量的前十名，因此该学校也很重视以专利申请的形式对研究成果进行保护。

具体到人工智能教学管理领域，华中师范大学共有专利申请 20 件，其中有一半申请与利用大数据技术对教育数据进行分析提高教育管理效能有关，而其中授权的有 2 件，仍在实质审查的有 5 件。

下面简单介绍其中的一件授权专利：CN108319733B，发明名称为“一种基于地图的教育大数据分析方法及系统”。该发明公开了一种基于地图的教育大数据分析方法，包括：获取教育资源数据按照一定数据结构存入数据库；针对每个分析主题构建主题图层，根据分析主题对数据进行分类索引并加载至相应主题图层，将主题图层叠加到底图上，形成数据地图；根据分析主题对主题图层数据进行分析，获取主题分析结果；提取目标区域中多个主题图层的数据并融合，获取区域分析结果；获取用户的学习偏好；根据用户请求内容，结合用户的学习偏好，搜索区域分析结果以响应用户请求。该发明公开了一种基于地图的教育大数据分析系统，针对目前教育数据庞杂、精准分析相对欠缺的情况，采用对教育数据进行分类，按照不同的主题需求进行分析，可以解决其中部分问题，实现教育数据的利用和分析。

该专利提出了 PCT 国际专利申请，并申请了美国同族专利（US20200125618A1，WO2019184052A1）且被三个其他公司的专利申请所引证。

4.5.3.4.2　典型专利

下面从人工智能教育管理的专利申请选择几件引证次数高且有诉讼发生的专利进行介绍。

① US20070186230A1，发明名称为“交互式竞赛的系统和方法”，该专利是一种提供内容审查、分发、排名和访问，并自动创建和执行基于内容的参赛组之间竞赛的系统和方法。所述系统和方法提供可定制的交互式的、正在进行的、多级的多轮竞赛，所述多轮竞赛具有对基于内容的参赛者的专家进行审查和过滤。在其他优点中，提供商可以使用该系统和方法来获得专家和消费者对其内容的评论和排名。

该专利发生了 3 次诉讼，但没有在美国外进行布局。由于其涉及的基于投票的比赛系统应用较广泛，因此引证次数高达 139 次。

② US8784113B2，发明名称为“一种开放式交互式电子学习系统及方法”，该发明描述了一种系统和方法，该系统和方法为各地的学习者提供对由各地的作者开发的内容的几乎通用和简单的访问，以产生电子学习市场。集中存储和更新内容，并通过内容分发网络（CDN）将当前内容分发到本地内容服务器。一种专有服务器使得能够向与一个或多个学习管理系统连接的用户服务器提供接口和可加载种子。培训经理订阅内容，作者获得报酬，学员“参加”一门或多门课程，课程的完成情况和成绩向一个或多个LMS报告。该发明的电子学习系统和方法为各种用户之间的交互提供了安全性。

该专利当前的权利人是芝麻淘课（OpenSesame）公司，原始申请人是蓝色技术公司（Blue Technology），该专利发生过6次转让，其中芝麻淘课公司参与过4次。芝麻淘课公司成立于2002年，旗下的电子学习交互平台“芝麻淘课”，是一个世界通用的在线学习商城，可以购买及销售在任何学习管理系统中均可使用的课程。平台提供简单易用的管理面板，以进行课程交易管理，同时可以使用任何课程制作工具或学习管理系统创建自己的课程。

芝麻淘课公司曾以该专利被侵权为由起诉Go1公司，Go1公司是一家从事专业培训的在线学习平台，包括提升员工技能的课程和公司合规培训所需的课程。该专利被引证17次，可见属于在线课程中较为基础的专利。

4.6 本章小结

在智能互联网技术的驱动下，人工智能技术使各个场景下的学习都具备了智能性。在学校里，增强现实技术提供沉浸式学习体验，使学生能够身临其境地进行学习，增强学生的学习兴趣。而老师根据大数据技术分析，及时为学生画像，了解每个学生、每个班级的学习进展情况，从而自适应地调整备课方向和内容，并作出重点讲解或演示；而丰富的教学资源也让老师可以从中进行智能化选择，安排各种学习任务；同时利用信息化手段推送给学生和家长。老师从烦琐的作业批改、阅卷、出卷中解脱出来，利用人工智能考评节省了时间。学生回到家中，学习与学校无缝连接，同时人工智能辅助工具帮助家长辅导学生功课，学生在家的学习进度也可以实时地反馈给在工作中的家长；同时，在线课程为学生提供了更丰富的课外学习内容，并可以根据自己的兴趣优选地实时学习。在校园里，学校利用大数据技术科学管理教育事务，实时发现教育舆情，智能评估课堂效果并及时改进。同时，学习不再被空间和时间限制，从幼儿到学生再到职场精英，都能利用人工智能技术带来的教育智能化满足学习者学校学习、家庭学习和社会学习的需求。

从专利创新的角度来看，全球人工智能教育专利申请量自 2015 年进入了增长爆发期，中国申请量在 2016 年开始领跑全球，增长速度一直持续到 2021 年，个别领域也开始出现放缓状态，进入了冷静期。在此期间，创新主体的研发方向也在发生变化，说明随着人工智能技术的不断成熟，教育产业落地方向不断变化。创新主体应在人工智能技术本身的研究和发展过程中，随时发现适合教育领域的具体落地应用，做好落地攻关和专利布局。从人工智能教育创新主体的类型可以看出，既有 IBM 公司、中国“BAT”等具有信息技术实力的大型企业，也有专门深耕于教育领域的传统教育企业和新兴互联网教育公司，还有师范类高校，说明人工智能教育整个市场的空间很大，潜力无限。由于人工智能教育的创新效果在不同领域体现的程度不同，如搜题领域可以给用户较为直接的智能感受，但是在自适应教育中其有效性较难评价和对比，技术研发和专利布局时需要考虑产品落地后对产品带来的直接效果，应重点布局与直接效果紧密关联的技术方案，如教学辅助类直接与学生用户交互的技术，更容易在市场上抢先一步，具有绝对竞争力，说明书和权利要求书撰写时要进行适当地扩展和概括。而对于人工智能自适应和教育计算等人工智能底层技术架构，需要强大的科研团队对人工智能算法进行深入的研究和实践，目前大型公司已有自己的人工智能计算平台，并开发自己的计算框架，同时中国高校科研院所在顶级期刊的论文发表数量也逐年递增，仅次于美国，因此教育新创公司可以考虑利用大企业开发平台或是与科研院所专家团队合作，以加快研发进度。人工智能教育效果离不开校园、在线教育资源以及教育大数据，校企合作的形式可以加速推进人工智能教育研发和产业落地。在研究方向上，我国已在教育各个领域都进入了第一梯队，但是缺乏国外专利布局和核心基本专利的产出，虽然教育受到国家政策和公益性质的影响，但是人工智能辅助教学技术领域受此影响较少，可以考虑进行国外布局。与此同时，人工智能对教育来讲属于双刃剑，也要关注人工智能为教育带来的伦理、社会等问题以及国家政策导向，因为虽然人工智能技术是一个有益的教学辅助工具，但不会改变教育的本质，申请时应从人工智能技术如何提高教育效能的角度进行撰写。

第五章　人工智能金融

5.1　人工智能金融概述

5.1.1　人工智能金融的概念

人工智能金融是指将人工智能技术应用于金融领域中，通过将人工智能技术与金融各领域全面融合，提升金融机构的工作和服务效率，促使人们获得高效、智能、平等、专业、个性化的金融服务。

因此，人工智能金融不仅是“人工智能 + 金融”的简单叠加，更是人工智能技术与各类金融业务场景的深度融合，是经人工智能赋能后的金融新业态和新模式，通过科技创新链条与金融资本链条的有机结合，使得金融机构业务流程自动化、缩减运营成本、降低金融风险，并能够提供更为全面、精准、高效、专业、灵活的金融服务，使得用户获得智能化、便捷化、个性化的体验，进一步提高用户满意度，也进一步服务社会经济各行业，推动实体经济的高质量发展。

5.1.2　人工智能金融的技术发展情况

2011 年，“金融科技”一词在美国硅谷和英国伦敦被正式提出，强调业务前、中、后台的全流程科技应用变革，改变传统金融服务的全部环节，这标志着以人工智能、大数据、区块链、云计算等新兴技术为基础的金融科技时代的到来。随着第三次人工智能技术发展热潮的到来，人工智能技术作为数字化转型的重要手段，其已经全方位地与金融行业进行融合，助力金融机构数字化转型，由此也催生出各种新的金融应用方式与技术，逐步推动形成具有普惠性、高适应度并具有高竞争力的现代新型金融体系，进而提供更加精准高效的金融服务，有效降低交易成本，提升运营效率。

人工智能对我国金融行业也产生了巨大冲击，银行面临空前的压力与挑战，各大银行纷纷寻求与人工智能公司合作。同时，从2016年开始，中国光大银行、中国工商银行、中国建设银行、中国农业银行、中国银行等多家银行相继成立金融科技子公司，投入巨额资金，扩大科技人才储备，积极发展金融科技水平。此外，保险公司、证券公司、证券交易所也与人工智能公司进行战略合作，积极探索新的服务模式，加快人工智能技术的扩散速度，促进产品创新，提升经营效率，优化用户体验。

在“人工智能+金融行业”欣欣向荣的背景下，各国纷纷出台相关政策，大力支持人工智能金融的发展。

5.1.2.1 人工智能金融政策分析

5.1.2.1.1 外国人工智能金融的相关政策

金融科技的发展已成为全球性的潮流，为世界主流金融市场所认可。美国、英国、欧盟、新加坡等地都纷纷出台人工智能金融的相关政策，指导人工智能金融的发展方向。

美国作为全球最大的金融市场和科技强国，金融科技行业发展迅猛，金融业态和应用创新迭出。2017年，美国国家经济委员会发布《金融科技框架白皮书》，阐述了政府的政策目标，反映了公认的观点以及对金融服务行业以及与之互动的美国政府当局的切实期望。文中列出了十条指导性原则，它们成为决策者和监管者用以参考和沟通交流的框架方针，并用以评估整个金融科技生态圈来实现其政策目标。2018年，美国证券交易委员会（SEC）成立创新和金融科技战略中心，为国内外监管机构和公众参与金融科技治理提供了平台，将金融科技提升至战略高度。2021年3月，美国联邦储备系统等五个部门宣布金融领域人工智能技术应用意见征询，覆盖欺诈预防、个性化服务、信贷承销等多个方面。

2015年，英国前首相卡梅伦宣布金融科技发展的五年规划，致力于实现“打造全球金融科技投资最友善环境”“成为全球金融科技中心并诞生至少25家领先企业”以及“创造10万个金融科技工作岗位”三大目标。金融科技中心由英格兰银行于2018年推出，其前身是备受赞誉的金融科技加速器。金融科技中心是英格兰银行拥抱金融科技的重器，汇集所有银行业务领域的专业知识来引领金融科技战略，广泛参与金融科技部门以了解行业趋势，并顺应趋势为金融创新提供支持。金融科技是英格兰银行2019年的七大战略重点之一。英格兰银行在2019年6月发布的《金融未来》中分析了包括通过现代化的金融架构来实现金融创新、定位未来的支付系统等九个金融行业趋势，并且针对每个趋势，对英国的银行提出了推荐做法。2021年2月，英国政府对英国未来的金融科技发展提出了建立一个由私营部门主导的金融、创新和技术中心等五点建议。

2022年4月8日，欧盟数字金融平台（EU Digital Finance Platform）正式上线。作为2020年欧盟数字金融战略的一部分，该项目旨在为欧盟创新金融企业、政府监管机构和其他对该行业感兴趣的人士提供一个沟通交流平台，推动建立统一的欧盟数字金融生态系统。

致力于构建“智慧国家”的新加坡采取一系列措施为金融科技创新企业提供资金和政务服务上的支持，包括在新加坡金融管理局下组织金融科技创新团队、投入2.25亿新元推动“金融领域科技和创新计划”、设立国立研究基金会和金融科技署，同时致力于与其他国家之间的合作。2022年4月13日，新加坡金融管理局与澳大利亚财政部共同签署《澳大利亚–新加坡金融科技纽带协议》。未来，两国将积极促进金融科技领域贸易、投资和生态系统发展，支持两国金融科技企业进入对方市场并有效利用现有政策支持，加强政府监管机构、行业团体间信息共享，联合探索区块链与分布式账本技术、数字身份、跨境数据连接、数据可移植性等领域创新项目合作。

5.1.2.1.2 中国人工智能金融的相关政策

我国一直非常重视人工智能产业的发展，国家逐步出台了金融领域的宏观政策和行业领域规范，推动了金融数字化转型。2017 年 5 月，中国人民银行成立金融科技委员会，旨在加强金融科技工作的研究规划和统筹协调。2019 年 8 月，中国人民银行发布了《金融科技发展规划（2019—2021 年）》，这是我国金融科技第一份科学、全面的规划，明确提出未来三年金融科技工作的指导思想、基本原则、发展目标、重点任务和保障措施。至此，我国金融科技创新发展态势加速形成，人工智能、大数据、区块链等新一代数字技术在金融领域应用日益深化。

2021 年 3 月发布的《中华人民共和国国民经济和社会发展第十四个五年规划和 2035 年远景目标纲要》指出，健全具有高度适应性、竞争力、普惠性的现代金融体系，构建金融有效支持实体经济的体制机制。完善现代金融监管体系，补齐监管制度短板，在审慎监管前提下有序推进金融创新，健全风险全覆盖监管框架，提高金融监管透明度和法治化水平。稳妥发展金融科技，加快金融机构数字化转型。强化监管科技运用和金融创新风险评估，探索建立创新产品纠偏和暂停机制。这标志着金融领域的科技创新与数字化建设将迈入多领域、深层次探索与实践的新阶段。

2021 年 12 月，中国人民银行印发《金融科技发展规划（2022—2025 年）》，按照“数字驱动、智慧为民、绿色低碳、公平普惠”的原则，规划中提及了涉及深化数字技术金融应用、健全安全高效的金融科技创新体系等八个方面的重点任务，致力促进金融与科技更深度融合、更持续发展。该规划是金融科技领域贯彻落实国家重要政策规划的具体行动指南，为我国下一阶段金融科技高质量发展指明了方向、提出了要求，推动我国金融科技从“立柱架梁”全面迈入“积厚成势”新阶段，力争到 2025 年实现整体水平与核心竞争力跨越式提升。

同时，金融行业细分领域规范逐步出台，多场景应用与安全监管并行。银行保险监督管理委员会（以下简称银保监会）在 2019 年 12 月发布的《中国银保监会关于推动银行业和保险业高质量发展的指导意见》提出，增强金融产品创新的科技支撑。银行保险机构要夯实信息科技基础，建立适应金融科技发展的组织架构、激励机制、运营模式，做好相关技术、数据和人才储备。充分运用人工智能等新兴技术，改进服务质量，降低服务成本，强化业务管理。大力发展移动互联网终端业务，探索构建互联网金融服务平台。有效发挥大数据、人工智能等技术在打击非法集资、反洗钱、反欺诈等方面的积极作用。2022 年初，银保监会印发《中国银保监会办公厅关于银行业保险业数字化转型的指导意见》，这是银保监会出台的关于银行业保险业数字化转型的首份专门文件，在机制、方法等方面对银行业保险业数字化转型予以规范和指导，为推进银行保险机构数字化转型做好顶层设计，推动金融高质量发展。该指导意见的工作目标为到 2025 年，银行业保险业数字化转型取得明显成效。该指导意见从六个方面要求银行保险机构大力推进业务经营管理数字化转型。例如，要求积极发展产业数字金融、大力推进个人金融服务数字化转型、提升金融市场交易业务数字化水平、建设数字化运营服务体系、构建安全高效、合作共赢的金融服务生态、着力加强数字化风控能力建设等。证券监督管理委员会在 2021 年监管工作重点中指出，要加快推进科技和业务的深度融合；聚焦“数据让监管更加智慧”的愿景，全面提升监管科技和行业金融科技发展水平；突出问题导向、应用导向和结果导向，夯实数据治理基础，扎实推进重点项目建设，强化科技对监管的有效支撑；加强证券期货行业科技发展的统筹规划，大力促进人工智能等创新科技在行业的推广应用，提升行业科技安全管理水平。

随着人工智能在金融领域的应用不断探索发展，相关的行业规范和监管政策也在不断完善。2021 年 3 月，中国人民银行正式发布《人工智能算法金融应用评价规范（JR/T 0221—2021）》，针对算法黑箱、算法同质化、模型缺陷等潜在风险问题，该规范从安全性、可解释性、精准性和性能等方面系统化地提出基本要求、评价方法和判定准则。2021 年 9 月，科学技术部发布

《新一代人工智能伦理规范》旨在将伦理道德融入人工智能全生命周期，为从事人工智能相关活动的自然人、法人和其他相关机构等提供伦理指引。由此可见，相关部门正在大力推进智能金融行业的标准化改革，力图构建安全可信、公正向善的人工智能技术应用，推动行业健康可持续发展。

5.1.2.2 人工智能金融行业发展分析

2015年以前，金融行业在计算机信息化技术的助力下，出现了销售点情报管理系统（POS机）、办公信息化系统、网上银行、手机银行、互联网信贷、互联网理财产品等，实现了办公业务的电子化与自动化进而增进了工作效率，也通过互联网的广泛应用，加强了金融机构与个人移动终端的信息交换与快速交互，增强了用户体验。在各国人工智能金融政策的大力支持下，从2015年开始，全球金融科技发展进入了快车道，人工智能技术进一步推动金融行业步入了崭新的发展阶段，对金融产业链布局进行了重塑，科技对于整个行业的改变明显超越了以往阶段，人工智能技术广泛应用于银行、保险公司、证券公司等金融机构的多个业务环节和产品中，开创了金融行业向智能化方向演进的新格局，拓宽了金融机构的服务场景，相继出现了涵盖多种付款方式的智能支付、智能网点、智能机器人问答与服务、智能风险评估、智能参保理赔等多种产品。

与此同时，人工智能金融的融资热度近几年有了大幅提升，是市场融资的热门方向，其中，中国、美国、英国、印度是全球金融科技发展相对繁荣的国家，金融科技的部分领域产业格局已趋于稳定，而证券与资管、银行与借贷、区块链、支付、保险是近期火热的融资领域，这也和当前的技术发展方向相匹配。当前银行业相对证券业来说，人工智能技术应用更加广泛且落地场景多，表现更为突出，而证券业的人工智能场景应用成熟度相对较低，产品相对不够丰富，未来人工智能技术赋能的空间还很大。此外，人工智能技术与区块链技术的深度融合和协同应用也是金融科技进一步发展的方向之一，区块链技术保证了人工智能技术所使用数据的安全性和人工智能模型训练的高效性，从而为用户提供了高质量人工智能金融产品，进一步提升了用户体验。

5.1.2.3　人工智能金融技术分析

人工智能主要分为运算智能、感知智能、认知智能三个层次。目前，在智能金融的具体运用中，运算智能主要体现在与大数据的结合运用，挖掘数据所表现的深层次信息，通过运用大数据处理技术，已经产生大数据征信、大数据风险防控和风险定价等运用模式，其不仅提高了金融机构原有金融服务的准确性和安全性，也催生出了许多基于其他行业具体应用场景的金融产品，也是未来金融行业深度发展的技术基石。感知智能目前广泛应用于智能客服等领域，认知智能则主要应用在用户评级、智能投资顾问等场景。随着人工智能技术的发展与革新，各国创新主体在金融领域中进行了非常多的创新，并逐步在实际生活中予以应用实现，同时，也通过专利的方式对自己的创新进行了保护。下面通过专利申请情况对人工智能金融的技术发展情况进行分析。

5.1.2.3.1　全球和我国专利申请态势

通过对人工智能金融的相关专利进行检索（截止日期为 2022 年 5 月 1 日），我们可以检索到全球人工智能金融的相关专利申请为 36 312 件，近十九年的专利申请态势如图 5–1–1 所示。可以看出自 2014 年起专利申请的增长率逐渐攀升，并呈现迅猛增长的趋势，直到近三年增速才开始趋缓，也标志着智能金融的相关技术趋于成熟稳定。

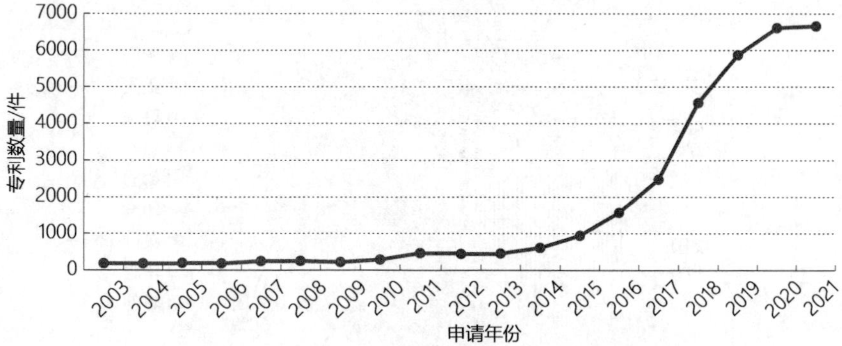

图 5–1–1　人工智能金融全球专利申请态势

中国人工智能金融的相关专利申请为 22 716 件，申请量占比可观，从图 5–1–2 中的申请趋势可以看出，中国人工智能金融在 2014 年的申请量较少，但是之后逐年攀升，尤其是 2017 年以来呈现出强大的发展后劲。

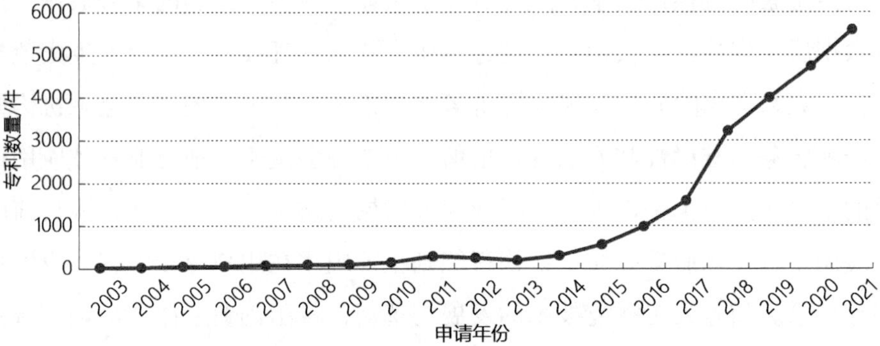

图 5–1–2　人工智能金融中国专利申请态势

5.1.2.3.2　各国专利申请态势

从各国的申请量来看，如图 5–1–3 所示，中国和美国属于人工智能金融专利申请的第一梯队，全球近 4 万件申请中，中国的数量占到 60%，美国紧随其后，占到 18%。对于我国来说，得益于国家金融科技相关政策的支持，从 2017 年起人工智能金融技术不断发展，同时国家也重视技术的保护，专利申请量大幅提升。接下来占比较多的有韩国、日本、德国、印度、英国、法国，其中韩国占比较高，占到 5%。

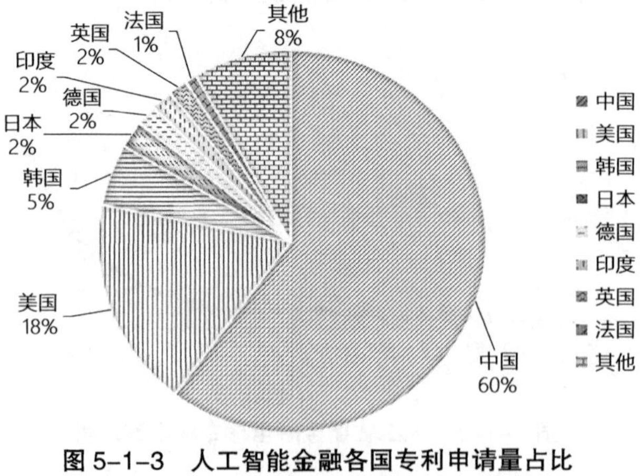

图 5–1–3　人工智能金融各国专利申请量占比

图 5-1-4 是中国、美国、韩国申请量逐年变化情况，在 2016 年之前各国的申请量相差不大，但是之后，中美逐步与韩国拉开了距离，尤其是中国，2017 年以来申请量明显居于首位，并呈现逐年递增的态势。

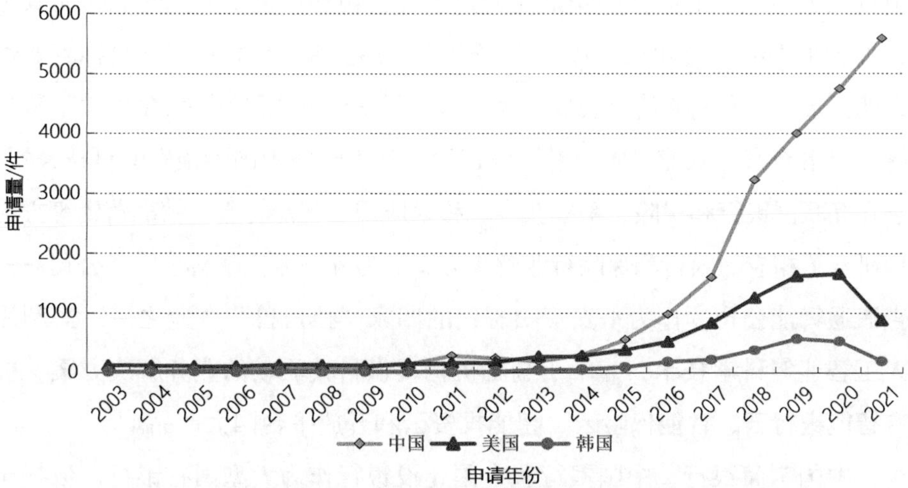

图 5-1-4　人工智能金融中国、美国、韩国专利申请量逐年变化情况

5.1.2.3.3　主要创新主体

图 5-1-5 展示了人工智能金融全球主要创新主体，从排名来看，中国的公司成为人工智能金融领域的创新主力，尤其是平安集团。其成立于 1988 年，是中国第一家股份制保险企业，已经发展成为以金融保险、银行、投资等多种金融业务为一体的综合金融服务集团。

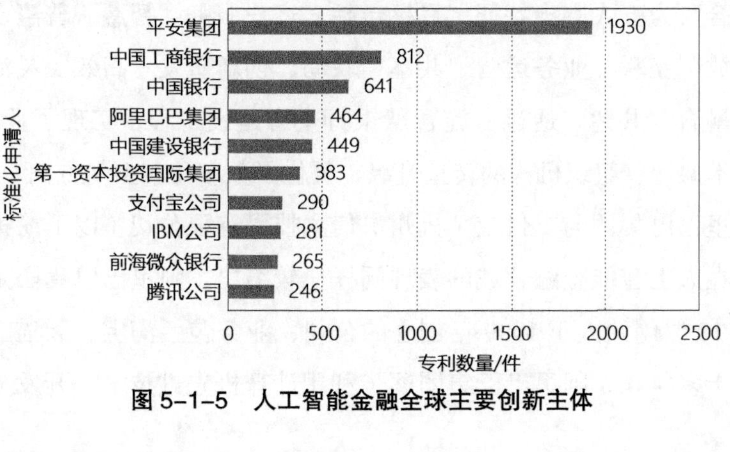

图 5-1-5　人工智能金融全球主要创新主体

平安集团旗下的中国平安人寿保险股份有限公司（以下简称平安人寿保险公司）、中国平安财产保险股份有限公司（以下简称平安财产保险公司）、平安证券股份有限责任公司（以下简称平安证券公司）、平安信托有限责任公司（以下简称平安信托公司）等公司均申请了大批专利，尤其是旗下的平安科技公司以及深圳壹账通智能科技有限公司（以下简称壹账通智能公司）在专利申请上表现更为突出。平安科技公司是平安集团旗下科技解决方案专家，赋能集团金融服务建设，致力于成为国际领先的科技公司。它在互联网银行和保险、精准获客、移动应用、智能客服、精准营销等方向均研发了相应的银行和保险行业解决方案。另外一家金融科技服务公司——壹账通智能公司，作为平安集团孵化的四家“独角兽”企业之一，其利用人工智能等科学技术，为中小金融机构提供科技驱动的业务解决方案，拥有智能银行云、智能保险云、智能投资云和开放平台四大产品。

中国工商银行、中国银行和中国建设银行作为大型国有银行，依托于较早成立的金融科技子公司，金融科技产品种类丰富、性能提升，并配套申请了大量的专利。其中，中国工商银行的专利申请量最多，其推出人工智能指数，推出智能化对公线上支付结算产品“工银 e 企付”，把智慧产品融入获客、活客、粘客每个环节；根据金融同业及企业客户风险防控需求自主研发风险信息服务平台“融安 e 信”。在 2020 年末，中国工商银行完成了智慧银行生态建设工程（ECOS）建设，以“智慧、开放、共享、高效、融合”为五大突出特征，目标包括：客户服务“智慧”普惠、金融生态“开放”互联、业务运营“共享”联动、创新研发“高效”灵活、业务科技“融合”共建。通过实施智慧银行生态建设工程，实现了业务架构、信息技术架构、组织机构的转型升级，提供了数字化转型新方向。

阿里巴巴集团与支付宝（杭州）信息技术有限公司（以下简称支付宝公司）在人工智能金融领域的表现同样比较突出。阿里巴巴集团是马云带领下的 18 位创始人于 1999 年创立的公司，业务包括淘宝、天猫、聚划算等。二十多年来，阿里巴巴集团逐步利用计算机先进技术，开发多场景应用平台，服务数以亿计的消费者和多家中小企业。阿里 AI（阿里灵杰）依托阿里巴巴集团的云基础设施、大数据和人工智能工程能力、场景算法技术和多年行业实践，一站式地为企业和开发者提供云原生的人工智能能力体系，帮助提升人工智能应用开发效率，促进人工智能在产业中规模化落地，激发业务价值。

支付宝公司属于蚂蚁科技集团股份有限公司（以下简称蚂蚁集团）的全资子公司。蚂蚁集团起步于 2004 年。2013 年 3 月浙江阿里巴巴电子商务有限公司宣布将以其为主体筹建阿里小微金融服务集团，阿里小微金融服务集团成为蚂蚁金融服务集团的前身。2020 年 7 月蚂蚁金融服务集团正式更名为蚂蚁集团。蚂蚁集团是移动支付平台支付宝的母公司，也是全球领先的金融科技开放平台，致力于以科技推动包括金融服务业在内的全球现代服务业的数字化升级，携手合作伙伴为消费者和小微企业提供普惠、绿色、可持续的服务。其旗下有支付宝、余额宝、招财宝、蚂蚁聚宝、网商银行、蚂蚁花呗、芝麻信用等子业务板块[1]。该公司积极探索将以自然语言处理和深度学习为核心的人工智能技术应用到金融的各个场景，包括智能客服、保险顾问、安全风控、对话机器人、舆情分析等。

深圳前海微众银行（以下简称前海微众银行）作为国内首家民营银行和互联网银行，通过坚持在科技、创新领域的投入，不断探索普惠金融的实践，已实现全业务过程中的人工智能应用，覆盖智能客服、在线身份验证、精准营销、智能风控等环节。自主金融级智能身份识别技术，整合人脸识别及活体检测技术和异步审核及在线视频补充核审流程；依托人工智能算法，打造“微金小云”智能客服机器人以及云催收平台等创新产品。

从自动取款机、手机钱包到聊天机器人和机器人投顾，技术改变了储蓄、转账和管理资金的方式。美国第一资本投资国际集团（Capital One）

---

[1] 佚名．超级独角兽蚂蚁集团剖析：企业现状 / 融资 / 经营情况分析［EB/OL］．（2021-06-15）［2022-07-16］．https://baijiahao.baidu.com/s?id=1702622790539005762&wfr=spider&for=pc.

走在这一转型的前沿，它也是率先在数字技术和人工智能方面进行真正投资的机构之一。它是一家集国际贸易、项目开发、投资银行业务为一体的多元化国际企业集团。其理念是使用数据、技术和科学测试，在对的时间、以合适的价格将好用的产品交付到需要的人手上。它率先探索大数据应用，将其应用于获客、风控和运营等诸多方面，形成了一套基于数据驱动的核心能力。

IBM 公司总部位于纽约州阿蒙克市，是全球最大的信息技术和业务解决方案公司。其推出了“IBM AI 参考架构”，是一个开放的、可扩展的人工智能平台架构解决方案，能够满足用户不同应用、不同阶段的人工智能需求。IBM 公司金融行业解决方案专家团队归纳整理了金融行业监管科技的总体框架及分层架构，包括合规风险与策略、金融犯罪、金融风险、治理－风险－合规、安全风险以及监管科技的赋能技术支持，有效提升了对金融机构的监管合规能力。

腾讯公司成立于 1998 年 11 月，是一家致力于技术创新的互联网科技公司，其提供云计算、广告、金融科技等一系列企业服务，支持合作伙伴实现数字化转型，促进业务发展。腾讯金融科技前身为财付通，是腾讯公司提供移动支付与金融服务的综合业务平台，以微信和 QQ 两大平台为基础，提供移动支付、财富管理、证券投资等服务，其已经提供微信支付、QQ 钱包等产品。

5.1.3 人工智能金融的主要应用场景

目前，人工智能技术在银行、保险、证券、信托等四大金融支柱产业均有渗透，已经全面覆盖主流业务场景。

以生物特征识别、机器学习、计算机视觉、知识图谱等技术赋能金融行业，从银行应用场景来看，衍生出智能风控、智能支付、智能客服、智能运营、智能监管、智能投顾、智能投研、智能营销等多个金融人工智能应用，助力形成“智慧银行”；从保险应用场景来看，衍生出智能定价核保、智能理赔、智能运营、智能风控、智能营销、智能客服、智能监管等多个金融人工智能应用，助力成为“智慧保险”；从证券与信托应用场景来看，衍生出智能投研、智能投顾、智能运营、智能风控、智能营销、智能客服、智能监管等多个金融人工智能应用，助力成为“智慧证券”“智慧信托”。

从上述应用场景可以看出，银行、保险、证券与信托行业存在众多共性场景，包括智能风控、智能客服、智能运营、智能监管、智能营销，但是不同的行业还存在自身特色的场景，如智能支付为银行业单一使用场景，智能定价核保和智能理赔为保险行业单一使用场景。

5.2　智慧银行

5.2.1　智慧银行的概念

智慧银行是指借助先进的金融科技手段塑造银行新服务、新产品、新的运营和业务模式，强化银行运营管理的智能化、集约化、精细化水平，全面提升服务能力，提高工作效率并降低成本，实现有效的客户管理和高效的营销绩效的目的。

5.2.2　智慧银行的技术发展情况

目前，智慧银行已经配备智能风控、智能支付、智能客服、智能运营、智能监管、智能投顾、智能投研、智能营销等多个金融人工智能应用场景。下面对不同的应用场景分别进行介绍。

5.2.2.1　智能风控

智能风控是指通过人工智能、大数据、云计算等技术的结合，构建全面的智能金融风险防控体系，是对操作风险、信用风险、合规风险、交叉风险、声誉风险的数字化、自动化、智能化转型。例如，搭建信用模型，进行贷前准入分析与预测，通过知识图谱等技术对关联交易数据进行交叉验证，防止交易欺诈，通过自然语言理解、图像识别等技术对单据进行审核，根据客户历史数据，预测违约、逾期概率等。

5.2.2.2 智能支付

智能支付以人工智能、物联网等技术为载体或支撑，驱动支付过程，实现资金的转移，技术上主要集中于用户身份的识别、支付方式的构建。用户身份的识别通常以人工智能为内核，使用脸部、指纹、掌纹、声纹、静脉等生物特征识别技术进行智能化识别，对用户身份进行验真，规避冒名顶替、金融欺诈等风险，大幅降低核验成本；支付方式上采用移动支付、扫码支付、个性化支付等方式，进一步助力银行有效扩张传统业务，为用户支付提供远程化、便捷化服务，同时保证了安全性，提升了用户体验和支付效率，有力推进了电子化支付的广泛应用，推动了消费场景的扩展和升级。

5.2.2.3 智能客服

智能客服通过知识处理、语音识别、自然语言理解等技术来构建自动问答机器人，从而提供业务咨询和业务办理等服务，能够在保证服务质量、服务效率的同时，帮助企业掌握和了解客户需求，挖掘分析其内在价值，有效拓展客服领域的深度和广度，大幅降低服务成本，提升服务体验。

5.2.2.4 智能运营

智能运营通过机器学习、自然语言理解、机器人流程自动化（RPA）等技术，集中管理银行内部相似的业务流程，提高业务标准化程度，加强资源集约化利用程度，实现平台共享，获取集约效应并由此降低业务处理的相关运营成本，助力核心业务场景的智能化升级。例如，通过人工智能技术替代人工进行资料审核、身份认证等工作，完成资料填写、面签开户、账户激活的全流程操作。

5.2.2.5 智能监管

智能监管运用信息技术和数据驱动监管方式变革，进行数字化监管。

通过机器学习、自然语言理解等技术助力标准化规则的使用，并通过使用标准化规则集减少释义和解释错误，从而帮助金融机构监管自身业务流程，进行持续性的合规审核和合规评估。此外，还通过融合各方数据，挖掘数据价值，实现全方位态势感知、多维度分析评估和实时化预警处置，助力监管机构精准监管。

5.2.2.6　智能投顾

智能投顾指的是利用大数据、人工智能等技术，以现代资产组合理论等金融投资理论为框架搭建数据模型和算法，结合投资者风险偏好、财务状况和收益目标等信息，对投资者与资产信息进行标签化，精准匹配投资者与资产，分散化投资不同的产品，为投资者提供资产配置组合，模拟动态市场上的投资组合表现进行投后跟踪并提供再平衡等服务。智能投顾建立起了融合投资分析算法和投后自动化管理为一体的模型，只要获取客户的投资偏好就可以帮助客户获得一套定制化的兼顾主动、被动投资策略的投资组合，实现投资管理自动化，能够有效避免投资人受市场变化而产生的不理性情绪的影响，使机器严格执行事先设定好的策略。它能够进行更为透明开放的信息披露，及时提供风险提示，做到“千人千面”。

5.2.2.7　智能投研

智能投研既可以在人工智能技术的加持下搜集、整理和解读宏观经济、微观经济、经济周期、行业规律、公司基本面等多方面因素，还可以获取社交平台、新闻报道、金融数据等金融舆情信息以理解市场变化，通过算法找出隐藏在数据中的规律并根据实时经济数据变化优化分析模型算法，从而对投资标的未来发展趋势和风险作出预测，达到优化投资决策并实时监控风险的目的。

5.2.2.8　智能营销

智能营销依托大数据，建立客户画像和知识图谱，根据银行已有的历史交易信息、员工服务信息和产品信息等内部数据，通过数据深度分析客户的消费特点和金融服务需求，进行智能获客、精准匹配客户和产品，以构建通过差异化的产品和准确的渠道进行精准、智能、个性化的营销新模式。此外，可以使用机器人流程自动化技术完成营销自动化，降低营销成本。例如，通过关联用户交易、消费、网络浏览等行为数据，为用户推荐与其自身需求关联性高的金融产品，提升产品营销的精准性与成功率。

5.2.3　智慧银行的专利布局

通过对全球专利库中有关智慧银行的主题进行检索（截至 2022 年 5 月 1 日），我们共得到 19 542 件专利申请。

5.2.3.1　全球和我国专利申请态势

从图 5-2-1 可以看出，智慧银行专利申请从 2014 年起逐渐攀升，并呈现迅猛增长的趋势，直到 2019 年以来增速才开始趋缓，2021 年的专利申请量有小幅的下降，但仍然维持高位。

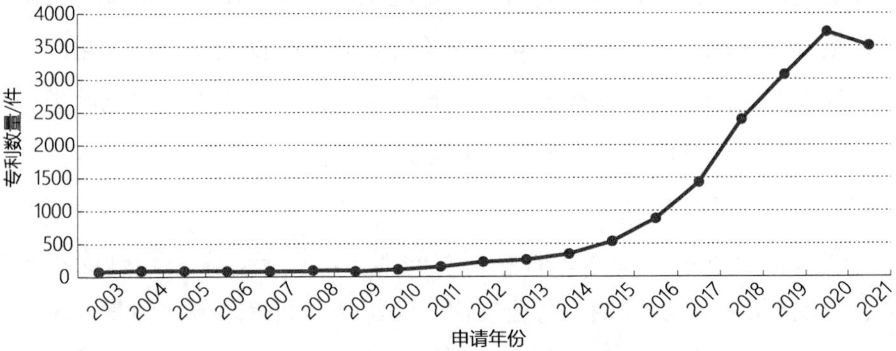

图 5-2-1　智慧银行全球专利申请趋势

从图 5-2-2 中可以看出，中国申请态势与全球申请态势基本相同，2014 年以来保持了高速增长，增长率未出现下滑，并逐渐占据绝对优势。

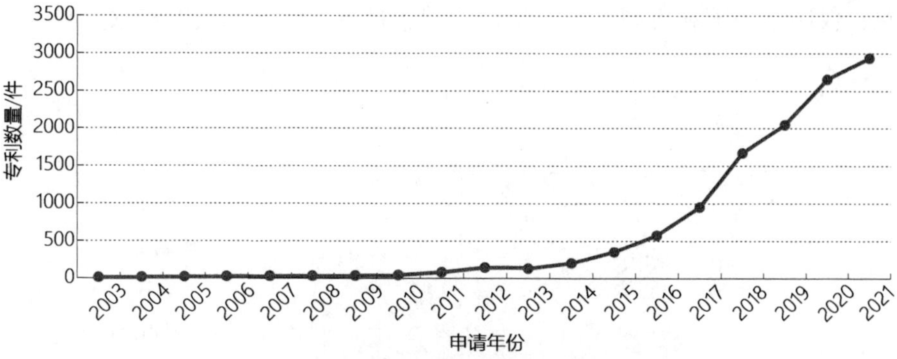

图 5-2-2　智慧银行中国专利申请趋势

根据图 5-2-3 显示的情况来看，创新的第一梯队有北京和广东，并且两者的专利布局较早，尤其是北京增长态势明显；第二梯队有上海、江苏和浙江。这与高科技企业集中在“北上广”等一线城市有关。

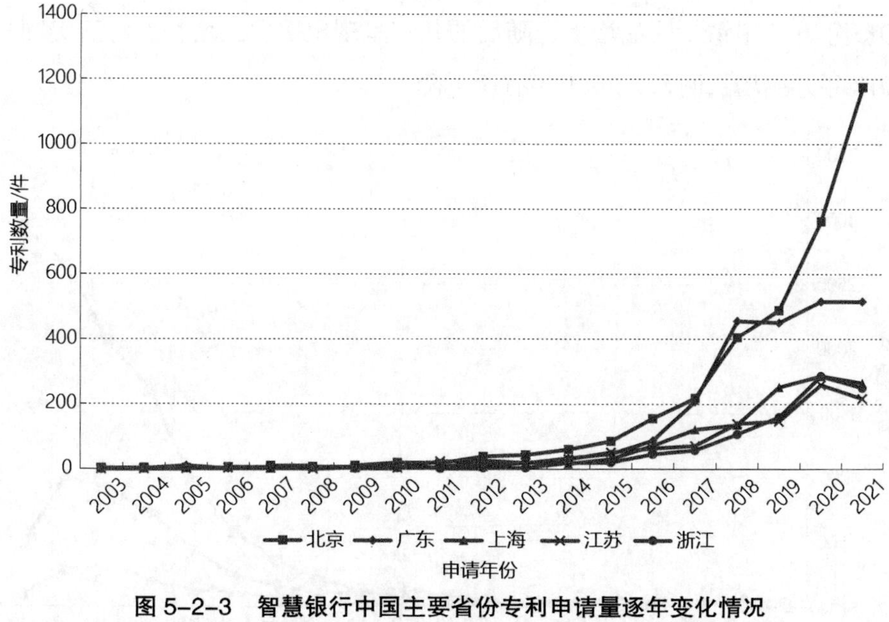

图 5-2-3　智慧银行中国主要省份专利申请量逐年变化情况

5.2.3.2　各国专利申请态势

在智慧银行领域，中国的申请量占据绝对优势，如图 5-2-4 所示，占全球总数的 60%，美国的申请量紧随其后，占比为 17%。韩国的申请量占

5%，仅次于中国和美国，接下来是德国、日本、印度、英国和意大利。

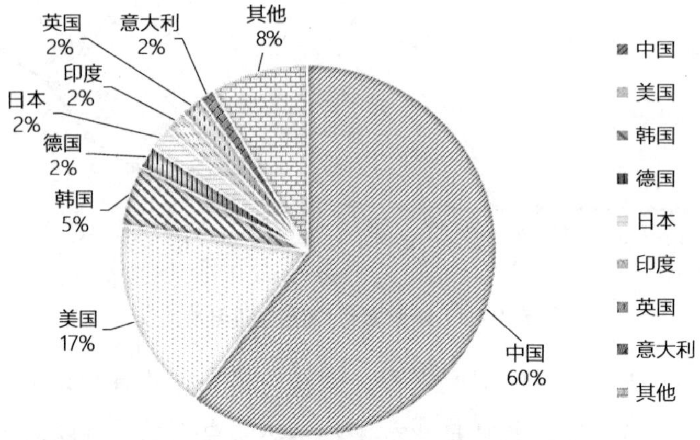

图 5-2-4　智慧银行各国专利申请量占比

图 5-2-5 为排名前三的国家逐年的申请量，从图中可以看出，中国从 2015 年开始申请量明显增多，随后的几年呈现出爆发式增长态势。美国从 2017 年开始增长明显，2021 年有所下降。

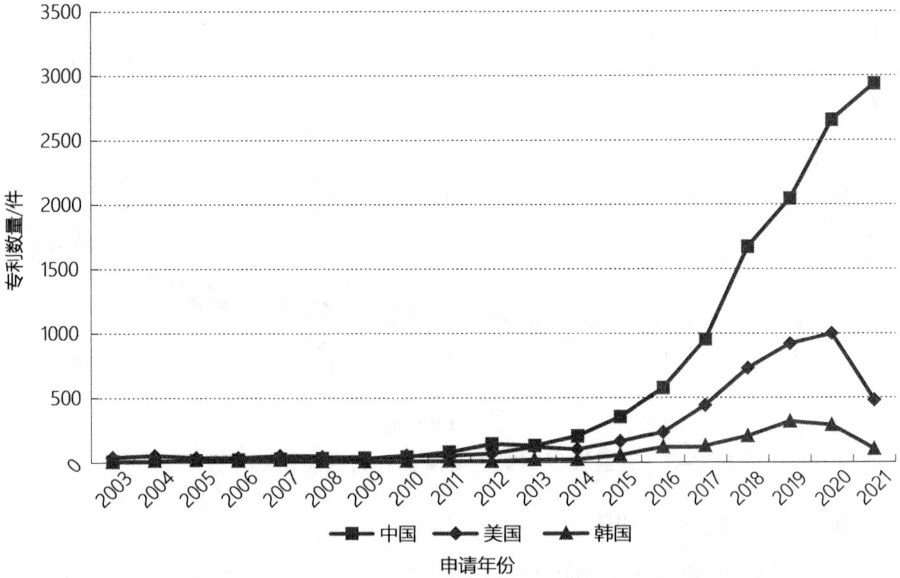

图 5-2-5　智慧银行中国、美国、韩国专利申请逐年变化情况

5.2.3.3 主要创新主体

智慧银行相关专利申请排名前十的申请人如图 5-2-6 所示，其中同属平安集团旗下的平安科技公司和壹账通智能公司由于申请量较大并且各有特色，因此相关数据并未合并。从图 5-2-6 可以看出，中国银行和中国工商银行属于专利申请的第一梯队，中国建设银行、美国的第一资本投资国际集团、平安科技公司和阿里巴巴集团的申请量比第一梯队相差较多，属于第二梯队，第三梯队有壹账通智能公司、腾讯公司、支付宝公司，各自申请量均接近 200 件，紧随第三梯队之后的有美国的 IBM 公司。

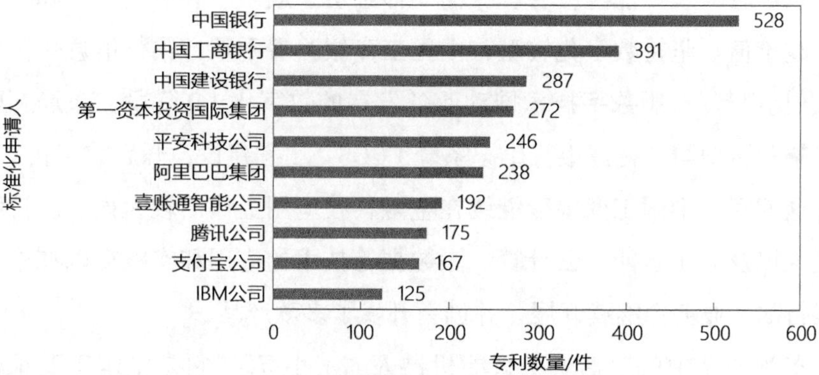

图 5-2-6 智慧银行全球主要创新主体

就各申请人自 2009 年以来的申请量变化趋势而言，大型银行中，中国建设银行起步较早，旗下在 2018 年 4 月成立的金融科技子公司——建信金融科技有限责任公司（以下简称建信金融公司）发挥了重要作用，该公司在大数据风险控制、平台建设、数字化运营等方面均进行了研发。虽然中国工商银行和中国银行起步稍晚，但其数量上呈爆发态势，成为后起之秀。平安科技公司、阿里巴巴集团和壹账通智能公司在 2018 年和 2019 年的申请量在全球处于领先地位，之后处于缩减状态。而腾讯公司、IBM 公司这类综合性的技术型公司，一直在研发人工智能技术应用，申请量处于相对稳定的状态。

5.2.3.4 典型企业与专利

5.2.3.4.1 中国工商银行

1. 技术布局情况

中国工商银行无论在人工智能金融还是在具体的智慧银行领域中的申请量均位于前列，并且在银行业中排名靠前，因此，首先选取中国工商银行的创新情况进行介绍。

发展金融科技，坚持数字化转型，中国工商银行一直是行业先锋。根据2021年报显示，“坚持科技驱动、价值创造”被融入该行的战略内涵，强调以金融科技赋能经营管理，为实体经济、股东、客户、员工和社会创造卓越价值。坚持数字化转型，中国工商银行着手从“银行信息化”转向“信息化银行”，用数字技术推动业务发展的数字化1.0阶段，布局互联网技术架构转型与“智慧银行生态系统ECOS”工程建设，开启数字化2.0阶段。这期间，中国工商银行继续在金融科技应用上作出较大投入。持续的高投入以及人工智能、云计算、大数据等技术的应用和实践得以在中国工商银行的各业务中继续开展，并创新开发了多款产品。

多款产品中就包括人工智能机器人“工小智”，它是中国工商银行依托企业级的人工智能和大数据平台，以及上千名数据科学家、分析师队伍，打造的“智能+人工”“文字+语音+视频”一体化的智能客服体系“云客服”，建立了近百个智能服务场景，渗透到客户服务的方方面面，能够进行语义精准化识别理解，准确分辨客户问题，给出最优解决方案，还能针对客户需求推荐个性化产品与服务，查余额、查进度、买理财、缴费用等多种高频业务，还可与远程银行座席人工服务无缝对接，实现贴心、暖心、高品质的服务体验，能有效缓解人工服务压力。此外，这款机器人还具备超声波感知器、红外线感知器，可以自主导航避障、自主充电续航，安全且易维护。

作为提供智能客户服务的人工智能机器人，其最核心的功能就是“进行精准化识别理解，准确分辨客户问题，从而给出最优解决方案”，因此，为了达到生动有趣的语言并自如地与客户交流互动的效果，提升银行服务效率和客户智能化服务体验，中国工商银行也一直致力于采用新技术不断提升机器人的理解力以及与客户之间的交互能力，同时也申请了专利，对相关技术予以保护。

2. 典型专利

① CN110334201B，本专利提供了一种意图识别方法、装置及系统，将用户输入的对话信息转化为会话向量信息，通过多种语义识别模型对会话向量信息进行语义识别，获得多个语义识别结果。再结合会话上文信息、用户信息，利用意图排序模型，对语义识别结果进行排序，将排序最高的语义识别结果作为最终的意图识别结果，如图 5-2-7 所示。本说明书实施例结合会话上下文、用户信息等多项特征，提供了一种在复杂语境中准确识别用户意图的方法，在多轮交互场景下，更准确地识别用户意图，结合用户个人信息，针对性地对用户会话进行意图识别，提高了对话成功率，提升了用户体验。

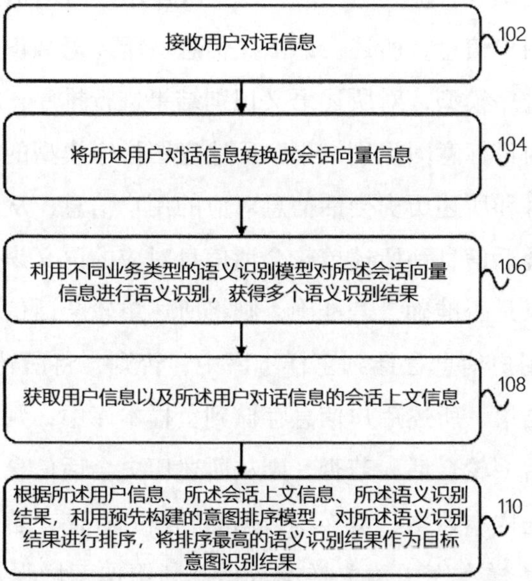

图 5-2-7　CN110334201B 专利意图识别方法

在各自的应用场景下，各类机器人需要准确地识别用户的意图，但是用户意图一般复杂多变，尤其在多轮对话场景中，可能在完成任务型、问答型等场景间穿插交错，往往难以准确识别用户意图。而且传统的通过专家规则、统计方法也无法覆盖各类意图转移场景，在交互过程中容易出现答非所问、对牛弹琴的情况，使得对话完成率低，用户体验不佳。如何提高对话时用户意图识别的准确性和对话完成率是计算机领域亟须解决的技术问题。

该专利使用任务语义识别模型、问答语义识别模型、闲聊语义识别模型、游戏会话语义识别模型等对会话向量信息进行语义识别，获得多个语义识别结果，使用利用梯度增强算法进行模型训练得到的意图排序模型为每个语义识别结果进行评分，输出评分最高的结果。

该专利授权的权利要求 1 为：一种意图识别方法，其特征在于，所述方法包括接收用户对话信息；将所述用户对话信息转换成会话向量信息；利用不同业务类型的语义识别模型对所述会话向量信息进行语义识别，获得多个语义识别结果；获取用户信息以及所述用户对话信息的会话上文信息；根据所述用户信息、所述会话上文信息、所述语义识别结果，利用预先构建的意图排序模型，对所述语义识别结果进行排序，将排序最高的语义识别结果作为目标意图识别结果；所述意图排序模型的训练方法包括获取历史会话信息和所述历史会话信息对应的用户信息；从所述历史会话信息中获取单轮会话信息和所述单轮会话信息对应的语义识别结果；判断所述语义识别结果是否准确，若准确，则将所述单轮会话信息、所述语义识别结果、所述用户信息存储到正样本库中，否则，将所述单轮会话信息、所述语义识别结果、所述用户信息存储到负样本库中；判断所述单轮会话信息是否是最后一轮会话，若否，则从所述历史会话信息中获取下一轮会话信息，进行正样本数据、负样本数据的判断和存储，若是，则从所述正样本库和所述负样本库中读取样本数据，利用梯度增强算法进行模型训练，获得所述意图排序模型。

② CN110377720B，本专利提供一种智能多轮交互方法和系统，如图5-2-8所示，该方法包括：获取客户端发送的交互数据，所述交互数据包括业务数据以及上下文信息；根据所述上下文信息确定当前交互状态；根据所述当前交互状态处理所述业务数据得到交互目标动作并发送至所述客户端，根据上下文信息进行交互反馈，决策当前所需的操作，多轮回答相互关联，实现和用户的多轮交互及业务办理，适用于完成复杂业务办理。

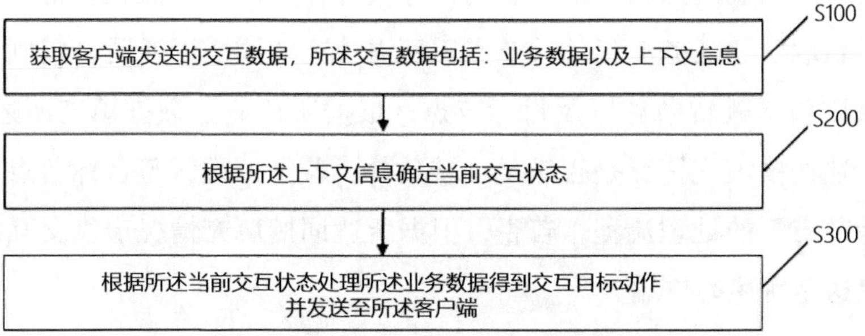

图 5-2-8　CN110377720B 专利智能多轮交互方法

随着人工智能的兴起，对话机器人的发展极大地节约了人力资源，并大大提升了服务用户的响应速度，目前已有的对话机器人在单轮对话方面已经取得不错的效果，但在多轮任务方面还存在很多不足。多轮交互系统是智能客服中非常重要的一部分。目前的多轮交互系统的服务体验还不够好，大部分的多轮交互系统仍使用“端到端”的生成方式，即通过自然语言模型，根据用户本次的输入自动回复答案，多轮回答相互独立，没有必然关联性，不能实现智能多轮交互，无法完成特定的业务办理。

该专利提供一种智能多轮交互方法，根据上下文信息进行交互反馈，决策当前所需的操作，多轮回答相互关联，其中使用意图识别模型，该模型可为机器学习模型、深度学习模型等，实现和用户的多轮交互及业务办理，适合于完成复杂业务办理。

该专利授权的权利要求1为：一种智能多轮交互方法，其特征在于，获取客户端发送的交互数据，所述交互数据包括业务数据以及上下文信息；根据所述上下文信息确定当前交互状态；所述当前交互状态包括首轮交互状态和非首轮交互状态；根据所述当前交互状态处理所述业务数据得到交互目标动作并发送至所述客户端；其中，当所述当前交互状态为首轮交互状态时，所述业务数据包括用户输入信息以及业务信息，根据所述当前交互状态处理所述业务数据得到交互目标动作并发送至所述客户端，包括将所述用户输入信息输入预获取的意图识别模型以识别用户意图；根据所述用户意图确定当前交互所属的任务流程，所述任务流程包括多个处理节点；获取所述任务流程的首节点下所需填充的词槽以及跳转规则，所述跳转规则包括跳转条件以及目标节点；根据所述业务数据填充所述词槽；判断所述词槽填充情况是否满足跳转条件，若是，跳转至目标节点，以执行目标节点下的处理流程，若否，根据所述词槽填充情况产生交互目标动作并发送至所述客户端。

5.2.3.4.2　第一资本投资国际集团

1. 技术布局情况

无论是人工智能金融领域还是具体的智慧银行领域，美国的第一资本投资国际集团的申请量均位列前茅，并且其是一家集国际贸易、项目开发、投资银行业务为一体的多元化国际企业集团，凭借其自身雄厚的经济实力、丰富的金融操作经验及优秀的专业化人才在全球范围内建立起多个分支机构、上百家合资及独资企业，并与多家全球500强企业有着广泛的合作关系，为本土及全球客户提供优质专业的创新服务，国内众多消费金融和互联网金融的从业者均出自该公司，因此选取该公司的创新情况进行介绍。

第一资本投资国际集团原来是美国弗吉尼亚州一家银行的信用卡部门。从那时起，该公司就不断地寻求技术创新，引入了数据驱动型策略，实现了批量定制，更好地满足了客户的个性化需求，从而大获成功。1994年底，其独立出来成立第一资本投资国际集团，继续采用数据驱动型策略经营信用卡业务。

第一资本投资国际集团拥有强大数据分析能力和扎实的后台系统支持，每年都进行数万次测试，为公司业务提供可行的发展方向，包括产品设计、营销方案、广告渠道、运营模式等各个业务环节。例如，通过测试和学习，该公司设计了数千种差异化产品，用直邮的形式定向推送到特定的客户组群那里，以获得或留存更多的优质客户。

从该公司的发展史可以看出，其精准的市场定位、差异化的经营理念、成熟的大数据风控体系和包括人工智能技术等强大的科技创新能力是其快速成长为大型金融机构的利器，同时其也注重相关技术的专利保护，尤其是利用人工智能技术进行的个性化产品定制。

2. 典型专利

CN108140275B，本专利涉及与优化电子交易卡相关的装置和方法，其中与动态交易卡相关联的各种数据输入优化动态交易卡的操作配置和/或用户体验以延长动态交易卡的储能寿命，促进各种行为和/或发现检测系统和/或装置缺陷。动态交易卡可包含具有使用动态交易卡的功率组件（如印刷电路板、储能组件、电池和/或类似组件）的各种配置和/或功能的动态交易卡。配置和/或功能数据可以包含传感器输入、连接数据、交易数据、显示数据和/或类似数据等。配置和/或功能数据随后可用于确定最优配置设置。

智能卡包含各种操作配置（如照明配置、显示器配置和传感器配置）且执行数个功能。这些配置和/或功能中的每个损耗动态交易卡的功率组件可更改，以便对功率组件的损耗起作用。另外，这些电子配置和/或功能可能对与卡相关联的用户体验和/或用户行为产生不利影响。

该专利通过线性回归、逻辑回归、脊回归、套索回归、贝叶斯回归、机器学习算法等在处理器处计算最优配置，并将最优配置推送到动态交易卡，从而规避上述不利影响。

该专利授权的权利要求 1 为：一种动态交易卡，其包括：所述动态交易卡内的微控制器；所述动态交易卡内的存储最优配置数据的存储装置；

其中，所述微控制器是指监测所述动态交易卡的多个硬件组件以便确定功能数据和用于导出配置数据的多个软件配置；通过网络将所述功能数据和配置数据传输到处理器，所述处理器被配置为利用机器学习聚集所述功能和/或配置数据，以处理关于用户组分部的所述功能数据和配置数据；通过所述网络从所述处理器接收最优配置数据；以及将所述最优配置数据应用到所述动态交易卡。

这件专利布局范围广，涵盖了世界几个主要国家，共有173个同族，其中在中国、欧洲、美国申请的多件专利处于有效状态。

5.2.3.4.3 壹账通智能公司

1. 技术布局情况

平安集团旗下的壹账通智能公司是面向金融机构的商业科技服务供应商，为金融机构提供“技术+业务”的解决方案，帮助客户提升效率、提升服务、降低成本、降低风险，实现数字化转型。该公司拥有较强大的人工智能、大数据和区块链等前沿科技实力，并且专利申请数量较大。因此，选取该公司的创新情况进行介绍。

该公司提供面向金融行业的多场景服务，具有数字化银行、数字化保险和提供金融科技数字基础设施的加马平台，其中数字化银行包括智能营销中心、智能财富管理、智能权益服务、智慧银行家四大功能，助力银行数字化转型。数字化保险包括数字化车险、数字化寿险、数字化健康险三大功能，使保险业务全流程数字化、自动化。加马平台整合了各类解决方案，包括核心银行业务、智能语音服务、监管科技、数字化管理、开放平台、区块链和金融云。该公司还依托人工智能、大数据、区块链等前沿技术，提供涵盖贷前、贷中、贷后的全流程风控服务；聚焦优质信贷场景，帮助银行构建完善的全流程业务体系，为银行提供涉及数字风控及数字信贷的“端到端”智能风控解决方案，如“壹企银”智慧风控平台解决方案。

“壹企银”智慧风控平台解决方案是一款集人工智能、大数据于一体的智能产品，以数据为基础，以算法为核心，重点为反欺诈解决方案、信用风险解决方案、贷后监控解决方案、了解你的业务（KYB）营销、推荐引擎等金融科技解决方案提供核心策略服务，实现了风险贷前、贷中、贷后业务全面人工智能化、统一化客户管理，从而达到贷前提升“机智”知风险，贷中执行“刚性”控风险、贷后预判“超前”降风险。

该平台综合利用以下多种前沿技术：①光学字符识别。支持多种票据识别，不仅支持公有票据，也支持私有票据，还支持医疗票据等。②自然语言处理。从众多非结构化数据中，通过语义分析提取关键特征，并根据客户信息拟化出多种相关问题。③微表情。视频复审时，根据客户微表情的变化，捕捉洞察客户内心情感偏向。④大数据分析。根据上述提取的关键特征信息与条款、历史数据进行对比，再结合客户内心的变化，从而为审核提供有力的决策支持。

平台提供了各种证件的真伪识别功能，还提供了“多人远程视频面审”功能实现远程面签，从而大幅提升审核效率，并能通过微表情、数据感知，最大化地识别出借贷方的道德风险。相应的，壹账通智能公司也申请了专利对该技术予以保护。

2. 典型专利

① CN109409349B，本专利提供一种信贷证件鉴别方法，如图 5-2-9 所示，包括：在接收到信贷请求时，根据所述信贷请求获取对应的目标产品信息，并根据所述目标产品信息确定需求证件类型；根据所述需求证件类型输出证件信息采集提示，以提示申请用户将证件放置于识别区域；通过光学字符识别设备对所述识别区域的证件进行识别，获取证件信息；根据所述证件类型将所述证件信息发送至对应的证件管理系统进行证件真伪鉴别，并接收所述证件管理系统返回的真伪鉴别结论。本专利还提供一种信贷证件鉴别装置、终端及计算机可读存储介质。本专利以光学字符识别的方式获取申请用户的证件信息，通过线上的方式对该证件信息进行真伪验证，减少了验证所花费的时间，提高了证件审核的效率。

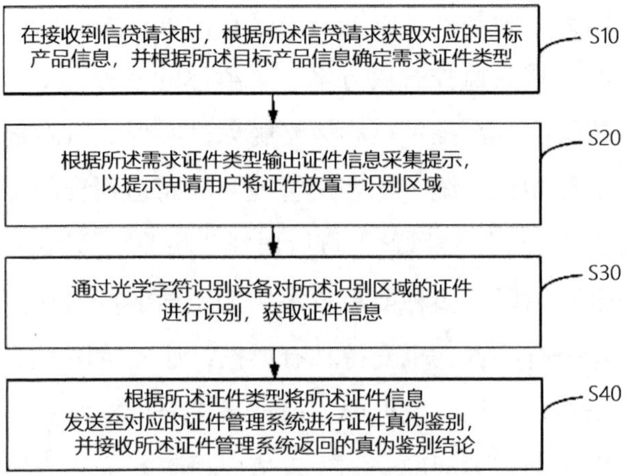

图 5-2-9 CN109409349B 专利信贷证件鉴别方法

目前在信贷流程中，放款方需要鉴别申请人所提供的证件真伪性，以对申请人的信贷请求进行风控审核。传统的信贷证件鉴别方法，是由申请人向放款方提供证件原件，由放款方工作人员人工抄录用户的证件信息，或是通过复印的方式得到申请人的证件副本，再将该抄录证件信息或证件副本与可信机构中的证件信息进行比对，以确定其真伪性。这种方法需要较高的人力成本，同时花费的时间较多，降低了证件鉴别的效率，因此需要解决现有信贷过程中证件鉴别效率低的技术问题。

该专利将光学字符识别技术应用到信贷流程中，以光学字符识别的方式获取申请用户的证件信息，无须手工抄录，省去了大量人工操作量；同时，还可通过线上的方式将该证件信息发送至相关服务群进行真伪验证。其中，对于该字符特征提取和特征识别匹配的过程，可以通过神经网络识别模型完成；即将有效图像输入训练好的神经网络识别模型，由模型根据训练过程总结的逻辑经验进行字符特征提取和特征识别匹配，从而获取证件信息。

该专利授权的权利要求 1 为：一种信贷证件鉴别方法，其特征在于，所述信贷证件鉴别方法包括以下步骤：在接收到信贷请求时，根据所述信贷请求获取贷款产品信息，并根据所述贷款产品信息显示可选的贷款产品，以供申请用户选择，在接收到产品选择指令时，根据所述产品选择指令获取对应的目标产品信息，并根据所述目标产品信息确定需求证件类型；根据所述需求证件类型输出证件信息采集提示，以提示申请用户将证件放置于识别区域；在检测到所述识别区域存在证件时，启动光学字符识别设备，并通过所述光学字符识别设备对所述识别区域的证件提取对应的字符特征，以根据所述字符特征获取对应的证件信息，所述字符特征包括黑白点统计特征和 / 或字符结构特征；根据所述证件类型将所述证件信息发送至对应的证件管理系统进行证件真伪鉴别，并接收所述证件管理系统返回的真伪鉴别结论。

② CN107704834B，本专利提供一种微表情面审辅助方法、装置及计算机可读存储介质。该方法包括以下步骤：生成应激问题及其标准答案；切割客户回答应激问题的第一视频得到每个应激问题对应的第一视频片段；提取每个第一视频片段中客户面部包含的第一、第二动作特征；以第一、第二动作特征形成的特征子集，以及该视频片段的欺诈标注训练支持向量机模型得到评分模型；采集客户回答应激问题的第二视频，切割第二视频得到每个应激问题对应的第二视频片段；从每个第二视频片段中提取客户面部包含的第一、第二动作特征形成的特征子集；将特征子集输入评分模型，输出客户回答每个应激问题的欺诈评分结果，如图 5-2-10 所示。利用本专利，可以有效识别客户是否存在欺诈嫌疑。

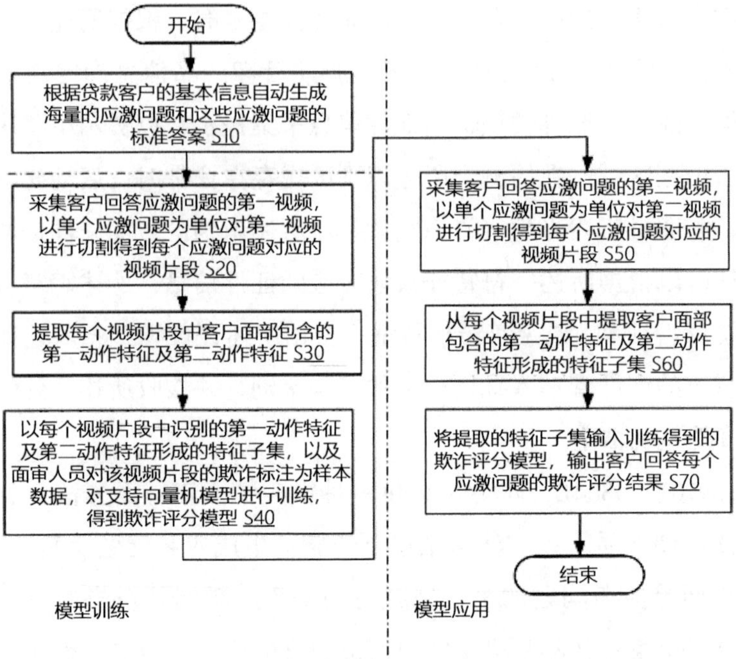

图 5-2-10 CN107704834B 专利微表情面审辅助方法

金融机构在接收到客户申请的大额信用贷款时，通常需要风控人员的线下或远程面审，风控人员通过提问来审核借款人的相关信息是否存在欺诈。目前，审核借款人是否存在欺诈极度依赖于风控人员的经验和判断，市面上没有一款能够客观、有效地识别借款人是否存在欺诈的工具。

该专利根据贷款客户的基本信息自动生成海量的应激问题和这些应激问题的标准答案。在模型训练阶段，采集客户回答应激问题的第一视频，以单个应激问题为单位对采集的第一视频进行切割得到每个应激问题对应的视频片段，识别每个视频片段中客户面部包含的第一动作特征（AU）及第二动作特征（如头部朝向、眼球朝向），以每个视频片段中识别的第一动作特征及第二动作特征形成的特征子集，以及面审人员对该视频片段中的客户回答应激问题的欺诈标注为样本数据，对支持向量机模型进行训练，得到欺诈评分模型。之后，将训练好的模型应用于实时的面审环节，输出客户回答每个应激问题的欺诈评分结果。

该专利授权的权利要求1为：一种微表情面审辅助方法，应用于计算装置。其应急问答步骤包括：根据客户的基本信息自动生成海量的应激问题和这些应激问题的标准答案，包括根据客户的身份证信息，通过身份证的编码规范，生成生日、星座、户籍所在地、户籍所在地邮编、区号、生肖、年龄相关问题和答案；根据客户的地址信息，通过查询电子地图，生成该地址附近关联地址，以及这些关联地址中从某一个地址到另一个地址的交通方式和时间相关问题和答案；根据客户的手机号码，通过手机号码的编码规范，生成归属地、运营商相关问题和答案；根据客户的职业，生成相关问题和答案；第一视频采集步骤包括采集客户回答应激问题的第一视频，以单个应激问题为单位对第一视频进行切割得到每个应激问题对应的第一视频片段；第一特征提取步骤包括提取每个第一视频片段中客户面部包含的第一动作特征及第二动作特征；模型训练步骤包括以每个视频片段中识别的第一动作特征及第二动作特征形成的特征子集，以及面审人员对该视频片段的欺诈标注为样本数据，对支持向量机模型进行训练，得到欺诈评分模型；第二视频采集步骤包括采集客户回答应激问题的第二视频，以单个应激问题为单位对第二视频进行切割得到每个应激问题对应的第二视频片段；第二特征提取步骤包括从每个第二视频片段中提取客户面部包含的第一动作特征及第二动作特征形成的特征子集；评分步骤包括将提取的特征子集输入训练得到的欺诈评分模型，输出客户回答每个应激问题的欺诈评分结果。所述第一特征提取步骤包括以下步骤：利用人脸检测算法从第一视频片段中提取人脸图像；从人脸图像中提取人脸特征点；对提取的人脸特征点进行降维处理；根据降维后的人脸特征点识别人脸图像中出现的第一动作特征，获取每个第一动作特征在该第一视频片段中持续的时间，并根据每个第一动作特征中人脸特征点的坐标计算该第一动作特征包含的第二动作特征。所述第一特征提取步骤还包括以下步骤：统计每个第一视频片段中第一动作特征及第二动作特征同时出现的时间、次数；统计每个第一视频片段中第一动作特征、第二动作特征两个动作特征只有一个出现的时间、次数；根据统计结果生成一个特征集；利用特征筛选算法对所述特征集中的特征进行筛选，得到特征子集。

5.3 智慧保险

5.3.1 智慧保险的概念

智能保险是指借助先进的金融科技手段对保险机构的产品设计、定价承保、市场营销、理赔服务等环节进行优化和改造，提供更便捷、高效、个性化、创新的保险服务，增进用户从投保到理赔的效率和体验，助力保险机构提升精准获客能力、提高保单继续率，同时降低运营成本。

5.3.2 智慧保险的技术发展情况

保险行业与银行行业同属于金融业，业务上具有一定的相似性，但两者的业务活动各自具有相当的专业性。保险行业更注重为客户提供高质量的保障服务，为客户规避风险，其是社会经济保障制度的重要组成部分，体现的是保险人与被保险人之间的由契约产生的权利义务关系，因此，保险定价、保险核保以及当被保险人遭受损失时对其进行理赔构成了智慧保险主要技术发展方向。

目前，智慧保险已经配备智能定价核保、智能理赔、智能运营、智能风控、智能营销、智能客服、智能监管等多个金融人工智能应用场景，其中智能运营、智能风控、智能营销、智能客服、智能监管的功能和技术与智慧银行基本类似，不同处主要在于应用于不同的保险具体场景及针对不同的保险场景所作出的适应性调整。下面主要针对智慧保险独有的智能定价核保、智能理赔两个应用场景分别进行介绍。

5.3.2.1 智能定价核保

智能定价核保是通过人工智能、大数据等技术，对大量个人信息和保险数据进行学习，从中得出保险定价的规律，实现符合目标要求的客户定位、市场细分、产品开发设计与定价，从而给出最适合的产品解决方案以及最精准的保费。同时，在对投标的信息全面掌握、核实的基础上，通过人工智能技术自动实现对可保风险的评判与分类，进而决定是否承保、以什么样的条件承保。

5.3.2.2　智能理赔

智能理赔基于机器学习等人工智能技术，同时结合医疗、交通、公安数据，实现身份核验、理赔单据识别、图像定损等服务，为保险机构提供智能化的理赔服务，提高理赔的认定和赔付速度，降低保险行业的运营成本。

5.3.3　智慧保险的专利布局

通过对全球专利库中有关智慧保险的主题进行检索（截至 2022 年 5 月 1 日），共得到 6271 件专利申请。

5.3.3.1　全球和我国专利申请态势

从图 5-3-1 可以看出，智慧保险申请从 2015 年开始快速攀升，直到 2018 年以来增速才开始趋缓，2021 年的专利申请量有小幅的下降，但仍然维持在高位。

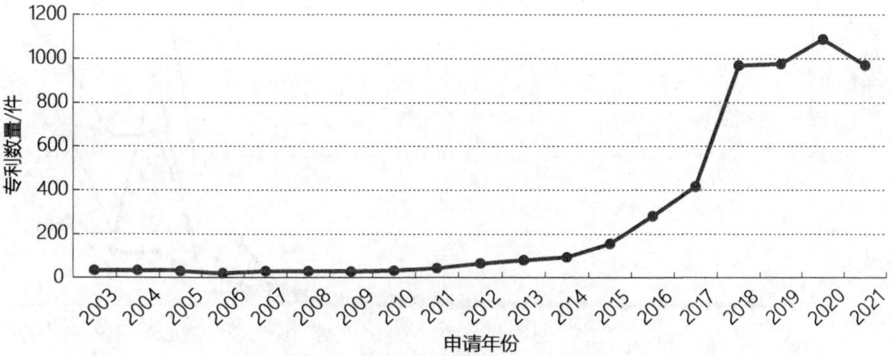

图 5-3-1　智慧保险全球专利申请趋势

从图 5-3-2 可以看出，中国申请态势与全球申请态势基本相同，2015 年以来保持了高速增长，2018 年开始占据绝对优势，2019 年申请量出现小幅下滑，之后继续呈现增长态势。

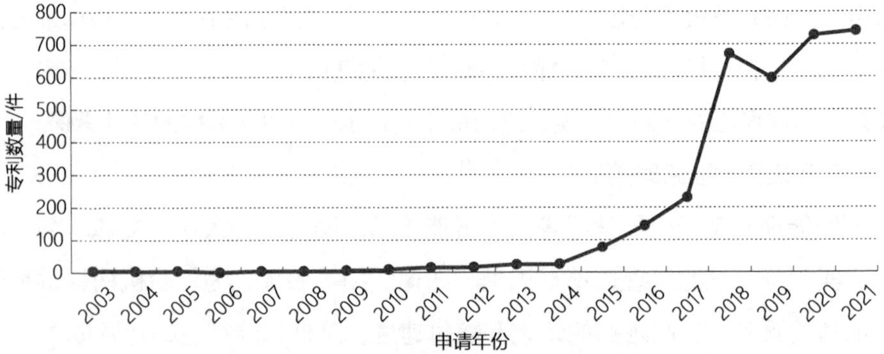

图 5-3-2 智慧保险中国专利申请趋势

从中国申请的省份分布来看，如图 5-3-3 所示，创新的第一梯队是广东、北京和上海，其中广东和北京的专利布局较早，尤其是广东优势明显，而北京呈现快速增长态势；第二梯队是江苏和浙江。这与高科技企业集中在“北上广”等一线城市有关。

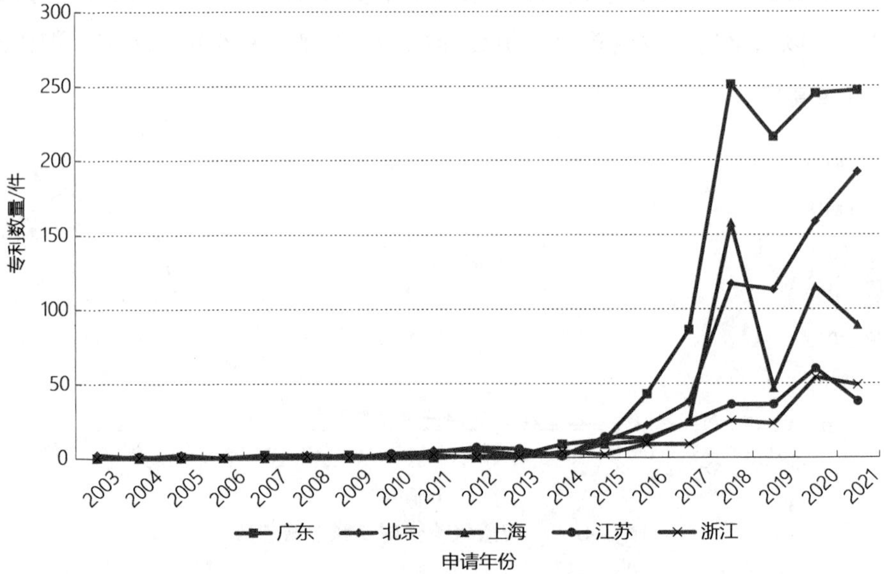

图 5-3-3 智慧保险中国主要省份专利申请量逐年变化情况

5.3.3.2 各国专利申请态势

在智慧保险领域，如图 5-3-4 所示，中国的申请量占据绝对优势，占到 53%，美国的申请量紧随其后，占比 24%。韩国的申请量占 6%，仅次于中国和美国，接下来是德国、日本、英国和印度。

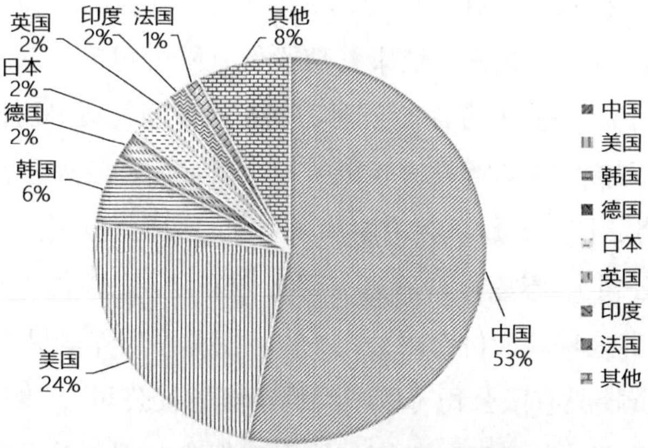

图 5-3-4　智慧保险各国专利申请量占比

图 5-3-5 为排名前三的国家逐年的申请量，从图中可以看出，中国、美国从 2016 年开始申请量明显增多，随后的几年呈现出爆发式增长态势，2019 年中国申请量略有下降，2021 年美国和韩国申请量有所下降。

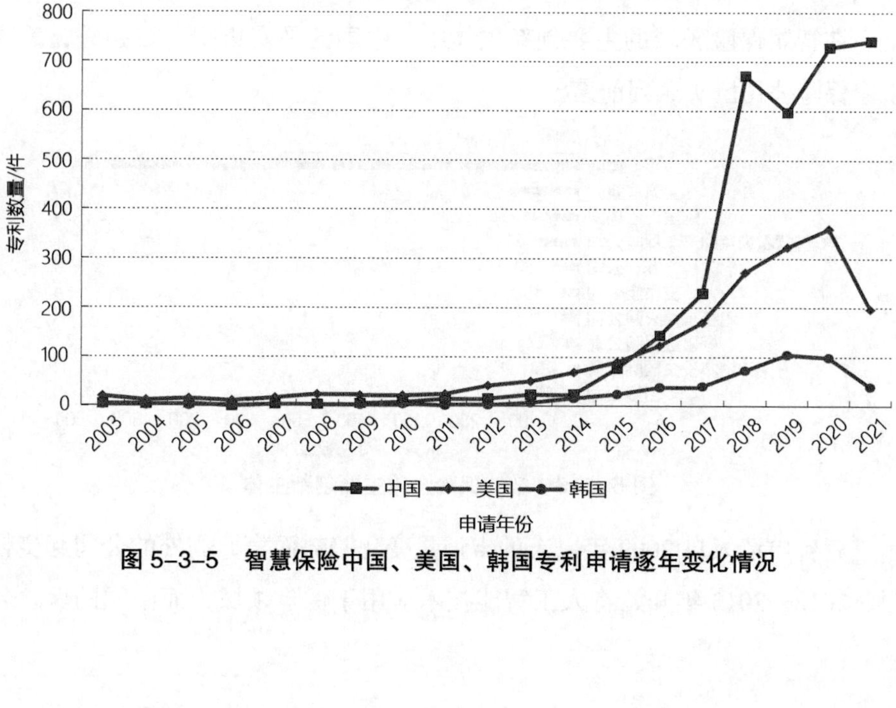

图 5-3-5　智慧保险中国、美国、韩国专利申请逐年变化情况

5.3.3.3 主要创新主体

图 5-3-6 为智慧保险相关专利申请排名前十的申请人，其中平安集团的申请处于绝对领先的优势，主要原因在于其旗下的平安科技公司、平安财产保险公司、平安医疗健康管理股份有限公司（以下简称平安医疗健康管理公司）、平安人寿保险公司、壹账通智能公司等均贡献有相当数量的申请。泰康保险集团股份有限公司（以下简称泰康集团）作为大型保险金融服务集团，其旗下拥有泰康人寿保险股份有限公司（以下简称泰康人寿保险公司）、泰康资产管理有限责任公司（以下简称泰康资产管理公司）、泰康养老保险股份有限公司（以下简称泰康养老保险公司）、泰康健康产业投资控股有限公司（以下简称泰康健投公司）、泰康在线财产保险股份有限公司（以下简称泰康在线财产保险公司）等子公司，其申请量也具有相当优势，与阿里巴巴集团、美国的国营农场互助汽车保险公司（State Farm Mutual Automobile Insurance Company）、IBM 公司位于第二梯队，第三梯队包括支付宝公司、哈特福德火险公司（Hartford Fire Insurance Company）、好事达保险公司、第一资本投资国际集团以及百度公司。综上，在智慧保险领域的主要创新主体中，中国的平安集团一枝独秀，美国多家保险公司巨头名列前茅。

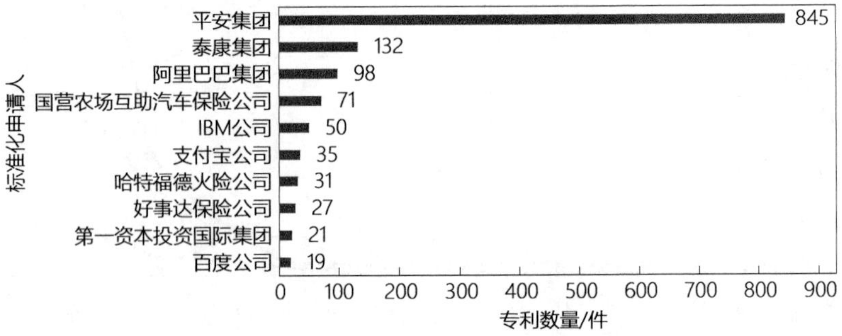

图 5-3-6 智能保险全球主要创新主体

就各申请人自 2009 年以来的申请量变化趋势而言，国外的公司起步较早，2012—2013 年开始将人工智能技术应用于保险领域，而中国的保险公司从2015开始逐步申请相关专利。虽然中国保险公司起步稍晚，但其数量上呈爆发态势，成为后起之秀，尤其是平安集团在2018年申请的专利数量呈现大爆发，虽然之后几年数量上有缩减，但一直在全球处于绝对领先地位。另外，阿里巴巴集团在智慧保险领域的申请量也具有相当优势，并且在中国各公司中最早开始申请。而IBM公司和百度公司这类综合性的技术公司，一直在研发人工智能技术应用，申请量处于相对稳定的状态。

5.3.3.4　典型企业及专利

5.3.3.4.1　平安科技公司

1. 技术布局情况

平安集团在智慧保险领域的申请量一枝独秀，旗下的平安科技公司的申请量位于前列，占比接近1/3，因此，首先选取该公司的创新情况进行介绍。

平安科技公司成立于2008年9月，其创新研究所研发金融领域互联网技术创新应用，该公司是平安集团旗下科技解决方案专家。

平安科技公司的智能认知团队深度融合人脸识别、活体检测、光学字符识别、唇语识别、声纹识别等多种人工智能算法及身份证等多因子认证，推出平安π-综合身份核验平台，提供综合身份核验服务。

2018年12月，由中国国家知识产权局和世界知识产权组织联合评选公布了第二十届中国专利奖，平安科技公司代表平安集团首次参与中国专利奖评选，凭借发明专利“基于多张图片一致性实现保险理赔反欺诈的方法及服务器”（ZL201610046584.5）参选并获得“中国专利奖优秀奖”。

目前，此项专利技术已经应用到平安图像自动定损“智能闪赔”系统中，并已经在平安好车主应用程序中上线。“智能闪赔”是车辆自动定损平台，其具有高精度图片识别、运用机器学习算法对车辆外观损失自动判定、自动精准定价和智能风险拦截四大技术，可根据车辆损坏的照片，自动判断车辆损失部位，并快速给出损失部位的修理意见和同步工时报价。通过同步大数据及科技运用，建立风险模型动态监控，根据项目特点设定风控规则引擎，包括图片查重、权限动态调整、数据监测日报、异常数据预警等多种风险管控措施，及时发现欺诈风险并进行阻断，降低风险概率，管控业务品质。通过该平台可有效提升运营效能，节省作业人力，增加客户满意度，提升平安在车险理赔行业中的市场竞争力。

该获奖专利主要实现了在修理厂进行损失核定过程中，通过对多张不同角度的图片进行空间变换判断车辆损伤点的一致性，确定保险理赔过程中用户上传的照片是否存在篡改、夸大等虚假车损图片，有效避免了在车险理赔过程中的骗保行为并实现风险控制和保险减损，作为未来保险理赔行业的发展方向，有着重要的推广价值和意义。

2. 典型专利

① CN105719188B，发明名称为“基于多张图片一致性实现保险理赔反欺诈的方法及服务器”，该专利是一种基于多张图片一致性实现保险理赔反欺诈的方法，包括：将相同车辆部位的定损照片分为同一集合；获得各集合的关键点特征，对各照片集合的定损照片进行分组，为各分组中的定损照片分别匹配出多个相关关键点；根据各分组的相关关键点，计算出各分组的特征点变换矩阵，并利用对应的特征点变换矩阵，将每个分组中的其中一张照片转换成与该组另一张照片具有相同拍摄角度的待验证照片；将所述待验证照片与该分组中的另一张照片进行特征参数匹配；当特征参数不匹配时，生成提醒信息以提醒接收的图片存在欺诈行为，如图5-3-7所示。该专利还提供一种适用于上述方法的服务器。该专利能够自动识别欺诈的理赔行为。

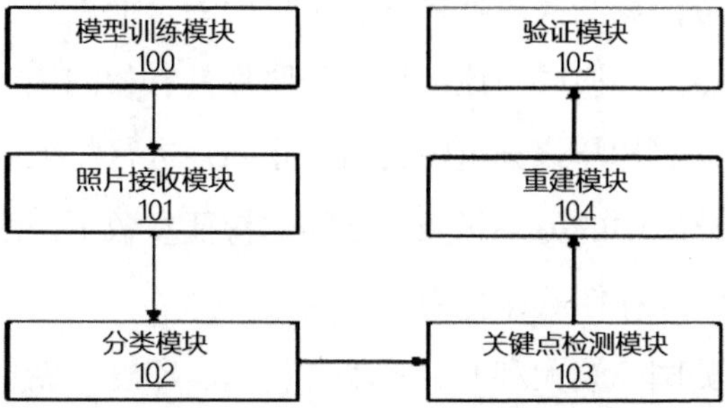

图 5-3-7　CN105719188B 专利保险理赔反欺诈系统

目前在车险行业，车辆受损图片需要人工检测是否被篡改过。此种做法时间成本高，检测效率低，且精确度不能保证。此外，鉴于目前的修图技术发展，很多被修改的图片是难以通过肉眼很快察觉的，尤其是面对多张图片且不确定被篡改区域的位置时。鉴于以上内容，有必要提供一种方法及服务器，其能够自动识别欺诈的理赔行为。

该专利采用的技术手段为：当发生车祸在修理厂进行损失核定时，需要车主及 / 或修理厂拍摄车辆部位多张不同角度的图片，为了进行针对多张定损照片中的受损部位的篡改检测，该专利将图片收集和标注、深度学习训练、照片相同部位归类、关键点检测、立体重建、对比损失部位并给出反馈。

该专利授权的权利要求 1 为：一种基于多张图片一致性实现保险理赔反欺诈的方法，该方法包括接收用户通过终端上传的多张从不同拍摄角度拍摄的车辆的定损照片；利用分析模型，分析出各个定损照片对应的车辆部位，并对所述定损照片进行分类，以将相同车辆部位的定损照片分为同一照片集合；对各个照片集合中的定损照片执行关键点检测，获得各个照片集合对应的车辆部位的关键点特征；对各个照片集合的定损照片分别进行两两分组，根据关键点匹配算法，将各个集合对应的车辆部位的关键点特征与该集合的各分组中的照片进行关键点匹配，为各个分组中的定损照片分别匹配出至少一组相关关键点；根据各个分组对应的相关关键点，利用线性方程计算出各个分组对应的特征点变换矩阵，并利用对应的特征点变换矩阵，将每个分组中的其中一张照片转换成与该组另一张照片具有相同拍摄角度的待验证照片；将所述待验证照片与该分组中的另一张照片进行特征参数匹配；在所述待验证照片与该分组中的另一张照片之间的特征参数不匹配时，生成提醒信息以提醒接收的图片存在欺诈行为。

该件专利在美国、澳大利亚、日本、韩国、印度、新加坡等国家都拥有同族，其中在中国、美国、日本、韩国等国家的专利处于有效状态。

此外，对于极大便利用户的自助理赔业务，保险公司业务员会将用户上传的票据图片上的信息录入理赔系统，以进行下一步操作，其中如何能够自动识别各类型质量不高的票据图像，降低数据录入的错误率成为研究的热点之一。平安科技公司一直致力于票据数据的识别研究，2019 年，其人工智能团队在国际文档分析与识别大会（ICDAR）上的国际票据扫描件文字识别和信息提取（SROIE）大赛中击败了国内外 100 多家参赛单位和队伍，综合检测识别技术位列榜单第一位，荣获世界第一名。

国际文档分析与识别大会专注于文本领域的识别与应用，每两年举办一次各种文档的识别竞赛，至今吸引了 89 个国家的 3500 多支队伍参与，谷歌公司、微软公司、脸书公司、亚马逊公司、北京大学、中国科学技术大学、腾讯公司、北京搜狗科技发展有限公司（以下简称搜狗公司）等均曾参与其中，具有智能单证识别的奥斯卡盛会之称。文字识别和信息提取（SROIE）大赛是国际顶尖赛事，是目前光学字符识别领域全球最具挑战性的比赛。

② CN107220648B，发明名称为“理赔单据的字符识别方法及服务器”，该专利公开了一种理赔单据的字符识别方法及服务器，该方法包括：服务器在收到待识别字符的理赔单据影像后，按照该理赔单据框架格式的框线排布进行区域分割，获得一个或多个分割区域；调用预先确定的分析模型对获得的各个分割区域进行分析，并利用预先确定的识别规则对分析出的各个分割区域分别进行字符识别，以识别出各个分割区域中的字符，如图

5-3-8 所示。该专利由于考虑到理赔单据框架格式对识别精度的影响，在进行字符识别前先按照理赔单据框架格式的框线排布进行区域分割，再针对各个分割区域来进行字符识别，避免了在对整个理赔单据影像中的字符进行统一识别时单据中的框线对字符识别的影响及干涉，能有效提高对理赔单据中字符的识别精度。

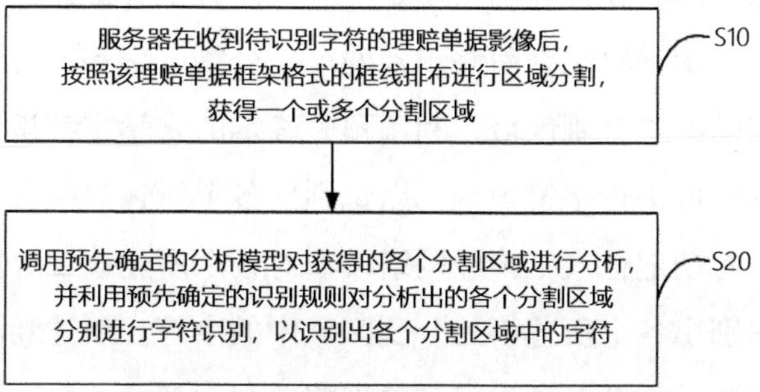

图 5-3-8　CN107220648B 专利理赔单据的字符识别方法

随着大众保险意识的增强，购买保险的客户群大幅增多，保险公司需处理的客户理赔申请越来越多，保险公司作业人员需录入的理赔单据影像也越来越多，以至于录单作业人员的人力紧张，同时，经常会出现录单错误。为了有效减少录单错误、提高录单效率，目前，有些保险公司在录单作业过程中引入光学字符识别技术，以自动识别出理赔单据影像的字符以填充到对应的输入栏位中。现有的利用光学字符识别技术进行理赔单据影像字符的识别方案仅利用自身的识别引擎对整个理赔单据影像中的字符进行统一识别，并未考虑理赔单据框架格式对识别精度的影响，也并未考虑单据中的框线对字符识别的干涉，使得现有的识别方案的识别精度不高，需要耗费大量的人力、物力进行校验。鉴于以上内容，有必要提供一种提高理赔单据识别精度的方法及服务器。

该专利根据接收到的待识别字符的理赔单据影像的单据类型，找到该理赔单据影像对应的单据模板，然后根据其对应的单据模板进行区域分割。该分割区域是由该理赔单据框架格式的框线所围成的最小单位的区域，且该分割区域为不包含框线的区域，以避免后续在对每一分割区域进行字符识别时框线对识别精度的干涉及影响。

该专利授权的权利要求 1 为：一种理赔单据的字符识别方法，其特征在于，所述方法包括服务器在收到待识别字符的理赔单据影像后，按照该理赔单据框架格式的框线排布进行区域分割，获得一个或多个分割区域；调用预先训练好的卷积神经网络模型对获得的各个分割区域进行分析，以分析出可利用光学字符识别引擎识别的第一分割区域和不可利用光学字符识别引擎识别的第二分割区域；利用预先确定的光学字符识别引擎对各个所述第一分割区域进行字符识别，以识别出各个所述第一分割区域中的字符，并调用长短期记忆人工神经网络模型对各个所述第二分割区域进行字符识别，以识别出各个所述第二分割区域中的字符。所述卷积神经网络模型的训练过程为：①针对预先确定的理赔单据框架格式，获取预设数量的基于该理赔单据框架格式的理赔单据影像样本；②对每个理赔单据影像样本按照该理赔单据框架格式的框线排布进行区域分割，并确定出各个理赔单据影像样本中利用光学字符识别引擎识别错误的第三分割区域和利用光学字符识别引擎识别正确的第四分割区域；③将所述第三分割区域归入第一训练集，将所述第四分割区域归入第二训练集；④分别从所述第一训练集和所述第二训练集中提取出第一预设比例的分割区域作为待训练的分割区域，并将所述第一训练集和所述第二训练集中剩余的分割区域作为待验证的分割区域；⑤利用提取的各个待训练的分割区域进行模型训练，以生成所述预先确定的分析模型，并利用各个待验证的分割区域对生成的所述预先确定的分析模型进行验证；⑥若验证通过率大于或等于预设阈值，则训练完成，或者，若验证通过率小于预设阈值，则增加理赔单据影像样本的数量，并重复执行上述步骤，直至验证通过率大于或等于预设阈值。

该件专利在美国、欧洲、日本、韩国、澳大利亚等国家和地区都拥有同族，其中在中国、美国、欧洲、日本、韩国、澳大利亚等国家和地区的专利处于有效状态。

5.3.3.4.2 泰康集团

1. 技术布局情况

泰康集团成立于 1996 年，总部位于中国北京。旗下拥有泰康人寿保险公司、泰康资产管理公司、泰康养老保险公司、泰康健投公司、泰康在线财产保险公司等多个子公司。作为一个大型的保险集团，其在智慧保险领域的申请量位居第二位，因此，选取该公司的创新情况进行介绍。

从 2017 年开始，顺应互联网科技发展大趋势，该公司加大了人工智能应用，引入人脸识别、光学字符自动识别、智能机器人等技术，并应用在微信平台的回执签收、智能客服和保单贷款等环节，不仅提高了业务效率、降低了销售成本，更提高了客户体验。

泰康集团专门成立了泰康人工智能研究院，以人工智能等技术为核心，服务于集团战略和前沿技术研究、行业态势的跟踪研究、产品孵化和应用推广，其下设六个实验室，涉及十多个研究领域，包括机器感知实验室、图文分析实验室、计算语言实验室、知识推荐实验室、物联传感实验室、Xplore 探索发现实验室。泰康集团结合战略目标重点发力医疗大健康领域方向，已自主研发健康报告自动化解读与风险预测技术、核赔材料智能收集识别和审核技术等。此外，泰康集团还提供了泰生活应用程序，该应用程序集成保险、生活、健康、商城等功能板块，旨在为用户提供一个结合保险、资管、医养的综合生活平台。

中国银保监会于 2020 年 9 月发布的《中国银保监会办公厅关于规范保险公司健康管理服务的通知》中规定，将保险公司健康管理服务分为健康体检、健康咨询、健康促进、疾病预防、慢病管理、就医服务、康复护理等七大类型，并对健康管理服务的概念、服务内容和实施目的进行界定，提出保险公司开展健康管理服务是通过对客户健康危险因素的干预，预防疾病发生、控制疾病发展、促进疾病康复，通过降低疾病发生率、提升健康水平，进而降低医疗费用支出。可见，健康管理是保险公司服务价值的延伸与前置，也是行业发展的新引擎和新机遇。泰康集团发布 2021 年度客户服务报告中显示其“一站式健康管理”2021年度服务客户共816万人次，借助大健康战略体系，打通就医全流程，致力于让高品质的健康医疗服务真正惠及千家万户。

2. 典型专利

该公司注重相关技术的专利保护，尤其是利用人工智能技术进行的健康管理，相关的专利有CN107967948B，发明名称为“医疗大数据分析方法与装置”，本专利提供一种医疗大数据分析方法，医疗大数据分析方法包括：使用多名患者的就诊数据训练套索算法（LASSO）模型以生成第一国际疾病分类（ICD）编码集合；将所述第一国际疾病分类编码集合与预设国际疾病分类编码集合的并集作为第二国际疾病分类编码集合；使用所述第二国际疾病分类编码集合以及所述就诊数据训练回归模型以产生参数集；根据所述第二国际疾病分类编码集合以及所述参数集生成分析模型，如图5-3-9所示。本专利提供的医疗大数据分析方法可以建立精准的医疗数据分析模型。

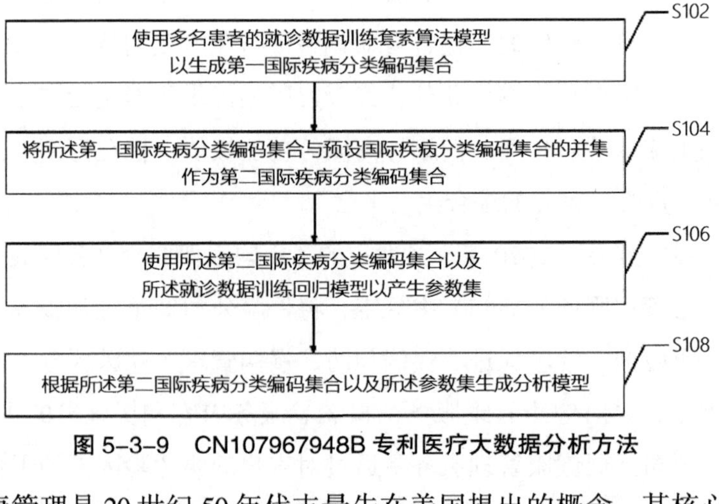

图5-3-9 CN107967948B专利医疗大数据分析方法

健康管理是20世纪50年代末最先在美国提出的概念，其核心内容是医疗保险机构通过对其医疗保险客户（包括疾病患者或高危人群）开展系统的健康管理，有效控制疾病的发生或发展，显著降低出险概率和实际医疗支出。对于医疗保险机构而言，相关的健康管理方法往往是通过循证医学筛选影响单病种患病概率的入模变量，结合循证医学取样范围内的医疗数据建立对单病种的患病概率分析模型，从而分析被保险人的健康状况。然而，循证医学结论往往具有较弱的时效性和地域性，无法提供对某一地区最近一段时间的精准分析，因此，为了提高疾病患病概率预测的精确度和时效性、地域性，需要建立更精确的分析模型。

该专利采用的技术手段为：通过使用套索算法对地区近期诊疗数据进行筛选，结合循证医学的理论基础确定入模变量，提高医疗数据分析模型的分析结果准确度。

该专利授权的权利要求 1 为：一种医疗大数据分析方法，其特征包括：使用多名患者的就诊数据训练套索算法模型以生成第一国际疾病分类编码集合；将所述第一国际疾病分类编码集合与预设国际疾病分类编码集合的并集作为第二国际疾病分类编码集合；使用所述第二国际疾病分类编码集合以及所述就诊数据训练回归模型以产生参数集；根据所述第二国际疾病分类编码集合以及所述参数集生成分析模型。其中，所述使用多名患者的就诊数据训练套索算法模型包括：将连续 n 年参加社会医保的患者的就诊数据与第 $n+1$ 年首次患有预设疾病的患者的信息按照国际疾病分类编码做二进制处理；根据患者的身份信息、二进制处理后的所述患者的就诊数据以及所述患者首次患所述预设疾病的信息生成包括多名患者就诊数据的宽表；将所述宽表输入所述套索算法模型，训练所述套索算法模型输出所述就诊数据中的每个国际疾病分类编码与所述预设疾病的关联参数。所述生成第一国际疾病分类编码集合包括：根据所述套索算法模型的训练结果获取所述就诊数据中的多个国际疾病分类编码的回归系数；根据回归系数大于阈值的国际疾病分类编码生成所述第一国际疾病分类编码集合。

5.3.3.4.3　好事达保险公司

1. 技术布局情况

创建于 1931 年的美国的好事达保险公司是美国第二大从事个人险种业

务的财险和意外险保险公司，并跻身于全美最大的15家人寿保险公司的行列。2022年5月23日，好事达保险公司位列2022年《财富》美国500强排行榜第66名，并且积极争取获得中国政府的批准以在中国开展保险业务，同时其申请量也居第八位。因此，本书选取该公司的创新情况进行介绍。

从创立之日起，好事达保险公司就把服务客户和管理客户所面临的风险作为自己最重要的历史性承诺。近些年，积极探索使用先进的人工智能技术等手段，并寻求与其他公司进行合作，追求降低用户保费的同时，节省自身的赔偿费用。其中基于客户行为的保险模式成为研发方向，如通过人工智能对数百万个超速、急刹车或开车时发短信等大数据的分析，基于分析结果提供激励措施，为遵章守法的驾驶员提供降低保费的服务。类似的激励措施，能够为客户节省数亿美元的保费，并节省数亿美元的事故赔偿费用。

2. 典型专利

该公司注重相关技术的专利保护，尤其是利用人工智能技术进行的个性化激励措施，相关的专利有US10830605B1，发明名称为“一种个性化驾驶风险建模和评估系统及方法”，该专利公开的系统和方法可确定和计算对应于驾驶员和场景配置的总体驾驶风险指数值。总体驾驶风险指数值可以提供个性化驾驶水平下的驾驶风险建模和估计。在一些情况下，总体驾驶风险指数值可以使用具有加权和机器学习的风险预测建模系统来确定，并且可以包括以下中的一个或多个：驾驶员评分系统、驾驶员情境风险评分系统和冲突指数系统。

驾驶员简档正在从传统的驾驶员特性转向用于控制系统建模的驾驶属性。理解风险情境中的驾驶员行为以及对应的驾驶对情境环境的敏感度对于风险建模和碰撞因果关系是重要的。需要对危险驾驶员行为和相应的风险场景环境的预测行为进行建模并将其用于保险目的。

该专利采用的技术手段为：通过提供识别对于风险预测至关重要的驾驶员行为并学习驾驶员行为的系统和方法来克服现有技术的问题和限

制，如用于驾驶员辅导和/或保险费或使用自主或高级驾驶员辅助系统（ADAS）。另外，系统和方法可以帮助识别驾驶员行为和风险反应如何在影响碰撞原因的场景配置的上下文中起作用，并识别风险场景和驾驶行为的目录。基于驾驶员行为的剖析可以有效地提供和确定准确的个性化保险费、驾驶员指导、奖励安全驾驶员、设计半自主车辆和自主系统或高级驾驶员辅助系统中的驾驶员系统切换。

该专利授权的权利要求1为一种用于提供驾驶风险建模和估计的风险预测建模系统，所述系统包括以下部分：车辆远程信息处理系统，所述车辆远程信息处理系统包括一个或多个传感器，所述一个或多个传感器感测来自与驾驶员相关联的车辆的远程信息处理数据。其中，所述远程信息处理数据至少包括所述车辆的速度；一种计算设备，包括：风险预测建模处理器和存储计算机可执行指令的非暂时性存储器单元，所述计算机可执行指令在由所述风险预测建模处理器执行时使所述计算设备；从所述车辆远程信息处理系统接收所述车辆远程信息处理数据；从所述车辆远程信息处理数据中识别并计数一个或多个驾驶行为；根据来自所述车辆远程信息处理数据的所计数的一个或多个驾驶行为来计算和确定驾驶行为分数数据集；从存储事故信息、交通数据、车辆容量数据、车辆密度数据、道路特性数据或天气数据的历史数据库计算和确定风险暴露评分数据集和风险图；基于所述驾驶行为评分数据集和所述风险暴露评分数据集的加权平均值来计算和确定驾驶员风险评分数据集；接收驾驶员特性数据集的驾驶员的因素和特性；使用加权和机器学习来计算和确定与所述驾驶行为评分数据集、所述风险暴露评分数据集、所述驾驶员风险评分数据集和所述驾驶员特性数据集相关联的驾驶员评分数据集；根据天气数据、基础设施数据、交通数据和车辆特性中的一个或多个来计算和确定上下文信息数据集；实时地并且基于所述远程信息处理数据来计算与所述驾驶员相关联的挫折程度；根据所述挫折信息和所述驾驶员的挫折水平来计算和确定道路挫折指数数据集；从所述车辆远程信息处理系统接收实时车辆远程信息处理数据；从所述实时车辆远程信息处理数据中识别并计数一个或多个实时驾驶行为；根据来自所述实时车辆远程信息处理数据的所计数的一个或多个实时驾驶行为来计算和确定当前驾驶行为分数数据集；基于与行程相对应的所述实时车辆远程信息处理数据以及所述行程的剩余时间和距离来计算和确定行程动态数据集；使用加权和机器学习来计算和确定与所述当前驾驶行为数据集、所述驾驶员分数数据集和所述行程动态数据集相关联的实时驾驶员分数数据集；使用加权和机器学习来计算和确定与所述上下文信息数据集、所述道路挫折指数数据集和所述实时驾驶员评分数据集相关联的驾驶员情境风险评分数据集；计算并确定上下文响应分数数据集，所述上下文响应分数数据集包括场景的配置信息和上下文信息；使用加权和机器学习来计算和确定与所述驾驶员风险评分数据集、所述驾驶员情境风险评分数据集和所述道路挫折指数数据集相关联的风险响应准备度数据集；使用加权和机器学习来计算和确定与所述上下文响应分数数据集和所述风险响应准备度数据集相关联的冲突指数数据集；以及使用所述风险预测建模系统来计算和确定总体驾驶风险指数值，所述风险预测建模系统包括所述驾驶员评分数据集、所述驾驶员情境风险评分数据集和所述冲突指数数据集。

5.4 智慧证券与信托

5.4.1 智慧证券与信托的概念

智能证券与信托是指借助先进的金融科技手段对用户和产品进行分析，提供精准服务，满足个性化需求，并且在证券与信托机构运营管理等环节进行优化和改造，提供更便捷、高效、个性化、创新的证券与信托服务，增进用户进行证券、信托交易的效率和体验，助力机构有效提升获客能力，同时有效提高自身收入水平并降低运营成本。

5.4.2 智慧证券与信托的技术发展情况

从智慧证券与信托来看，已经配备智能投研、智能投顾、智能运营、智能风控、智能营销、智能客服、智能监管等多个金融人工智能应用场景，其中各场景的功能和技术与智慧银行基本类似，不同处主要在于应用于证券或信托具体场景及针对证券或信托场景所作出的适应性调整。

5.4.3 智慧证券与信托的专利布局

通过对全球专利库中有关智慧证券与信托的主题进行检索（截至 2022 年 5 月 1 日），共得到 5141 件专利申请。

5.4.3.1 全球和我国专利申请态势

从图 5-4-1 可以看出，智慧证券与信托申请从 2015 年开始快速攀升，直到 2019 年以来增速才开始趋缓，2021 年的专利申请量有小幅的下降，但仍然维持高位，稳定在 900 余件。

图 5-4-1 智慧证券与信托全球专利申请趋势

从图 5-4-2 可以看出，中国申请从 2015 年以来保持了高速增长，并且一直呈现快速上升趋势。

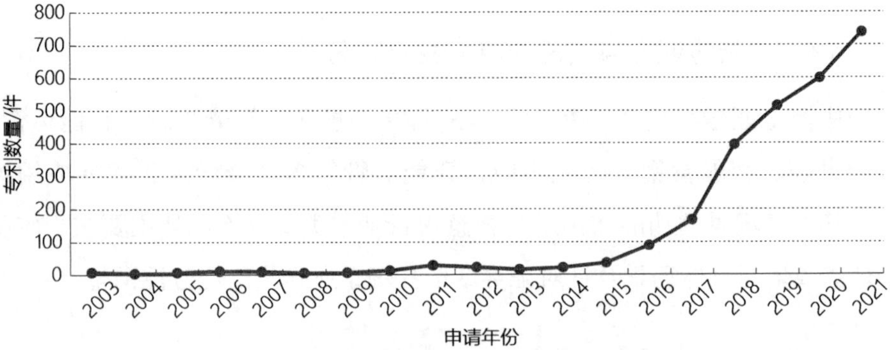

图 5-4-2 智慧证券与信托中国专利申请趋势

从中国申请的省份分布来看，如图 5-4-3 所示，创新的第一梯队是广东、北京和上海，其中北京的专利布局较早，并且每年均有申请，呈现迅猛发展态势，而广东的申请从 2017 年开始优势明显；第二梯队是江苏和浙江。这与高科技企业集中在“北上广”等一线城市有关。

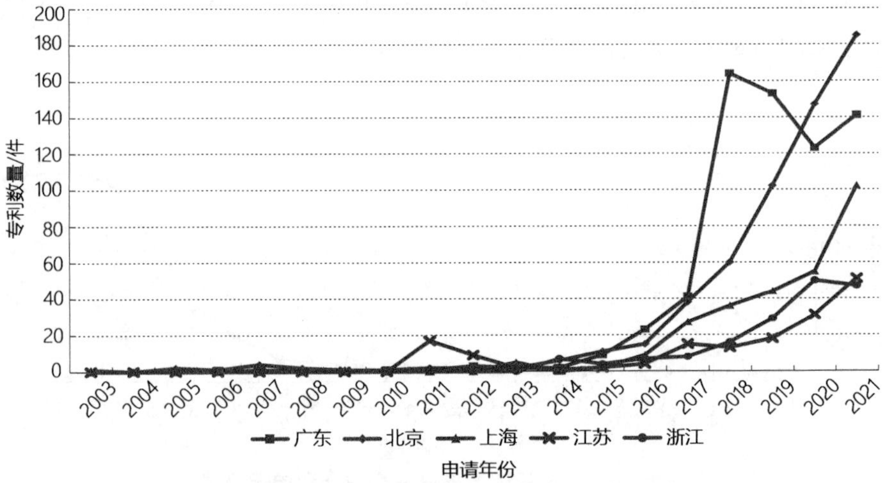

图 5-4-3 智慧证券与信托中国主要省份申请量逐年变化情况

5.4.3.2 各国专利申请态势

在智慧证券与信托领域，如图 5-4-4 所示，中国的申请量占据绝对优势，占到 55%，美国的申请量紧随其后，占比为 24%。仅次于中国和美国，韩国的申请量有 9%，接下来是日本、印度、英国、德国和加拿大。

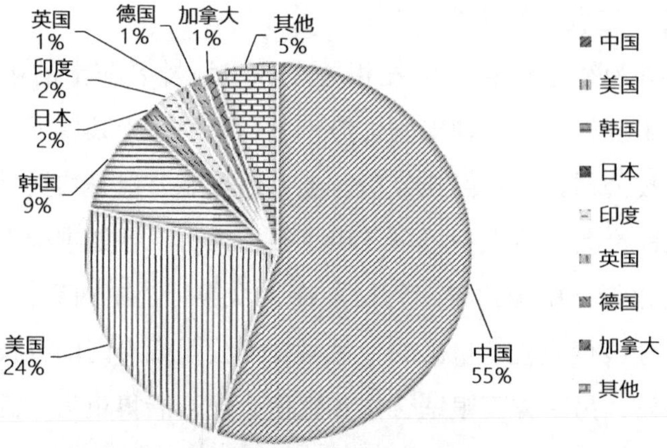

图 5-4-4　智慧证券与信托各国专利申请量占比

图 5-4-5 为排名前三的国家逐年的申请量，从图中可以看出，在 2016 年以前美国申请量领先，而中国从 2016 年开始申请量明显增多，随后的几年呈现出爆发式增长态势，实现了反超，美国和韩国的申请量在 2021 年有所下降。

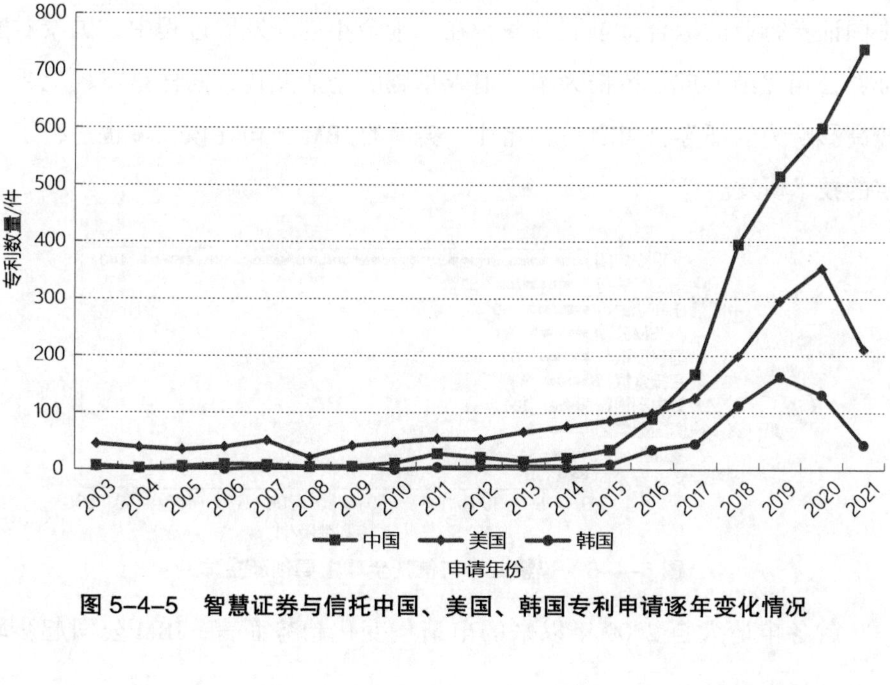

图 5-4-5　智慧证券与信托中国、美国、韩国专利申请逐年变化情况

5.4.3.3 主要创新主体

图 5-4-6 为智慧证券与信托相关专利申请排名前十的申请人，其中平安集团的申请处于绝对领先的优势，主要原因在于其旗下的平安证券公司、平安科技公司、平安信托公司、壹账通智能公司等均贡献有相当数量的申请。从前十名申请人中可以看出有很多银行，譬如中国工商银行、中国信托商业银行、中国建设银行、前海微众银行、中国银行，究其原因，一方面大部分银行成立了自己的金融科技子公司或专门的科技部门进行金融科技的研发，另一方面银证合作和银信合作开展得更为广泛，因此，这些银行在金融证券与信托方面的申请量较为可观。此外，中国的广发证券股份有限公司（以下简称广发证券公司）和国泰君安证券股份有限公司（以下简称国泰君安证券公司）两家证券公司也名列前十。广发证券公司的前身是 1991 年 9 月 8 日成立的广东发展银行证券部，凭借着正确的发展战略、规范的经营管理以及完善的风控机制，已发展成为市场上具有较高影响力的证券公司之一。国泰君安证券公司于 1999 年 8 月 18 日设立，是中国证券行业的综合金融服务商，在二十余年创新发展过程中，国泰君安证券公司逐渐形成了风控为本、追求卓越的企业文化，同样是市场上具有较高影响力的证券公司之一。此外，美国的 IBM 公司在该领域也进行了一定的技术研发。

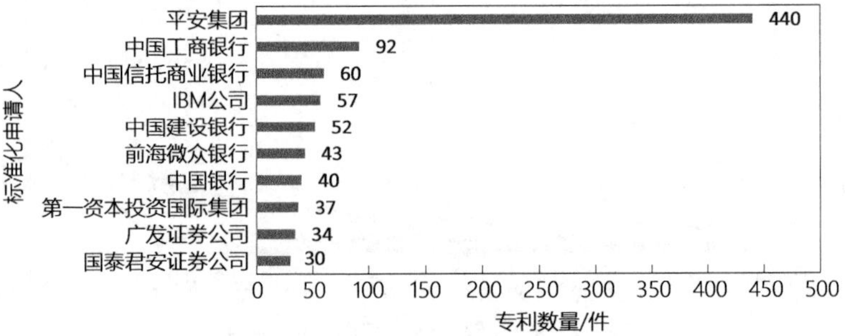

图 5-4-6 智慧证券与信托全球主要创新主体

就各申请人自 2009 年以来的申请量变化趋势而言，IBM 公司起步较早，2013年开始将人工智能技术应用于证券与信托领域，申请量一直处于较为稳定的状态，而中国的公司最早从2016开始持续申请相关专利。虽然中国公司起步稍晚，但其数量上呈爆发态势，成为后起之秀，尤其是平安集团在2018年申请的专利数量呈现大爆发，并一直在全球处于绝对领先地位，此外中国工商银行在2021年的专利申请量也颇为可观，其他公司从2018—2019年开始也对人工智能技术在证券与信托领域的运用进行了较为稳定的研发。

5.4.3.4 典型企业及专利

5.4.3.4.1 平安证券公司

1. 技术布局情况

平安集团在智慧证券与信托领域的申请量一枝独秀，旗下的平安证券公司的申请量位于前列，占比接近1/3，因此，首先选取该公司的创新情况进行介绍。

平安证券公司前身为1991年8月创立的平安保险证券业务部，历经三十多年的稳健经营，公司已成长为国内主流券商之一。近年来，平安证券公司坚定科技自主研发，持续推动科技应用和人才培养，全力打造科技型智能券商。2015年，平安证券公司提出开发领航科技平台，从启动到基础平台搭建完成，共耗时5年投入3亿元。平安证券公司在领航科技平台基础上自主研发了固收外汇电子做市交易系统，其是从底层开始完全自主研发的全流程电子化交易业务系统。

在“买方投顾”理念和服务体系的驱动下，平安证券公司推出了平安证券应用程序，该应用程序集成了原有线下提供的服务和内容，通过统一的平台全场景、智能化的提供给用户。为具有投资需求的用户提供智能投资服务，通过应用远程双向视频、智能机器人、语音识别等技术，提供智能化远程服务。该应用程序还根据用户画像将投顾服务分为三个层次，分别为小安智投、线上投顾和科学投顾，以人工智能算法和大数据为内核，涵盖投资股票和理财、客户服务、动态咨询等多种功能。

平安证券应用程序功能不断革新，帮助用户进行选股是其中较为核心的一个功能，为此平安证券一直致力于采用新技术不断提升精准服务用户的能力，同时也申请了专利予以保护。

2. 典型专利

CN107657500B，专利名称为“股票推荐方法及服务器”，该专利公开了一种股票推荐方法及服务器，该方法包括：通过控制服务器根据第一预设数量的客户在预设时间内的股票交易数据，确定出高盈利客户；将基于高盈利客户提取的第一预设数量的客户作为训练集，随机抽取部分普通交易用户作为测试集，将第一预设数量的客户进行分类，形成第二预设数量的数据类；再按照预设的客户分群判别规则，以第二预设数量的数据类作为训练集，对普通用户的类别进行判别，并与第二预设数量的数据类进行匹配，如图 5-4-7 所示。该专利能实现将不同风格的股票精准地推送给偏好对应风格的普通用户。

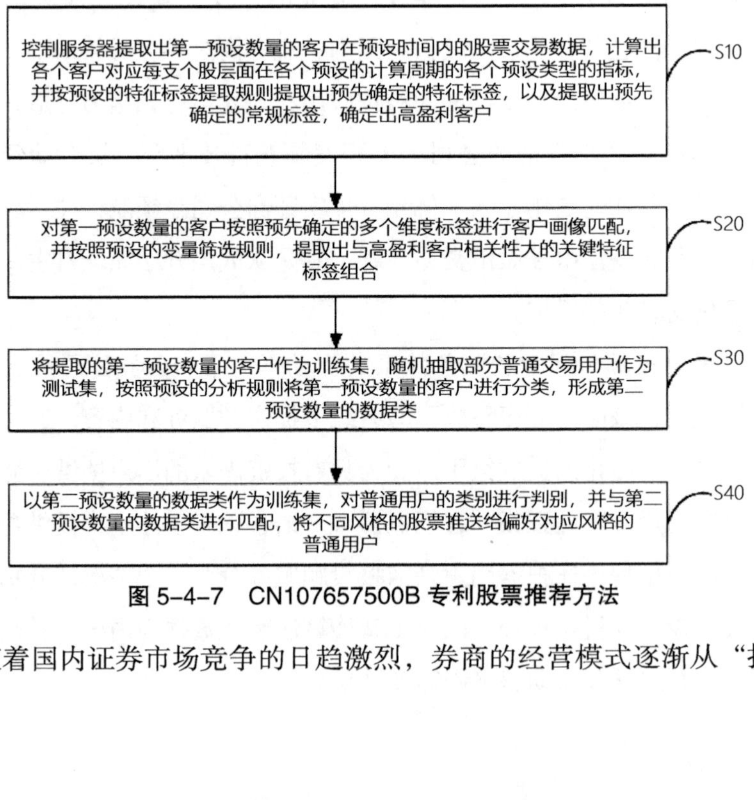

图 5-4-7　CN107657500B 专利股票推荐方法

随着国内证券市场竞争的日趋激烈，券商的经营模式逐渐从“技术驱动”向“服务驱动”转化。面对多样化、层次化、个性化的客户需求，大众化营销和服务已经失去其优势，基于客户需求深入数据分析的洞察力营销、个性化营销的理念逐渐被各大券商所接受，并渴望通过从数据中挖掘价值来减少营销成本、提高营销效益。目前，业内也有利用历史交易数据向用户进行股票推荐的做法，但这种现有的推荐方式通常使用的是单一的收益率、胜率等指标进行股票筛选，准确率较低，而且未充分考虑用户的交易习惯（如偏好高抛低吸、偏好短线交易、偏好小盘股等），需要提供精准的、为用户推荐符合其偏好风格股票的解决方案。

该专利采用的技术手段为：通过控制服务器根据第一预设数量的客户在预设时间内的股票交易数据，确定出高收益率、高胜算率、高成功率的高盈利客户；基于高盈利客户区分的不同数据类来对普通用户的类别进行判别并进行股票推送，向普通用户推送相对高收益率、高胜算率、高成功率的股票，且是根据与第二预设数量的数据类相匹配的数据类来进行推送，实现将不同风格的股票精准地推送给偏好对应风格的普通用户。

该专利授权的权利要求 1 为：一种股票推荐方法。其特征在于，所述方法包括以下步骤：①控制服务器与至少一个股票交易服务器通信连接，从客户的历史股票交易数据中，按照预设的提取规则提取出第一预设数量的客户在预设时间内的股票交易数据，计算出各个客户对应每支个股层面在各个预设的计算周期的各个预设类型的指标，根据计算出的各个客户对应每支个股层面的指标，并按预设的特征标签提取规则提取出预先确定的特征标签，以及提取出预先确定的常规标签，确定出符合预设标准的高盈利客户，其中，所述预设的特征标签提取规则为：对连续数值的各种股票交易数据种类设置对应的标签阈值；对非为连续数值的各种股票交易数据设置对应的标签范围；根据连续数值的各种股票交易数据与标签阈值的映射关系，确定出各个客户在预设时间内的属于连续数值的股票交易数据对应的标签信息，根据非为连续数值的各种股票交易数据与标签范围的映射关系，确定出各个客户在预设时间内的属于非连续数值的股票交易数据对应的标签信息。②控制服务器对第一预设数量的客户按照预先确定的多个维度标签进行客户画像匹配，并按照预设的变量筛选规则，提取出与高盈利客户相关性大的关键特征标签组合，其中，所述预设的变量筛选规则为：以第一预设数量的客户在预设时间内的盈亏相关指标作为因变量，以预先确定的多个维度标签作为自变量，采用典型相关分析方法，分别找出自变量的线性组合 U 及因变量的线性组合 V；通过调整自变量、因变量的线性组合的系数，使得 U 和 V 的相关性达到最大，找出与盈亏相关指标相关性最大并通过显著性检验的特征指标。③控制服务器将提取的第一预设数量的客户作为训练集，随机抽取部分普通交易用户作为测试集，按照预设的分析规则及关键特征标签组合将第一预设数量的客户进行分类，形成第二预设数量的数据类。④控制服务器按照预设的客户分群判别规则，以第二预设数量的数据类作为训练集，当接收到普通用户的股票推荐请求时，对普通用户的类别进行判别，并与第二预设数量的数据类进行匹配，将符合关键特征标签组合中特征的不同风格的股票推送给对应分类的普通用户。⑤控制服务器定时或者实时获取第一预设数量用户的股票交易数据，并按预设的特征标签提取规则对获取的各个预先确定的客户的股票交易数据进行特征标签分析，以定时或实时更新第一、第二预设数量，实现数据的循环迭代更新。⑥控制服务器实时跟踪第二预设数量用户的交易行为，选择各类别下预设数量的股票推送给相同风格的普通用户，并根据后台系统捕捉到的该股票相关信息，控制服务器根据预先确定的特征与推荐信息之间的关联关系，确定出所述特征标签中除关键特征之外的其他特征对应的推荐信息，并将确定出的推荐信息实时或者定时推送给该相同风格的普通客户。

5.4.3.4.2　广发证券公司

1. 技术布局情况

广发证券公司前身是 1991 年 9 月 8 日成立的广东发展银行证券部，其是国内首批综合类证券公司，成立三十余年来，始终是中国资本市场最具影响力的证券公司之一，并且其申请量居于第九位，因此，选取该公司的创新情况进行介绍。

广发证券公司面向用户推出了易淘金应用程序，其利用人工智能算法与大数据建立的数据分析模型，在分析用户交易行为、风险偏好的基础上，从海量产品中自动优选产品，实现用户与产品的精准、智能匹配。2016年，研发完成了贝塔牛机器人投顾系统、积分商城服务体系、金股棒投顾业务新模式、投顾管理平台以及资产配置平台等五大项目。广发证券公司于2017年将科技金融列为五大发展战略支柱之一，持续加大金融科技投入和基础设施建设，构建覆盖投资银行、财富管理、投资管理、交易与机构业务四大业务板块的一体化平台。数字平台产品包括基于区块链的预测市场交易平台、投易通机构交易门户、基于数据驱动的业务性能管理平台、全球多资产交易结算系统、投行业务管理系统等。

各项系统运行的基础都是高质量的金融数据，广发证券公司建设了智能金融数据质量监控平台“X-monitor”，该平台利用自适应机器学习方法，将人工设定的数据质量监控规则与机器自学习生成的监控规则相结合，以提高金融数据质量监控的效率和准确度。

2. 典型专利

① CN109102080B，发明名称为“一种数值型金融数据质量监控系统及方法”，该专利公开一种数值型金融数据质量监控系统及方法，所述系统包括：待监控数据读取配置模块、数据读取与标准化模块、监控模型配置模块、数据监控规则自生成与更新模块、数据监控规则人工配置模块、调度模块、数据监控计算模块、消息推送模块、反馈模块，如图5-4-8所示。该专利提供的数值型金融数据质量监控系统及方法采用机器学习对监控规则进行自学习，并将人工设定的数据质量监控规则与机器自学习的监控规则相结合，提高了数据质量监控的质量、效率及覆盖面，同时降低了人力成本。

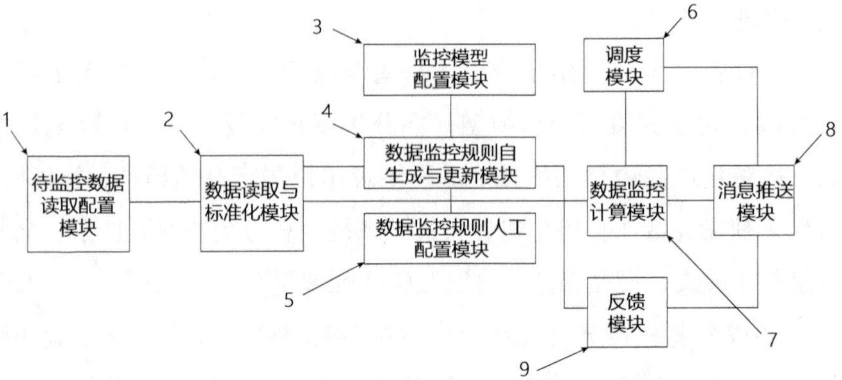

图 5-4-8 CN109102080B 专利数值型金融数据质量监控系统及方法

数据的完整性与正确性是基于大数据技术及人工智能技术的智能投顾提供服务的重要基础。数据的完整性、正确性如果出现问题，将会导致智能投资策略与客户投资建议等重要模块发生错误，从而可能导致客户的投资发生损失。传统的数据监控模式，需要开发和测试人员对不同的数据制定不同的数据质量监控规则并编码实现，而面对海量的金融行情数据、客户数据，这种监控模型将会消耗大量的人力和开发时间。同时，人为制定的监控规则也会产生规则制定不合理，漏报、误报率高的缺点。鉴于此，需要提供一种解决上述缺陷的监控系统及方法。

该专利采用的技术手段为：针对数值型数据，这种在金融数据中占比极高的数据类型，提出一种质量监控方法及系统实现方案，将人工设定的数值型数据质量监控规则与机器自学习的监控规则相结合，以提高数值型数据质量监控的质量、效率及覆盖面。支持人工设定监控规则，利用统计机器学习技术对待监控历史数据进行建模，从而自动生成数据的默认监控规则，数据质量监控人员可以接受自学习的默认规则也可以在自学习规则的基础上修改参数、添加手动规则，人机结合提供规则的可靠性，并且对监控模型进行动态更新，提高监控模型的动态适应性。

该专利授权的权利要求 1 为：一种数值型金融数据质量监控系统，其特征在于，所述系统包括待监控数据读取配置模块、数据读取与标准化模块、监控模型配置模块、数据监控规则自生成与更新模块、数据监控规则人工配置模块、调度模块、数据监控计算模块、消息推送模块、反馈模块，其中，所述待监控数据读取配置模块用于对待监控数据进行读取配置，所述待监控数据读取配置模块与所述数据读取与标准化模块相连接；所述数据读取与标准化模块用于根据所述待监控数据读取配置模块的数据读取配置，从数据库中读取待监控数值型数据，并把数据标准化成后续模块处理约定的格式，所述数据读取与标准化模块分别与所述待监控数据读取配置模块、所述数据监控规则自生成与更新模块、数据监控规则人工配置模块以及所述数据监控计算模块相连接；所述监控模型配置模块用于对系统中通过自学习生成监控规则的模型超参数进行配置，所述监控模型配置模块与所述数据监控规则自生成与更新模块相连接；所述数据监控规则自生成与更新模块用于根据机器学习监控模型和所述监控模型配置模块设置的自定义模型，以及所述数据读取与标准化模块标准化后的待监控历史数据对监控规则进行自学习，或者根据待监控数据的更新数据对监控规则进行自动更新来适应数据模型的动态变化，所述数据监控规则自生成与更新模块分别与所述数据读取与标准化模块、监控模型配置模块以及反馈模块相连接；所述数据监控规则人工配置模块用于支持人工对所述数据监控规则自生成与更新模块自生成的模型参数进行修改和调整，完善监控规则，或者由人工自主定义新的监控规则，所述数据监控规则人工配置模块分别与所述数据读取与标准化模块以及所述数据监控规则自生成与更新模块相连接；所述调度模块用于完成系统中各个功能模块的统一调度和执行，所述调度模块分别与所述消息推送模块以及数据监控计算模块相连接；所述数据监控计算模块用于根据所述数据监控规则自生成与更新模块自生成的数据监控规则并综合所述数据监控规则人工配置模块的人工自定义规则对所述数据读取与标准化模块标准化后的新增待监控数据进行计算，并判断该新增数据是否触发数据异常报警；所述数据监控计算模块分别与所述数据读取与标准化模块、消息推送模块以及调度模块相连接；所述消息推送模块根据数据监控计算模块的计算结果向数据运维人员发出相关报警；所述消息推送模块分别与所述数据监控计算模块、调度模块以及所述反馈模块相连接；所述反馈模块用于接收数据运维人员对数据监控报警的反馈信息，并将该反馈信息反馈给所述数据监控规则自生成与更新模块根据人工反馈对模型进行调整和优化，所述反馈模块分别与所述数据监控规则自生成与更新模块以及所述消息推送模块相连接。

② CN109240882B，发明名称为“一种金融数据一致性检测系统及方法”，该金融数据一致性检测系统包括数据读取配置模块、数据读取与标准化模块、待检测字段发现模块、数据检测规则配置模块、数据一致性检测规则自生成与更新模块、数据一致性检测规则人工配置模块、调度模块、检测计算模块、消息推送模块、反馈模块。该专利提供的金融数据一致性检测系统及方法通过算法自动发现需要进行一致性检测的数据字段，通过机器自学习数据一致性检测规则，降低了数据一致性检测的漏报、误报率，降低了人力成本，提高了一致性检测的效率。

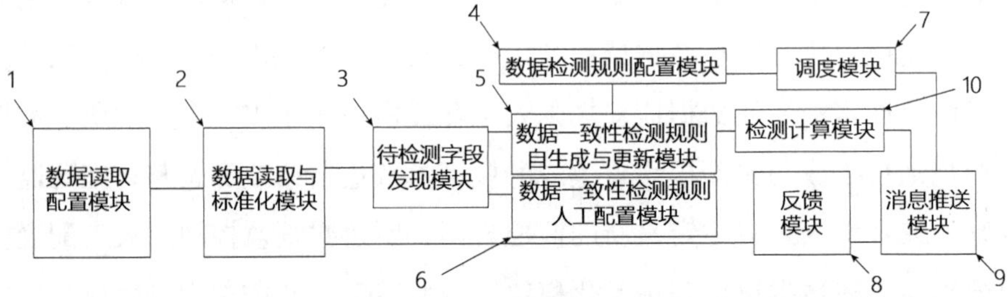

图 5-4-9 CN109240882B 专利金融数据一致性检测系统及方法

数据正确性是金融公司提供服务的重要基础。数据质量出现问题，将会导致金融公司投资、理财、清算、投资银行、风险管理等服务出现问题，甚至会造成经济上的巨大损失。其中，金融数据的一致性检测是发现隐藏数据质量问题的重要手段之一。传统采用的数据质量检测方法，一般需要通过人工对数据的取值范围、数据空缺等参数进行手工设置和编码来实现，而且人工设置数据检测规则很容易忽视数据之间的一致性，导致一些数据问题只看单一数据字段没法发现。就算考虑到了不同数据字段数据一致性的问题，在进行数据一致性检测的时候，通常需要人工指定进行数据一致性检查的数据字段，然后再定义相应的规则并编码实现。当面对海量的金融行情数据、客户数据，人工指定数据字段进行一致性监控规则将消耗大量的人力。同时，人为设定数据一致性检测字段需要设置人员丰富的业务经验，否则非常容易漏掉需要检测的数据字段。而且，人工制定的数据一致性检测规则还会产生规则制定不合理，漏报、误报率高的缺点。鉴于此，需要提供一种解决上述缺陷的金融数据一致性检测系统及方法。

该专利通过数值型数据字段筛选并根据协方差矩阵分析出强相关数据字段而获取到需要进行一致性检测的数据字段，并根据金融数据的特性，构建线性相关一致性数据检测模型实现精准检测。

该专利授权的权利要求 1 为：一种金融数据一致性检测系统，其特征在于，所述系统包括数据读取配置模块、数据读取与标准化模块、待检测字段发现模块、数据检测规则配置模块、数据一致性检测规则自生成与更新模块、数据一致性检测规则人工配置模块、调度模块、检测计算模块、消息推送模块、反馈模块。其中，所述数据读取配置模块用于对待检测数据进行读取配置，所述数据读取配置模块与所述数据读取与标准化模块电连接；所述数据读取与标准化模块用于根据所述数据读取配置模块的数据读取配置，从数据库中读取待监控数据，并把数据标准化成后续模块约定的格式，所述数据读取与标准化模块分别与所述数据读取配置模块、所述待检测字段发现模块以及所述检测计算模块电连接；所述待检测字段发现模块用于自动发现所述数据读取与标准化模块中标准化后的待检测数据表中哪些数据字段需要进行一致性检测，所述待检测字段发现模块分别与所述数据读取与标准化模块、所述数据一致性检测规则生成与更新模块以及所述数据一致性检测规则人工配置模块电连接；所述数据检测规则配置模块用于对系统中自动检测规则模型的超参数进行配置，所述数据规则配置模块与所述数据一致性检测规则自生成与更新模块电连接；所述数据一致性检测规则自生成与更新模块用于根据所述检测规则配置模块用户自定义或默认的一致性检测规则模型超参数、所述数据读取与标准化模块标准化后的历史数据对监控规则，以及待检测字段发现模块自动发现的需要进行一致性检测数据字段进行一致性检测规则自学习，所述数据一致性检测规则自生成与更新模块分别与所述检测规则配置模块、所述数据读取与标准化模块以及待检测字段发现模块电连接；所述数据一致性检测规则人工配置模块用于支持人工对所述数据一致性检测规则自生成与更新模块自生成的模型参数进行修改和调整，完善监控规则，或者由人工自主定义新的监控规则，所述数据一致性检测规则人工配置模块分别与所述待检测字段发现模块以及所述数据一致性检测规则自生成与更新模块电连接；所述调度模块用于完成系统中各个功能模块的统一调度和执行，所述调度模块分别与所述检测规则配置模块以及所述消息推送模块电连接；所述检测计算模块用于根据所述数据一致性检测规则自生成与更新模块自生成的数据监控规则综合所述数据一致性检测规则人工配置模块的人工自定义规则对新增待一致性检测数据进行计算，并判断该新增数据是否触发一致性异常报警，所述检测计算模块分别与所述数据一致性检测规则自生成与更新模块、所述数据一致性检测规则人工配置模块以及所述消息推送模块电连接；所述消息推送模块根据检测计算模块的计算结果向数据运维人员发出相关报警，所述消息推送模块分别与所述检测计算模块以及所述反馈模块电连接；所述反馈模块用于接收数据运维人员对报警信息的反馈，并将该信息反馈给所述数据一致性检测规则自生成与更新模块根据人工反馈对模型进行调整和优化，所述反馈模块分别与所述数据一致性检测规则自生成与更新模块以及所述消息推送模块电连接。

5.5 本章小结

本章首先整体阐述了人工智能金融的概念，从政策、行业发展、技术三个角度详细描述了人工智能金融的发展现状，其中详细分析了人工智能金融全球专利申请态势、各国专利申请态势和主要创新主体，并进一步分析了人工智能金融主要涉及的应用场景，其中包括智慧银行、智慧保险、智慧证券与信托。从专利创新的角度来看，人工智能金融的发展从 2015 年开始进入快车道，尤其是 2017—2018 年为全球发展最为迅猛的两年，这得益于主要创新国中国、美国、英国等出台了一系列的金融科技政策予以支持，而 2021 年的申请量与前一年基本持平，业界认为经过快速的发展期后，整个行业开始进入平稳期，正在寻找下一个突破点。由于 2022 年的专利申请量未完全公开，目前还无法从专利申请的角度判断出下一步技术发展情况。不过与全球的人工智能金融申请趋势不同的是，中国的专利申请量一直保持了突飞猛进的势头，由 2014 年仅占全球总数一半的比重快速上升到 2021 年占比 84%，表明我国的人工智能金融未遇到发展瓶颈，这得益于一系列国家宏观政策和行业领域规范的相继出台，进而推动了金融的快速数字化转型。

从专利申请的角度总体来看，我国在人工智能金融的各个技术分支均有布局，并且在申请量上占据绝对优势，与美国同属于专利申请的第一梯队。从各国创新主体的构成来看，人工智能金融具有显著的领域特色，创新主体以银行、保险、证券等公司为主力军，主要归因于这些公司致力于运用新兴科技，探索运用新兴技术显著提升自身的收益、降低运行成本、拓展金融服务的广度和深度。此外，这些公司也广泛地与专研人工智能技术的互联网企业进行合作，这些互联网企业既包括传统的互联网龙头企业，也包括一些新兴的专注于人工智能应用的公司，通过合作共赢的模式，进一步推动了产业落地的进程。

对于智慧银行，本章首先明确了智慧银行的定义，详细介绍了智慧银行场景下主要的技术发展方向，涉及智能风控、智能支付、智能客服、智能运营、智能监管、智能投顾、智能投研、智能营销等八个方面，同时从历年申请量变化态势、各国专利申请量、主要创新主体三个方面分析人工智能应用于银行领域的专利布局情况，并从不同的角度选取了具有典型产品的典型企业，分别是中国工商银行、第一资本投资国际集团和壹账通智能公司，结合它们各自产品的特点，从客户智能化服务、个性化产品定制、风险防控等方面对相关的典型专利进行了介绍。

对于智慧保险，本章首先明确了智慧保险的定义，详细介绍了智慧保险场景下主要的技术发展方向，涉及智能定价核保、智能理赔等方面，同时从历年申请量变化态势、各国专利申请量、主要创新主体三个方面分析人工智能应用于保险领域的专利布局情况，并从不同的角度选取了具有典型产品的典型企业，分别是平安科技公司、泰康集团和美国的好事达保险公司，结合它们各自产品的特点，从保险理赔反欺诈、票据识别、健康管理、鼓励安全驾驶的个性化保险激励等方面对相关的典型专利进行了介绍。

对于智慧证券与信托，本章首先明确了智慧证券与信托的定义，简要介绍了智慧证券与信托场景下主要的技术发展方向，同时从历年申请量变化态势、各国专利申请量、主要创新主体三个方面分析人工智能应用于证券与信托领域的专利布局情况，并从不同的角度选取了具有典型产品的典型企业，分别是平安证券公司和广发证券公司，结合它们各自产品的特点，从精准服务用户选股、智能金融数据质量监控等方面对相关的典型专利进行了介绍。

从各个技术分支的专利申请量上看，智慧银行的技术发展相对成熟，其专利申请量占据了整个人工智能金融专利申请量的一半，各大银行和互联网公司巨头纷纷在此领域进行布局，而智慧保险、智慧证券与信托的申请量还相对较少，因此，对于我国的创新主体有以下建议：①由于智慧银行、智慧保险、智慧证券与信托具有很多如智能营销、智能客服等相似的应用场景，因此，可以借鉴智慧银行中的已有成果，根据保险、证券与信托的实际情况与特定需求对技术做相应改进并予以应用。②互联网公司可加强与保险、证券、信托机构的协作，通过人工智能技术自身的改进，并与上述具体场景的结合应用，从而寻求在提供更便捷、高效、个性化服务的同时实现合作共赢。

当前，我国人工智能金融的创新已位居前列，随着人工智能、大数据、5G 等新技术的发展，将其应用于证券、保险、信托及其他金融领域以促进金融各领域全面发展上仍大有可为，相信在未来，人工智能金融会让人们的生活更加便捷、高质，从而获得更为智能、个性化的体验。

第六章　人工智能应用的技术发展趋势和新的挑战

当前人工智能应用呈现出蓬勃发展的态势，人工智能 + 医疗、人工智能 + 交通、人工智能 + 教育、人工智能 + 金融等热点领域技术的发展如火如荼。从专利布局特点来看，人工智能技术的研究重点主要是围绕应用过程中的需求开展，长期趋势是基础技术与产业应用两条主线协调发展。此外，人工智能与其他新兴技术融合发展的趋势越来越明显，在融合发展的过程中人工智能技术不仅面临各种新的挑战，也给原有的专利保护模式带来了冲击。通过分析上述趋势和挑战能够帮助我们预见未来技术发展和专利保护模式变革的大致轮廓。

6.1　人工智能重点领域专利布局特点

综合本书前几章的内容，本节将重点讨论人工智能在医疗、交通、教育、金融等重点领域的专利布局特点。

1. 人工智能在医疗领域专利布局特点

世界范围内医疗领域人工智能相关专利申请量从 2015 年开始迅猛增长，随着 2016 年各国人工智能医疗产业发展政策的效果逐步显现，相关专利申请量在加速增长。我国人工智能医疗专利申请的起步稍晚于全球，但是从 2017 年开始进入快速增长阶段并保持良好的发展后劲。目前，美国和中国属于人工智能医疗专利申请的第一梯队，申请量占比都超过了第二梯队的德国、日本、韩国和法国的总和。相比之下，美国早期的积累较多，在 2017 年之后，中国的申请量占比明显高于美国，并呈现逐年递增的态势。从全球的创新主体排名来看，我国高校表现亮眼，浙江大学和清华大学的申请量排名均进入了前十位，这是我国人工智能医疗领域的新发展特点。广大高校不再埋头在象牙塔中搞研发，高校科技创新的方向越来越多地体现出“面向经济主战场”“面向人民生命健康”的宗旨和目的。这促使我国高校更加积极地参与到与市场的对接之中，促进了高校与企业、医疗机构合作共享的开放产业新模式。

本书分析了人工智能医疗领域三个主要应用场景：人工智能辅助筛查与诊断、人工智能赋能医疗信息化和人工智能医疗机器人。这些应用场景都是专利创新较多的领域。

人工智能辅助筛查与诊断应用的全球专利申请趋势经历了 2017 年以来的连续高速增长，2020 年的增长率有所回落，2021 年的专利申请量有小幅的下降。与全球申请态势不同的是，中国的相关专利申请在 2020 年和 2021 年依旧保持了高速增长，增长率未出现下滑。这一方面反映了中国创新主体在这一领域的研发产出继续保持增长，另一方面可能是我国市场的反应稍晚于全球，后续应持续关注申请情况的变化。中国的专利申请中，通过医学影像分析与根据监测的信号进行分析的申请占据主流。对中国来说，除了医学影像分析外，通过监测信号分析也是一个重要的布局方向，如通过心电信号诊断心律不齐等心脏疾病等。相比之下，美国和韩国在其利用人工智能进行辅助筛查和诊断的技术布局上较中国更加倚重于医学影像的分析。

人工智能赋能医疗信息化应用的全球专利申请在 2018—2020 年连续三年迅猛增长，2021 年出现小幅下降。对于美国等发达国家而言，在经历了一段时间的高速发展之后，其内部市场已出现饱和的现象。由于医疗信息化的本地特色非常强，国际扩张成效并不明显，加之受新型冠状肺炎疫情的影响，发展势头开始下滑，反映在专利申请量上即出现了2020年后的专利申请量下滑。中国人工智能赋能医疗信息化相关的专利申请，在2020年后依然保持了增长的态势，仅增长的速度稍有放缓。中国因人口众多，医疗资源不均衡等特点，为医疗信息化提供了巨大的市场，广阔的市场为各创新主体提供了发展空间，在市场尚未饱和的情况，专利申请增长的趋势也暂未出现明显变化。

人工智能医疗机器人的全球专利申请起步比人工智能辅助筛查与诊断、人工智能赋能医疗信息化都要更早一些，从2013年其已经有缓慢的增长。在2015年之后增长加速，应用的子领域也更加多样，发展最快的阶段是2017—2020年，各个应用子领域也都迅速发展，采用人工智能技术的特点也更加突出。到了2021年，与整个人工智能医疗的走势一样，申请量出现了下滑，进入一个相对冷静期。中国人工智能医疗机器人专利申请在2020年后依然保持了高速增长的态势，且相关专利申请采用人工智能技术的特点更加明显，一定程度上反映了我国在人工智能医疗机器人应用中的后发优势。

2. 人工智能在交通领域专利布局特点

智能交通涵盖技术分支较多，本书分析了四个典型场景的技术和应用：驾驶自动化、智能座舱、智能网联、出行即服务。

世界范围内，驾驶自动化领域的专利申请从2012年开始较快增长，从2014年起，得益于人工智能、大数据等技术的快速发展，驾驶自动化申请量呈现出快速增长态势。在该领域，中国的专利申请量占全球申请总量的近一半，申请量排名第一，日本、美国、韩国、德国分列第二到五位。这主要得益于我国一些互联网企业深耕人工智能领域多年，并对自动驾驶领域有相当的研发投入，与此同时，我国也涌现出不少智能驾驶领域的、已崭露头角的初创企业，结合部分发达国家的老牌车企在国内也有一定的技术研发和专利布局。从目前全球范围内自动驾驶专利申请量来看，中国和美国的申请量均远超其他国家，各主要国家之间在发展趋势上大体接近，但也存在细微差异。总的来说，美国的专利申请峰值出现在2018年，日本出现在2017年，德国和韩国均是出现在2019年。目前除我国外，其他国家专利申请量已经呈现出下降趋势，只有我国的专利申请量仍保持强劲增长动能。在申请的布局方面，我国专利申请中被要求优先权的数量明显低于美国和日本，甚至与韩国、德国也存在一定的差距，提示我国创新主体在专利布局意识上仍需要加强。此外，从全球申请人排名来看，与其他国家主要以车企作为智能交通产业的主导者不同，我国具有优势的互联网企业和通信技术公司的专利申请量最大。目前全球范围内自动驾驶技术发展最快的公司主要是汽车主机厂，其次是高科技公司。申请中国专利的主体主要是大学、传统车企以及科技企业，而大学申请人作为科技研发的重要力量，在前20名的申请人中占据了申请量总数一半。我国科技公司虽然在前20名中的占比不算多，但申请量大，排名非常靠前。

世界范围内，智能座舱相关的专利申请从2012年开始每年快速增长，其峰值出现在2019年，2020年起申请量略有下降。从自动驾驶相关的专利申请量可以看出，驾驶员监控技术已相对成熟，其关注度也不及自动驾驶，预计后续申请量将维持在平稳状态。从每年的申请所聚焦的技术问题和技术效果中可以看出，对于提升安全性的申请量增加明显高于其他方面，这反映出随着辅助驾驶系统的发展，需要驾驶员监控系统能够响应驾驶员及乘客的状态从而在必要时接管驾驶或作出警示，相关研发投入增长明显。日本是驾驶员监控系统的重要原创地，美国、德国、韩国紧随其后，我国排名第五。但区别于原创地，中国是驾驶员监控系统相关专利申请的主要目的地，中国与日本的排名实现了对调。这充分说明了我国市场的巨大吸引力。从专利申请人的全球排名来看，国内汽车企业、互联网/人工智能公司、通信技术公司、大学等排名较为靠前，在智能座舱方面我国技术研发力量较为多样化和均衡。

得益于5G等通信技术的发展以及各国相关产业政策的支持，智能网联技术在世界范围内的专利申请量近年来快速增长。其中车对外界信息交换（V2X）交互协同应用的专利申请主要集中于交通控制场景以及计算机系统和控制方面，这说明在V2X交互协同中，车辆软件系统、交互界面等技术是技术改进聚焦的重点，交互协同的落脚点也会体现在用户体验上。在全球申请量前20名的申请人中，主要包括传统车厂、信息通信技术厂商、造车新势力、芯片厂商等，我国有一定数量的企业上榜。我国大学研究机构也是一支不容小觑的力量，但专利申请主要集中在国内，如果能进一步促进产学研的畅通，我国相关产业的发展将会更具优势和国际影响力。除V2X交互协同应用外，高精度地图与定位应用也是智能网联技术的重要组成部分。随着计算力的显著提升，从2018年开始，相关专利申请年增长量开始加速，其中技术方向集中于地图数据采集和存储、与定位相关的车辆控制等内容。我国高精度地图的制作多以集中制图为主，这区别于国外的采用众包制图方式，我国申请人在全球高精度地图与定位领域具有较强的优势。

伴随着城市共享交通的发展、消费理念的变化、智能终端及电子支付的快速普及，出行即服务得以迅速发展。作为出行即服务的重要方面，共享出行在世界范围内的相关专利申请量从2014年逐渐加速增长，但在2017年就达到了顶峰，随后由于出行平台服务模式、经营合规等方面的因素影响，专利申请量逐年降低。我国网约车企业在全球专利申请量排名中名列前茅，排名靠前的申请人主要包括传统车厂、互联网公司、科研院所等。在出行即服务中，行程规划是技术含量颇高的方面，世界范围内相关专利申请量从2014年开始快速增长，近几年增长速度有所放缓，但申请量仍然屡创新高。在行程规划相关专利申请中，商业管理方面的申请最多，其次是距离测量。与共享交通不同，我国网约车企业在行程规划方面技术优势并不明显，发达国家创新主体仍较为集中在传统车企，我国互联网科技公司、大学则具有更突出的技术优势。

3. 人工智能在教育领域专利布局特点

世界范围内人工智能教育的相关专利申请并非逐年持续增长，2003年后曾经历过一段低潮期，在此期间相关专利申请数量不增反降，2007 年降到最低点，随着 2006 年深度学习技术的提出，为人工智能带来第三次发展热潮，人工智能教育的相关专利申请从 2008 年开始缓慢增长，到 2013 年进入加速增长时期，增长态势一直保持至 2020 年，但增速已出现明显回落。我国人工智能教育技术相关专利申请变化趋势与全球变化基本一致。2021 年 5 月“双减政策”的出台对该领域产生了较大影响，但在全球申请量 2021 年有所回落的情况下，中国申请量依然保持一定的增长，也说明人工智能教育创新在中国仍然热度不减。从各国专利申请量来看，中国专利申请数量占到一半以上，美国、日本分列第二、三位。美国和日本在人工智能、机器人等技术上具有先发优势。我国则凭借人口优势和文化传统中父母对子女教育的重视，因此具有较大市场优势。值得一提的是印度，该国对教育非常重视，因此有关教育的专利申请量位列全球第五，仅次于韩国。全球前十名创新主体中有我国小天才科技公司、好未来教育公司、华中师范大学等，上述创新主体的研发侧重点各有不同，具有一定的互补性。本书分析了人工智能教育领域四个主要应用场景：人工智能自适应教学、人工智能辅助教学、人工智能考评和人工智能教育管理。

人工智能自适应教学的专利申请量在世界范围内于 2014 年出现第一波明显速增长，2017 年迎来了爆发期，2021 年全球申请量有所回落。该领域的应用效果与各类算法、算力和数据密切相关，因此直到 2012 年后该领域才开始具备商业化的基础。在人工智能自适应教育领域，中国申请量占比最大，接近全球申请量的一半。美国和日本从 2003 年开始在人工智能自适应教育领域的申请处于缓慢的下降趋势，经历了一段时期的低迷之后，从 2009 年开始申请量均开始增长。2009 年后，中国的相关专利申请增长速度明显超过其他各国，从 2015 年开始我国在该领域的专利申请数量超过美国。

人工智能辅助教学所包含的类别较多，相互之间关联性不强，往往会抵充彼此的影响，反应在专利申请量的变化上则是 2003—2007 年该领域与全球人工智能教育的趋势有所不同，人工智能辅助教学领域的申请量下降趋势不明显，而2016年的增幅明显不如总体增幅高。与全球申请态势不同的是，我国辅助教育市场对人工智能技术的反应更为强烈，人工智能辅助教育市场不断推出新产品，该领域的创新热度一直保持在高位。

全球范围内，人工智能考评应用相关的专利申请量在2011年以前的很长时间里都维持在百件左右，2012年开始缓慢增长，2016年开始快速增长。人工智能考评的技术创新受人工智能技术发展影响较大，与商业模式的耦合并不紧密，影响人工智能考评专利申请量变化的主要因素还是技术。这一点从该领域专利申请增长趋势与人工智能全球申请量数据趋势保持一致中可以得到印证。人工智能考评领域我国的申请量最高，随着计算机测评的普及以及对素质教育的重视，各类基于人工智能技术的开发引起了中国互联网公司的关注。同时，在人工智能考评的基础技术方面，我国企业也有一定的技术和规模竞争力，人工智能考评已成为在线教育 / 自适应教育领域中的重要的必不可少的部分。

全球范围内，人工智能教育管理的相关专利申请量在2011年以前并不高，当时无论是从数据、算力还是算法上都还无法满足教育管理革新的需要。从2012年开始，迎来了第一次增长，但该阶段属于技术探索阶段，申请量增长速度并不是很快，未形成大规模的产业落地。从2016年配合深度学习算法的效果的提高、各国人工智能与教育融合的各项政策开始发挥作用，相关专利申请也进入快速增长期。我国人工智能教育管理领域的发展起步较晚，但是从2011年开始，我国专利申请的数量构成了全球申请总量的主体，主导了全球的增长趋势，中国成为全球最大的人工智能教育管理创新阵地。

4. 人工智能在金融领域专利布局特点

近二十年世界范围内智能金融领域的专利申请数量经历了两个发展阶段。前十年是发展较为缓慢，从2014年起相关专利申请的增长率逐渐攀升，直到近三年增速才开始趋缓，也标志着智能金融的相关技术趋于成熟稳定。从各国的申请量来看，中国和美国属于人工智能金融专利申请的第一梯队，在2016年之前各国的申请量相差不大，此后差距逐渐加大，2017年以后我国申请量居于首位并逐年递增，当前我国的专利申请量占到总申请量的60%，已远超过排名第二的美国。目前，人工智能技术在银行、保险、证券、信托等四大金融支柱产业均有渗透，已经全面覆盖主流业务场景。

智慧银行相关的专利申请从2014年起逐渐攀升，并呈现迅猛增长的趋势，直到2019年增速才开始趋缓。在该领域我国专利申请态势与全球申请态势基本相同。该领域排名靠前的申请人中，同属平安集团旗下的平安科技公司、壹账通智能公司，两者申请量都较大并且各有特色。我国几家大型银行在全球申请量排名中占据前几位，中国建设银行起步较早，中国工商银行和中国银行起步稍晚，但其数量上呈爆发态势，成为后起之秀。

智慧保险相关的全球专利申请量从2015年开始快速攀升，到2018年增速才开始趋缓。我国相关专利申请态势与全球申请态势基本相同。在该领域我国的专利申请量在总申请量中占绝对优势，占比超过美国两倍。在智慧保险领域排名靠前的申请人中，平安集团的申请处于绝对领先的优势，泰康集团申请量也具有相当优势。

智慧证券与信托相关的全球专利申请量也是从2015年开始快速增长，到2019年增速开始趋缓。我国相关专利申请量从2015年以来一直保持了快速增长。在2016年以前，美国在各个国家中申请量领先，我国从2016年开始申请量明显增长，并且从2018年开始在全球专利申请中占据优势地位。在全球排名靠前的申请人中很多是大型银行，反映出大型银行越来越重视金融科技的研发。

6.2　人工智能与产业的进一步融合

产业数字化将成为未来科技创新的风向标，人工智能与物联网的融合将加快产业数字化转型的步伐，成为未来10年最大的创新机遇。其中，人工智能是核心技术能力，物联网是产业落地场景。人工智能与物联网的融合，本质上就是将人工智能的能力注入物联网的场景，实现产业的数字化智能化改造，进而推动实体产业的高质量发展。当前，中国科技创新能力不断取得新突破，但与世界科技强国相比，我们还存在明显差距。一个突出的表现就是，我国科技创新的重点在消费侧，而产业侧的数字化进程仍处于发展阶段。这是因为消费侧的科技创新往往聚焦于前端应用和商业模式的创新，周期快、目标相对明确、对以往技术积累的要求比较低。产业侧的科技创新则相反，需要与高度复杂的行业结合，需求不确定性更大，技术落地周期长。因此，发展产业数字化，需要有长期耕耘的耐心，紧紧依靠基础研究、工程实践和产业创新的联动效应，才能满足动态和不确定的需求。促进人工智能与产业的融合需要越来越多地在供给侧和需求侧双向发力。以往的研发模式基本由供给侧发起，市场和用户仅仅是产品创新的被动接受者。而以深度学习为基础的新一代人工智能技术，由于其本身就非常依赖于行业数据，与各行各业有着天然的联结，因而必须在行业里找到落地场景。这就决定了人工智能技术的落地必须是“需求定义供给”，既要从用户需求出发进行技术和产品的研发，又要针对用户反馈对技术和产品作出调整，由此形成技术创新的价值闭环。

6.3 未来专利保护所面临的新情况

基于人工智能技术的发展趋势，各国都在持续推出强有力的产业政策，并通过健全新领域新业态知识产权保护制度，以加强对新兴产业技术创新的保护。我国“十四五”规划明确了推动人工智能与各产业的深度融合的目标，人工智能技术创新将进一步加快，产业规模也将持续扩大，未来将涌现出一批发展潜力大的优质企业和产业集群，成为引领经济高质量发展的重要引擎。

通过本书前几章的分析可以看出，近年来人工智能技术在医疗、交通、教育、金融等重点领域的专利申请均快速上升，国内创新主体的专利申请更是蓬勃发展。值得注意的是，当前我国人工智能相关专利申请中，来自高校、科研机构的申请占据较大比重。这反映出我国对人工智能技术的基础研究处于较为活跃的阶段，预计在未来还将有更多的人工智能基础技术产生，同时也将带动人工智能应用技术的持续发展，相关专利申请量还将有较大增长空间。此外，由于人工智能技术的复杂性以及在与产业融合过程中数据获取成本较高，未来人工智能领域的创新门槛将进一步提高，技术创新将更多依靠团队力量完成，专利申请也将向企业、高校和科研机构集中，而个人申请的占比可能会有所下降。

另一个值得关注的现象是，高校和科研机构将自身技术研究实力转化为市场经济效益的能力正在不断提升。从各领域中排名靠前的申请人类型可以看出，总的来说企业、高校及科研机构在专利布局各有侧重，企业主要在商业价值较高的领域进行专利布局，而高校、科研机构则更偏重于底层技术的研发。以往因为高校和科研机构缺乏较为完备的科研成果市场化机制，很难像企业一样综合运用技术创新能力和专利保护机制实现高效的商业化运转。但随着近年来我国高校和科研机构研究成果市场化机制的不断完善，其专利技术向产业应用转化的效率也将得到提升，具有底层技术研究优势的高校和科研机构将在未来人工智能产业专利布局中占据愈发重要的地位。

在我国人工智能技术的发展过程中，特别是在人工智能技术的应用过程中，经常能够看到我国互联网企业的身影。在互联网时代，我国高科技企业在世界范围内具有不俗的表现，许多企业具有较大的世界影响力。在人工智能时代，我们应继续发挥我国相关高科技企业的领军作用，突出头部企业在技术路线选择和行业产品标准制定中的专业优势，运用好我国海量数据和巨大市场应用规模优势，推进人工智能技术产业化，形成科技创新和产业应用互相促进的良好发展局面。

人工智能作为新一轮科技革命和产业变革的重要驱动力量，能够帮助我国企业在新一轮国际科技竞争中牢牢占据产业技术的制高点。只有不断强化人工智能领域的知识产权创造、保护和运用，才能充分发挥知识产权促进科技创新的优势，加快推动人工智能赋能传统产业，拓展壮大产业规模，充分激发出我国新领域新业态创新的无穷活力。